组织学习与进化丛书

THE
PRACTICE
OF
ADAPTIVE
LEADERSHIP

与复杂世界共变的
实践与技艺

Tools and Tactics
for Changing Your Organization
and the World

【美】罗纳德·海菲兹
Ronald Heifetz

亚历山大·格拉肖
Alexander Grashow

马蒂·林斯基
Marty Linsky

著

陈颖坚 黄意钧

译

调适性领导力

北京师范大学出版集团
BEIJING NORMAL UNIVERSITY PUBLISHING GROUP

北京师范大学出版社

献给我们的父母，贝特西（Betsy）与米尔顿·海菲兹（Milton Heifetz）、雪莉·萨尔兹堡（Sheri Saltzberg）与马克·格拉肖（Mark Grashow），以及鲁丝（Ruth）与已故的哈洛德·林斯基（Harold Linsky），他们的印迹、教导与价值观遍布于本书，以及我们所做的每一件事。

译者序
把持灵动与坚定两仪性的领导力实践

陈颖坚[①]

这可能是我翻译的众多关于领导力著作中最重要的一本，只是没想到现在才翻译出这本应该最先翻译出版的关于领导力的经典。因此当读者翻开这本《调适性领导力：与复杂世界共变的实践与技艺》看到这篇序言，我是带着一份既激动又感恩的心情来迎接这份善缘。说它应该在翻译顺序里排在第一，是因为这本书最好地总结了我过去十年的工作重心：领导力，而且是有别于一般主张的技术性领导力(technical leadership)，我的工作主要是帮助领导者建立一种对应 VUCA 时代的调适性领导力(adaptive leadership)。

尽显调适性质地的 ChatGPT

相信很多读者是通过《领导者的意识进化》认识到心智成长这个概念。他们往往都有兴趣知道为何领导者需要展开他们的心智成长？简单的答案是：心智成长有助打造个人的调适性领导力。说到这里，读者想要追问，到底什么是调适性领导力？2023 年，在我们翻译付梓之时，刚好碰上生成式人工智能——Chat Generative Pre-trained Transformer(以下简称 ChatGPT)的登场，这给了我们一个前所未

---

① 陈颖坚(Joey)，fsa 共同创办人，资深组织发展顾问，《领导者的意识进化》译者。

有，并且能快速引起共鸣的实例来说明什么是调适性挑战！

生成式人工智能 ChatGPT 的出现，马上带给我们巨大的冲击。这是科技史上少有以极速送达的冲击波。在过去的科技创新历史上，电力、铁路、电脑、通信、智能电话、新能源汽车，以及将来可能出现的无人驾驶科技等，都要花上以年为单位的时间才会登堂入室，成为人类生活的一部分。ChatGPT 的到来既急且猛，迫使我们要立即回应，以至于我们没有时间"站在看台上"消化、适应这次"冲击波"。当然，不少机会主义者热烈欢迎这种人工智能带来的"机遇"：有的用作提交连自己都不懂的论文；有的生成歌手的声音唱着别人的歌；有的生成了各式各样不曾存在、真假难分的图片；有的用来聊天以求被聆听、被看见、被治愈。同时，我们也担心这些人是否知道生成式人工智能要求人类付出怎样的代价。它将会影响人类对于自身智力、能力，甚至存在的意义等传承了几千年的信念、习惯与价值观。

作为人类，我们将会损失些什么？我们艰苦习得的语言能力、逻辑思考、理性分析、以及创新能力，有被完全替代的危机吗？我们应该怎样应对？人们众说纷纭，社会学家、教育学家、语言学家、哲学家都站出来说话。人类突然被质问，不仅仅是"我们是谁？"，现在还得要问"人类是啥？"。但如果细读这些专家的发言，都没有看到他们能提供任何的解决方案，让人既不需要作出任何调适，同时又能获得人工智能带来的极大好处。取舍是必然的，重点是怎样让人们认知这些取舍是什么，以及在急于回应市场竞争的同时，争取更多时间与空间，邀请他们一起面对该要承担的后果。以上种种损失、取舍与后果，都在表述一个问题的"非技术性面向"（the non-technical aspect），而且往往这些面向才是最严峻的挑战。《调适性领导力》的作者们认为，要应对这种挑战，必须用上调适性领导力。

早已存在的调适性挑战

世界各地早已存在一些迫在眉睫、极为棘手的调适性挑战。用旧的方式处理这些问题，已经到了一个可能令问题变得更糟的地步。人们担心假新闻的泛滥、全球极端天气高频出现带来的大量自然灾难、环境污染等问题，以至于我在管理顾问工作的项目中，看到管理工作者面对急剧变动的商业竞争环境，显得越来越无计可施，同时又不知所措。以上种种，使我们看到问题摆在那里已经有些年月，我们仍然困在同样的圈子里，不仅无法解决问题，而且只能眼睁睁地看着它恶化。到底问题出在哪里？

这正是海菲兹在30多年前前瞻性地提出的调适性领导力的核心。海菲兹说，当你在已知的技术解里使尽浑身解数，但眼前那个巨大的挑战仍然稳如泰山，那么，能够撼动这个问题的方法，可能不在技术性层面。这是海菲兹著名的"调适性挑战 vs. 技术性问题"的重要区分。它的意思是，有些问题本来就无解或没有简单的解，或是前人未曾遇过的问题，技术解根本不存在，领导者还得要带领大家摸着石头往前走；但有些问题即使有技术解，恐怕也难以将其落实，原因是这些方案"不得人心"。企业中有的员工，已经明显跟不上互联网时代以数据模式来理解并快速回应客户的节奏，解决方案就是招聘有互联网"基因"的人才，替换一批员工。这种方案谁都想得出，但问题是这种方案谁可以走得通呢？稍有些常识的人都会明白在企业推行这类所谓的解决方法，如果没有全方位的考量是不得人心的。企业的高管或是老板也不难明白，企业已经不再完全由他们管控了。如要继续往前走，人心要团结，群策群力才能推动组织的变革。

走进人群中面对背叛与被背叛

　　各位读者千万不要以为调适性领导力就是帮助领导者顺应人心！海菲兹给我最深刻的教诲是，你要推动那些不得人心的变革（甚至很多时候会被员工视为一种背叛），并且要带着它"走入人心"。人心的掌握就像使用压力锅，压力锅的温度不能太低，但也不能太高。你提出的改变方案本来就是为了撼动原来员工一直共享的价值观、习俗，以至身份认同而来的。你的领导力挑战是关于如何直面冲突，要求员工作出困难的调适，同时也要有技巧地对质一些已经过时、着重局部优化而非系统性的改变，或不能让企业走向未来的工作方式与行为。看到这里，读者们应该感到这些都是难度分为满分的高难度动作吧。

　　海菲兹的调适性领导力有一个很重要的特色，它强调灵活性，也有在地性，即不同的地形有不同的打法。海菲茨极为关注行动（actions），称领导力是一种具意识的行动。那领导者如何培养出这种调适性领导力呢？据我多年的经验总结为：一是意识，二是能力，两者缺一不可。这里提及的意识并不是传统意义上的"知道"，这种意识是需要"推出来"的。凯根早就在《人人文化》里提出"推边际"（push your edge）的概念与做法，让领导者能明白自己的心智水平（即意识阶段）在哪儿，以及如果要发挥调适性领导力，需要被推到哪个阶段；这也是我一再强调"意识先行"的重要性。如果我们一直沿用技术性领导惯用的技术理性，将无法接受调适性领导力中"把自己作为方法"的核心原则与精神。

躬身入局：把自己作为方法

　　这还不是"把自己作为方法"最困难、最具挑战性的部分，最具挑战性的是能够做到在此时此刻的行动中（哪怕是在失能中）实现调适性领导力的精髓。这是极其艰巨但又极具威力的工程。这也是为什么这本《调适性领导力：与复杂世界共变的实践与技艺》作为一本案前手册对领导者是如此重要。

今天读者捧读的《调适性领导力：与复杂世界共变的实践与技艺》，就是三位作者在过去几十年在商业以及在社区工作上教学与实践这种调适性领导力的经验，并将其汇集成一本带有很多人生智慧的使用手册，这些智慧不仅让你在巨大的调适性挑战中存活下来，更让读者看到一个站在领导位置上的人的重要价值，并期望我们在需要领导的时刻能挺身而出，鼓动众人直面那些作出困难改变的关键时刻。我本人从这本书里获益颇丰，除了可以让自己很深的专家积习得到舒缓，让自己更灵敏地照顾到客户的真实需要，大幅改善自己的介入效能，更重要的是，我从作者的建议与主张里得到很多做人做事的人生智慧。

鸣谢

我首先感谢此书的共同译者黄意钧，与他同行并一起工作是我的荣幸，谢谢他的用心与耐性一直容忍着我的拖稿。同等重要的是，从 2014 年与我一起推广调适性领导力以及领导者意识进化的伙伴王少玲。如果没有她在背后成就他人的仆人式领导力，我相信这本书不会被带到中文世界来。另一位在幕后一直帮助我建立整套"组织学习与进化书系"的主编周益群。感谢她在极少的资源下耐心地建立起这套系列丛书，对整个企业管理领域带来深远的影响。

同时我也要感谢家园里一起共同审校翻译的家人们，他们分别是：柳亚涛、王亮、丁君宜、陈丽君、徐琳、丁晓春、刘霞、张华莹、万菁、倪韵岚。他们在审校过程中提供了很多善意而有建设性的修订。

最后在此我想要特别感谢与我一起创办 fsa 的联创万菁，她自2016 年于庞大互联网组织内引入了调适性领导力，以领导者的身份经历多次调适性领导力的历练，毫不妥协地推着组织的边际，时刻展现着一种言行一致的使命感。在 2020 年一起创立 fsa 后，她一直不遗余力地与我一起推广调适性领导力。得此知己，一生无憾矣。

2023 年 5 月

目 录

序　言

在 2006 年春天一个美丽的傍晚，我们仨（两位波士顿红袜球迷与一位纽约大都会球迷）在罗（Ron，海菲兹的昵称）的家里看着红袜队的比赛直播。当时红袜队遥遥领先，然后我们的话题来了个急转弯。我们开始对过去 20 多年来的实践心得进行了回顾。这些都是从那些曾经与我们共事的客户与学生在面对重要且困难的议题时，应用了我们提供的领导力框架后，一点一滴累积的心得。这本书就是出自那一晚的谈话。

我们发现，在过去那些聚焦在调适性领导力的概念框架与实践基础的诸多论述里，我们已经掌握的，有关调适性领导过程中林林总总细腻微妙的技术要点，与我们曾经撰写用以言传的论述相比，依然有很大的落差。我们曾经与来自全世界的政府单位、私人企业与非营利组织的人们一起共事，并努力在他们的工作场域中创造即时的虚拟学习实验场，使他们在领导调适性变革时，能够将领导工作转化为实用的工具与技巧。聚会结束时，我们发现应该将我们三个人翔实的实战经验汇集起来，甚至认为我们有责任与更多读者分享这些心得以及从中呈现出的最佳实践手法。我们认为这些用来领导调适性变革的工具与技艺，必须以开源科技（open source technology）的分享精神来对待，并且让它们能够被更广泛地获得，这样那些领导调适性变革的人们就能够相互学习并增进技能，而我们每个人就更能够把心得化作实践。

那一晚，我们谈到了几位近期与我们共事的人。盖儿（Gail）能够跨越她所掌管的职责范围，在公司里主动地帮助同事们处理长期困扰大家的外部与内部压力。德鲁（Drew）在经过深思熟虑后，决定放下他原本极为享受的角色——这个角色不仅让他能够发挥其独特能力，也形塑了他在专业上的自我认同。为了让公司能够有更好的发展，他接下了新的责任并让自己置身在令他不安且不熟悉的陌生领域里。艾德（Ed）离开了一份自己热爱且保障他未来个人职业生涯发展的安稳工作，创立了一所帮助他所在州的民众解决巨大难题的机构，而且他知道自己必须小心翼翼地挑战目前的体制。克莱夫（Clive）与布莱恩（Brian）则决定放手一搏，在他们各自的政府单位里发展高阶官员的领导力，使那些官员能够以更有创意、勇气及智慧的方式工作，进而在他们的国家促成跨部门的协作与创新。而黛比（Debbie）深信她所属的宗教组织对于领导力有需求，所以她甘于冒着丢掉工作的风险，试图改变组织对于资深的长老们所需素质的认知。

上述的每一个人都面临我们所谓的调适性挑战，这些挑战不仅是针对他们自身，也是针对他们采取行动的社群。为了在这些挑战面前仍能行使领导力，他们必须跨出人们对他们惯常的期待，冒着可能搞砸一些关系的风险，把自己与组织一起带到不熟悉的领域。他们必须具备冷静的现实感，善于诊断手上所拥有的资源与限制，并且对他们自身的行为偏好作出一些必要的调适。他们也需要用同样冷静的头脑诊断他们所面临的形势：了解深植于组织策略或社群之间的价值冲突，辨清谁能够从维持当前不变的情况下获得什么好处，以及让这些组织保持在当前势均力敌下的政治互动力量，并思考如何在当中提供催化变革的可能性。他们各自在行动中学习，过程中有犯一些错误以及中途作出修正，并且坚持不放弃。

他们的旅程可谓带着很多伤痛的调适性变革血泪史，领导过程中会遇到各种危机、模糊不明、挫败与即兴发挥。即使是在写作此书时，他们的旅程都无一能宣告结束。领导工作永远是在持续进行中。

在本书中，我们尽可能写下这些人的"战斗"经验，当中也包括一些来自我们曾经在教学或实践中一起共事过的人们的经验，然后以直接、务实以及容易使用的资源和工具（通常会为保护当事人而进行恰当地掩讳），希望能够帮助你处理你认为最重要的领导力议题。本书所有内容都来自于实践的田野，并且被我们的客户与学生验证过它的效度。他们曾经站在自己领导力的边际上，尝试不同的技巧并且磨炼他们的技艺，而我们不过是把他们的心得传递给你们的媒介。

事实上，这本实践手册是献给我们的客户与学生。他们教给我们的，远比他们想象的还要多。

致　谢

如果没有我们的客户、课程参与者、学生以及朋友的慷慨分享，这本书就不可能写成。在过去四分之一个世纪，他们与我们分享了他们的挑战、故事与学习，特别是在《并不容易的领导艺术》(*Leadership Without Easy Answers*)与《火线领导》(*Leadership on the Line*)出版，以及剑桥领导公司(Cambridge Leadership Associates，CLA)成立之后。这本书不仅是我们的，同时也是他们的。

正如我们在内文中提及，本书在知识概念与实务做法上有许多创新。书中提到的概念与工具可以追溯至数百年前，并且也处在20世纪的独特脉络之下。30多年前，莱莉·辛德(Riley Sinder)与罗·海菲兹(Ron Heifetz)一起奠定了调适性领导大部分知识概念的基础。在过去20多年，苏珊·阿巴迪安(Sousan Abadian)作为我们的同事、实践者以及罗的前妻，深化了这个基础并且以各种方式丰富其论述内容。

我们要感谢目前在CLA的许多同事，包括杰夫·罗伦斯(Jeff Lawrence)、凯伦·雷曼(Karen Lehman)、艾瑞克·马丁(Eric Martin)、乔安·马丁(JoAnn Martin)、修·奥达赫蒂(Hugh O'Doherty)、李·泰铎(Lee Teitel)，以及克里丝丁·冯·多诺普(Kristin von Donop)，他们提供了自己的智慧与意见，大大地丰富了本书的概念，并且还愿意测试书中的许多内容。同时，我们也要感谢他们的包容，因为我们从CLA核心事务的参与中挪走了远比当初规划还要多的时间，好让这本书能顺利出版。此外我们也要感谢CLA的创始总经理丽兹·尼尔(Liz Nill)，她从最初就相信这个出版计划，而且如果没有她，CLA 也可能不会存在。

罗和马蒂非常珍惜他们与哈佛大学肯尼迪学院的朋友的同事情谊，包括他们曾经一起共事的几任院长，特别是该学院在管理、领导力与政治领域的教职员同事，还有先后由皮特·齐默尔曼（Pete Zimmerman）以及克里斯·雷茨（Chris Letts）所带领的高阶主管教育课程团队。他们每个人都以各自的方式给予我们支持。亚历山大很感谢世界各地的朋友、家人与同事，他们形塑了他对于这个世界的经验，并且也与他共享了许多又热闹又长的共餐时光。基尔·斯基尔曼（Gil Skillman）、佩姬·杜兰尼（Peggy Dulany）、蓝元公司（Blue Unit）、伊姆拉·贾迈尔（Imraan Jamal），特别是瑞秋·格拉肖（Rachel Grashow）拓展了亚历山大的想法与经验，并且鼓励他实现梦想。

我们的家人与所爱之人忍受了我们许多的临时出差，以及无数打断我们与他们共处时光的电话，让我们三位能够一起共事，并且使这本书成为真正协作而非平行作业的产物。大卫·阿巴迪安·海菲兹（David Abadian Heifetz）发挥了他的强项，鼓励我们并且提供了许多编辑上的建议，让本书的品质得以提升。亚莉安娜·诗琳·阿巴迪安-海菲兹（Ariana Shirin Abadian-Heifetz）尽其所能地提供清晰的反馈并持续提供她的观点，同时帮助我们在业界测试这本书的概念。凯瑟琳·安·贺林（Kathryn Ann Herring）以她的文字天赋给予我们支持。亚历山大的妻子玉木康子（Yasuko Tamaki）在这个过程中展现了她的大度：她以自身的力量照顾一个宝宝，并且在本书撰写的过程中生下了另一个。马蒂的妻子琳·斯特利（Lynn Staley）在过去 30 年无意中适应了马蒂的顽固、不讲理与自娱自乐，并且在这个出版专案的完成期限不断被推迟的过程中，再次成为宽容的支柱以及绝佳的非正式设计顾问。谢谢你。

我们感谢布里特·艾勒（Britt Ayler）在术语表上所提供的协助，

还有萝伦·凯勒·强森(Lauren Keller Johnson)作为外部编辑提供了我们所需要的清晰观点。我们在哈佛商业出版社的编辑杰夫·基欧(Jeff Kehoe)一如既往地运用了他的卓越手腕，有技巧地对我们软硬兼施，让这个专案能够从一句话的想法变成完结的专案。

最后，我们要感谢彼此一起试图写出这本有着三位作者、统一口径的书，愿意测试我们的关系以及走过这段旅程的意愿，并且让我们之间的联结更加紧密。毕竟，我们知道这类合作有时候不仅不会强化作者之间的关系，还可能会断绝彼此在工作及个人生活上的往来。

第一部分
引言：使命与可能性

如果你想要帮助你的组织、社群与社会在变动的世界中蓬勃发展，本书正是为你而写。如果你希望可以在那些对你至关重要的议题上取得更大的进展，本书正是为你而写。

如果你希望增进你对于领导力的实践，不论你是在社会或组织的哪个位置，本书正是为你而写。

如果你想要帮助他人，让他们更有能力发生改变，不论你是作为他们的培训师、教练、顾问、引导师或是朋友，本书正是为你而写。

本书的内容是关于可能性的。这里指的不是做白日梦、痴心妄想的那一类可能性，而是关于卷起衣袖、乐观的、实际的、生起勇气的，以及取得显著进展的那一类可能性。领导变革需要天赋与努力。我们在本书中介绍了许多工具与方法，以协助你的领导工作并保全生命力，全心全力地在实验场域中鼓舞他人，使众人克服艰难险阻，达成更高的成就。本书源自我们与世界各地不同组织的人一起共事的经验，这些组织位于不同的领域、文化以及不同发展程度的国家，而这些人则在他们的组织里协助人们对付最迫切的挑战。我们有幸能帮助他们，并且看到他们越来越能够推动组织、社群以及社会的前进，没有什么比这个更让我们感到高兴了！

这是一个非凡的年代。21世纪的到来让人们明白，每个人都必须以更好的方式竞争与合作。在这个经济与环境极为相互依存的时代里，为了打造一个可持续发展的世界，每一个人、国家、组织都需要从过去传承的智慧与方法当中披沙拣金，也就是提取过往历史的精华，剔除再也派不上用场的经验与教训，并且还需要创新。这不是为了改变而改变，而是为了保存与留下那些最重要及珍贵的价值与能力。

这是一项艰巨的任务，需要人们同时回顾过去并展望未来。回顾过去的挑战在于如何寻找新的方法来更快地抚平过往的创伤。望向未来，人类有能力在处理周遭迫切问题的过程中，实现古老梦想中的文明、好奇与关怀。这些年代号召我们在承担这些使命的过程中，敢于运用更新、更具调适性的解决方案，从而让我们改变日常生活中的做事方法。

从我们撰写上一本书《火线领导》（Leadership on the Line）到它出版的这段时间，我们经历了"911"事件。在撰写这一本书到它出版的这段时间，我们遇到奥巴马当选美国总统以及世界经济陷入危机。在"911"事件以及国际金融海啸所带来的挑战当中，有一部分是过去遗留下来的困境，一部分则是新出现的挑战。虽然人们可能会期待只要能找到合适的专家，就能把这些问题解决，但是它们却无法被权威性的专业知识搞定。这些问题就是我们所谓的调适性挑战，这是由雄心壮志与严峻现实的对比所产生的落差。因此，这个世界必须建构新的存在方式，并且超越既有的方法套路，发展新的方式来回应。就领导的观点而言，我们需要的是一种能临机应变的新技能，也就是一种在领导过程让我们能够权衡局势，知道如何针对过去从未尝试过的关系、沟通方法以及互动方式进行实验，进而以当今专家的智慧为基础，发展出超越他们智能的解决方案。这是本书的意图：帮助你认识领导工作的过程与实践，让你能够应对那些挑战当今人们个体与集体能力的调适性压力。

然而，答案不能只从上而下。这个世界同时需要更多分布式的领导，因为处理我们集体挑战的解决方案必须用上来自全世界许多不同地方——来自各自家庭、邻里与组织所处的环境里——发展出来的微型调适方案。

调适性领导力是协助你在最重要的挑战上取得进展的方法。这些挑战是你在所处的世界中碰到的，可能是你的专业领域，也可能是你的个人生活。我们提供的概念、工具与方法是为了帮助你动员人们迈向集体的使命，一个超越你个人雄心的使命。

对于某些人而言，这个工作最困难的部分可能是如何提起勇气，主张对你最重要的事，也就是那些值得让你承受领导过程中会带来痛苦与风险的目标与挑战。我们的研究基于一个重要的假设：除非你深深地在意某些人与事，否则你没有理由行使领导力、与老板或配偶开启一场勇敢的对话，或是冒着风险尝试新的想法。我们必须要问：什么样的成果值得我们花费精力并承担风险？什么样的使命能够在情况变糟的时候支持你继续坚持？然而，对于另外一些人而言，比起寻找使命，更让他们生畏的，可能是掌握那些为了取得进展而需要采取的做法，因为这会需要他们有技巧地迈进未知的领域。因此，我们试着在这本书中包含这两个部分：使命与技巧。

我们的目标是提供实际的步骤，让你能够为了你最深层的价值采取行动，把你的成功机会最大化，并且把你会被卡得死死的可能性也降到最低。我们希望能够增进你的个人与专业能力，让你能够达成最在乎的目标。

第1章　如何使用本书

将这本有关调适性领导力的书撰写成一本实践性手册，主要来自两个原因：第一，这本书的确是通过我们在实践田野中，与数千位试图改善现状的人一起共事的经验写成的。

第二，这本书是为了帮助大家走进田野而写的，我们希望它能够让你在日常有需要用上领导力时就能用得上。在写这本书的时候，我们想象你在公司试图推进一个重要的方案，而某一天特别挫败地回到家。我们预见你使用其中一个帮助你站在看台上的反思练习，借此能对事情为什么没有如你所愿地开展有更深刻的理解；或者你会想使用其中一个领导力练习来帮助你发展下一步的行动计划。

或许你之所以选了这本书，是希望可以制订一个为期 6 个月的方案，来扭转公司人才大量流失的问题。或者你可能正在运用这本书来准备和你最主要的选民进行一场重要的会议，希望能够在会中改变他们对你某个观点的抗拒。也许你会复印本书让你有所共鸣的章节，或是某一张特别有用的图表，让你的团队可以理解目前正在面临的挑战。你甚至可能会发现，这本书对于处理你在家中碰到的问题也有帮助。

我们在写这本书的时候，一直想着要保有以下的弹性：你可以从头读到尾，或是快速浏览找出最有用的概念或工具，帮助你理解或处理某个你正在面临的调适性挑战。这本书有起始、中段与结尾，并且也有一条主线和整体性架构。但是，我们也让内容保有某种独立性，并且放了详细的索引，让你可以直接找到呼应你当前挑战的概念与活动。

为了这些目的，本书共分为五个部分：第一部分是整体性的介绍，而其他四部分则是比较深入的内容。图 1-1 以矩阵的形式呈现了调适性领导的四个核心实务工作。虽然本书是以一章接着一章的线性方式轮流介绍这四个部分，不过矩阵图 1-1 想要强调的是，你不需要以那个顺序来阅读或使用本书。我们该建议从矩阵图的哪里开始呢？我们发现通常最好的做法，就是从最引起你关注的部分着手。

就如同医学的实践，领导力的实践也牵涉两个核心流程：先诊断，后行动。这两个流程可以从两个维度展开：针对你所处的组织或社会系统，以及针对你自己。也就是说，你诊断组织或社群的状况，并且为你所发现的问题采取行动。然而为了有效领导，你也必须检视身处挑战处境中的自己并采取行动。在行动过程中，你必须能够反思自己的态度与行为，使你能更好地调校自己对于组织与社群复杂动态的介入。你要洞察自己以及所处的系统性脉络。

诊断与行动的流程始于资料搜集，然后对问题进行辨识[关于"是什么"（the what）]，再经过诠释阶段[关于"为什么"（the why）]，然后到采取行动的可能方法，形成对于组织、社群或社会的一系列介入[关于"下一步是什么"（the what next）]。一般而言，问题解决就是一个在资料搜集、诠释资料与采取行动之间来来回回多次迭代的过程（见图1-1）。

（第二部分） 诊断/系统	（第三部分） 行动/系统
（第四部分） 诊断/自身	（第五部分） 行动/自身

图1-1　2×2的诊断矩阵

尽管我们的撰写方式让你可以根据自己正在面对的领导力挑战来决定你要选择哪个部分，但本书四个部分的编排顺序是有其逻辑性的。图1-1矩阵中四个部分的顺序，是为了克服那些常常阻碍我们取得进展的两种倾向。

第一种倾向，人们经常对于现况的评估做得太快太轻率，然后就想要据此产出治标不治本的方法来回应问题。在大部分的组织里，人们会有迅速解决问题并采取行动的压力。因此他们会尽可能避免把时间花在诊断的工作上，包括资料搜集、为当前处境发掘多个可供诠释的故事版本，以及思考不同的介入路径。为了克服这种倾向，我们会在本书中把大量的时间花在诊断工作上（"实际发生的是什么？"），包括对系统与对个人的诊断。

在调适性领导力的实践当中，一项最重要却最不被重视的技能就是诊断。在大部分的公司与社会，那些沿着阶级爬上权势高位的人们，都在社会化过程中，自然而然地被训练成善于采取行动并且果断地解决问题的人。他们并没有诱因要涉入混浊的深水处进行诊断工作，尤其是如果某些深入的诊断可能会让其他人感到焦虑不安，而这些人却指望从你身上得到清晰度与确定感。此外，当你忙于"低头拉车"时，你将很难以更宏观的站位来诊断组织或社群的互动模式。那些希望从你这里获得解决方案的人们，会让你专注于近在眼前的事情：回复电话与电子邮件、赶在最后期限前完成任务、继续没完没了地工作。

若想在行动的过程中能够同时兼顾对系统或对自身进行诊断，你必须在自己置身田野工作的同时懂得抽离来观看现场。我们使用"离开舞池、走上看台"来隐喻为什么你需要取得某种距离才能看清现场真正在发生什么。倘若你持续在舞池中舞动，那你能看到的就只有你的舞伴，或是周遭跳舞的人。沉浸在音乐当中，可能会觉得这是很棒的舞会！但是当你走上看台，你可能会看见非常不一样的画面。当你站在制高点，你可能会注意乐队的演奏音量太大，以至于人们都离乐队远远地在舞厅另一侧跳舞；你可能也会注意到当音乐由快转慢（或是由慢转快），会有不同的人群跳舞；你可能还会注意到许多人就只是站在门口，不论乐队演奏什么，他们都没有跳舞。看来这场舞会并没有你原先以为的那么好。如果后来有人请你描述那场舞会，倘若你走到看台上而不是只在舞池中观察，你可能会描绘出一幅截然不同的画面。

当你在看台与舞池之间来回穿梭，就能够持续看见组织正在发生的事，并且可以对你的行动进行中途修正，你若能将这项技能臻于化境，你甚至可能同时做到两者兼备：让一只眼睛关注当前周遭发生的事情，另一只眼睛在系统层面关注互动模式与动态。

第二种倾向，人们在组织中分析问题的时候，往往会将问题归因到某个人身上（"如果当时乔是领导者就好了"），或是把碰到的情况归因于人际互动的冲突上（"莎莉与比尔的协作并不好，因为他们的工作风格差异太大了"）。这种倾向往往会让我们无法对情况获得更深层、更系统性（而且可能更让人感到威胁）的理解。例如"莎莉与比尔之间的冲突，与当前的经济情势有关。面对严峻的经济情势，我们必须在策略上作出困难的取舍，莎莉与比尔代表了两种相互冲突的观点，而且他们都在保护各自部属的职能与工作。这个冲突是结构性的，而不是来自他们个人的，哪怕这个冲突是通过他们各自非常个性化的言语表达出来。"为了抗衡这种"将问题个人化"的倾向，谨记先从系统层面展开诊断，并且先从宏观进行介入，然后才一层一层地往个人层面方向分析，对自身的诊断也是一样。

尽管如此，在我们看来，系统与个人两个不同的维度，往往都有不同颗粒度的事项在同时开展。因此，调适性领导工作是一个来回于你和人群之间持续互动的过程。但是如果要强化实践这种领导的能力，你还是得从某处开始着手。好消息是，你可以从整个过程当中的任何一处开始下手：诊断系统或是你自己，或是直接针对系统或自身展开行动也可以。

本书总览

你将在本书找到许多观念、资源、做法与案例，这些都是为了帮助你带领调适性工作，无论你是什么样的处境。在每一章当中，你会看到架构性的观念以及用来说明这些观念的故事，随后会有我们称为"站在看台上"的反思，还有"走在田野中的实践建议"的实践练习活动。站在看台上的反思是为了让你能够基于自身经验，以聚焦且结构化的方式思考你刚才读到的观念或故事。而走在田野中的实践练习活动则是一些低风险的实验，让你能够在你的领导实践中尝试某些观念。你可以独自进行反思，而练习活动则需要别人的参与。

本书的观念以我们之前所写的《并不容易的领导艺术》以及《火线领导》

为基础。[1] 我们在这两本书中发展出了调适性领导力的框架。你并不需要先读过那两本书才能够从本书获益。但是如果你读过，就能够比较熟悉整体的架构。本书中的第 2 章 "调适性领导力实践背后的理论" 萃取了一些我们认为会对你的工作有所帮助的基本概念。如果你很熟悉调适性领导力的观念，第 2 章可以让你快速回顾；如果你不熟悉，我们希望借由第 2 章精简地为你介绍这些观念。在第 2 章之后的章节，我们就会从理论淡出，聚焦在实务应用的部分。

本书中的资源——所有工具、清单、图表、反思、练习活动与图像——最初主要是为了我们向客户组织提供的服务而开发的。这些客户组织有大有小、分布于每一个大陆（除了南极大陆），并且横跨公立部门、私人企业与非营利组织。我们设计这些资源的目的，是为了帮助你在真实的挑战与机会中取得进展。它们当中每一个都曾经被广泛地实地测试。我们希望它们可以形成一组有用的资源组合，让你可以从中选择合适的资源，处理那些让你在夜里辗转反侧的议题。

本书的资源也被设计运用于不同的团队与组织。共同语言对于领导调适性变革相当重要。当人们开始使用相同的文字并且赋予这些文字相同的意义，他们就能更有效地沟通，把误解降到最低，而且即使他们正在处理某些议题上的重大分歧，使用相同的文字也能够让他们有保持一致的感觉。比起那些平常在组织里里外外、飘忽玄幻的语言，我们为了调适性领导所发展的语言似乎更能有效促进改变。这不代表我们发展的语言是完美的，只是在超过 25 年的使用之后，我们知道它们能够为诊断与行动带来新颖且有效的选项。为了帮助你使用这些语言，我们在本书结尾部分也放入了一个词汇表。

本书所提供的做法是你能够采取的具体步骤，让你把变革方案往前推进。但是，我们最好把它们视为严谨实验方法的具体实践。我们并不把调适性领导力视为一种科学，而是一种艺术，一种需要实验性思维的艺术。本书中的每一个做法都曾经帮助人们获得成功，不论是单独使用或是与其他做法搭配使用，但是它们并不能百分之百地保证成功。每一个做法能否获得成功，或多或少都需要视人们使用的情境而定。我们把这些做法全部都包含进来，因为大多数的调适性领导工作需要重复迭代：你尝试动一下，看看结果如何，从中学习，然后再试试其他的做法。你必须根据当前情境的独特（以及变动的）特质以及牵涉其中的人，来设计你的介入方案。

本书中的案例是由像你这样的人所提供的故事，这些身处不同的组织、社群与社会的个人在面临困难的挑战，并且致力于创造正向、持久的改变。这些故事的来源有三：我们的咨询与教学经验；我们自己在个人与专业上所面临的挑战；沿袭自其他书籍、案例研究以及流行文化的素材，可以为领导实践提供独特的视角。

调适性挑战与调适能力

在我们的工作中，客户找上我们，通常是因为他们碰到某个特定的调适性挑战，希望我们能够提供协助。比如，一家年轻、快速成长、面向娱乐产业的设计及广告公司陷入了困境，结果发现这是因为创始人/首席执行官与高层管理团队的互动共谋出来的：高层管理团队一直享受着他们对首席执行官的依赖，而首席执行官则是享受地持续做那些他所擅长的工作。这使得首席执行官终日埋首于公司的日常运营工作，无法把时间聚焦在帮助公司成长的策略议题上。这位首席执行官之所以寻求我们的协助，是因为他看到他与高层管理团队的互动方式无法持续支持公司的成长。他们所面临的调适性挑战，是如何建构更广泛的运营能力、减少团队对首席执行官的依赖，并且发展首席执行官的领导力，扩大组织规模。

有时候人们来找我们，是因为他们在外部环境看见某个巨大变革即将发生，并预见变革很快给他们带来冲击。他们担心自己的组织无法在这个巨变当中进行调适并且蓬勃发展。因此，我们会运用一个更大的框架来应对这种情境：构建调适的能力（adaptive capacity）。例如，我们曾与一家新兴的金融服务公司共事，这家公司近几年获利丰厚，大部分成员都相当满意。但是几位资深高层主管心里明白，公司的成长潜力再过不久就会因为若干因素的共同作用而面临风险，这些因素包括：（1）新市场上有更多反应敏捷的竞争对手；（2）与一家大公司的合并而产生的棘手冲突；（3）公司各个板块的成员分散在世界各地，难以形成共同目标；（4）人才储备体系化不足，导致公司无法产生下一代的领导团队，而公司过去也不曾有这种需求。他们知道仅仅单独处理上述的任何一个问题，只会让他们继续回避背后更深层次、影响更广泛的问题，也就是这个组织本身必须发展出调适能力，并且把适应变动的环境作为日常的运作模式。他们的组织也必须学习如何在更不可预测、更模糊的竞争环境中生存。我们协助他们发展调适性能力，使他们能够面对接踵而来的挑战。毫无意外的是，在这过程中我们也需要与他们共事，一起处理大部分零散且立即要应对的挑战。

不论你是在着手处理组织当中某个恼人的调适性挑战，还是尝试在组织整体创造更具有调适性的文化，我们认为本书提供的资源对这两种情况都同样适用，而且这两种情况显然是相互关联的。如果组织能够成功克服某个调适性挑战，就会更有能力用更多样的方式带领调适性变革。此外，许多对组织长期调适与蓬勃发展的能力造成限制的束缚，是受到组织深层价值观的影响。如果这些束缚能够被处理，就能让组织更容易辨识并处理当前桌面上的挑战。

第 2 章 调适性领导力实践背后的理论

自 1994 年以来，由于《并不容易的领导艺术》、《火线领导》[1] 以及其他一系列书籍的出版，调适性领导力获得了进一步的探索与发展。这个新兴领域的文献正在迅速增加，当中包含我们的同事雪伦·达洛兹·帕克斯（Sharon Daloz Parks）的《好领导是可以教出来》（*Leadership Can Be Taught*）、迪恩·威廉斯（Dean Williams）的《真正的领导力》（*Real Leadership*）。[2] 其他书籍则是把调适性领导的架构应用在特定专业领域，例如理查·佛斯特（Richard Foster）与莎拉·卡普兰（Sarah Kaplan）的《创造性破坏》（*Creative Destruction*）与唐纳德·劳瑞（Donald L. Laurie）的《领导者真正的工作》（*The Real Work of Leaders*），这两本书的内容是关于把调适性领导力运用在大型企业；格里·德·卡罗利斯（Gary De Carolis）的《看台上的视野》（*A View From the Balcony*）是运用在健康护理系统；史黛西·高芬（Stacie Goffin）与瓦洛拉·华盛顿（Valora Washington）的《准备好了没》（*Ready or Not*）是运用在幼儿教育；希弗拉·布朗兹尼克（Shifra Bronznick）、迪迪·高登纳（Didi Goldenhar）与马蒂·林斯基（Marty Linsky）的《公平竞争》（*Leveling the Playing Field*）关注犹太女性在组织内的情况；凯文·福特（Kevin Ford）的《教会转型：引出优势、成就卓越》（*Transforming Church：Bringing Out the Good to Get to Great*）则是关注美国教会所面临的挑战。[3]

调适性领导力不仅致力通过实务的方式来了解领导力、调适、系统与变革之间的关系，它同时也有一套根植于科学的解析，试图用人类演化史，以及追溯自地球起源以来所有生命演化的过程来进行解析。

在四百万年间，我们人类的祖先以小队的方式在自然界觅食谋生。为了更好地狩猎和移动，早期人类设计出越来越精细的工具与策略，并用尽各种方法来扩展他们的活动范围；从演化论的解析来说，他们在生理上的能力也逐渐扩展。人类学家与心理学家的研究确认，自早年人类开始有承接并内化先祖们智慧的能力后，人类能够再现几乎无须权威介入就能自我维系的文化规范。文化规范的出现，赋予了人类出色的适应与规模化的能力，并大约在一万两千年前，人类学会了驯化动植物，保存食物的能力也促使人类能够在固定地点定居生活。当许多人聚居在一起的时候，就产生了大型组织与社群的治理需求。

随着我们的人类祖先进入了有文字记载的历史以后，人类对于新的可能性与挑战的调适仍然在持续发生，而人类的政治与商业组织的规模、结构、治理、策略与协调机制也在持续地成长与变化。人类对于管理上述过程的实务做法的理解也在持续演化，当中也包括属于这个年代的调适性领导力。

调适性领导力是关于如何动员人们、使众人一起面对困难挑战并且蓬勃发展的能力。蓬勃发展（thriving）的概念来自进化生物学。在进化生物学的领域里，成功的适应具有三种特性：（1）它保存了维持物种延续所必需的基因；（2）它摒弃（再调控或重组）了不再符合物种当前需求的基因；（3）它创造新的基因排列形式让物种能够以新的方式在更具挑战性的环境中仍然可以蓬勃发展。成功的适应使生命系统能够把过去最好的特质带向未来。

上述内容对于调适性领导力有什么样的类比关系呢？

- **调适性领导力是专注于一种让蓬勃发展的能力得以滋养的变革，让人们具有更能调适环境变化的能力。**新的环境与新的梦想要求新的战略与新的能力，同时也需要新型的领导力调动它们。就如同进化过程一样，这些新的组合与变异帮助组织在充满挑战的环境中仍能蓬勃发展，而不是走向衰亡、倒退或萎缩。因此，领导力必须与既有的价值观、目的与流程等有关规范进行搏斗。我们需要搞清楚在任何特定的脉络中，蓬勃发展对于组织究竟意味着什么？在生物学的领域里，蓬勃发展意味着繁衍增殖。但是如果是在商业领域，蓬勃发展的迹象可以是类似股东价值的短期与长期增长、卓越的客户服务、员工士气高涨，以及对于社会与环境的正面影响等。因此，在组织意义上的成功调适，有赖于领导力的发挥，借此协调安排不同利益相关方的优先顺序，从而能够定义且实现所谓的蓬勃发展。

- **成功的调适性变革是建立在过去的基础上，而非摒弃过去。**在生物学上的调适，虽然基因的改变可能会大幅度地扩展物种蓬勃发展的能力，但真正发生改变的基因比例却是少之又少。目前人类有超过 98％ 的基因与黑猩猩相同：这意味着在我们人类祖先的基因蓝图上，只要发生不到两个百分点的改变，就能够让人类获得非凡的活动范围与能力。因此，调适性领导力的一项挑战，就是让人们参与判断哪些组织遗产必须被保留，哪些则是可有可无的。因此，成功的调适是同时兼顾保守与进步的。它们尽可能地充分利用过往的智慧与方法。最有效的领导会把变革根植在组织必须持续保有的价值观、能力与战略方向上。

- **组织层面的调适是通过实验发生的。**在生物学中的有性生殖（sexual reproduction）就是一种实验：它快速产生变异，并且伴随着相当高的失败率。大概有三分之一的受孕会自发性地失败，这通常会发生在卵子受精后的一周内，因为胚胎所承载的遗传变异过于极端而无法支持生命的存续。在组织中也有类似的过程。正如全球制药业巨擘为开发出下一个赚钱的药品，必须愿意承受实验过程中的损失。人们在领导调适性变革时，必须具备实验性思维。他们必须学习在过程中即兴发挥，并且为下一个系列的实验争取时间与资源。

- **调适有赖于多样性的存在。**在进化生物学中，大自然会像基金经理人一样进行分散风险的动作。每一次的受孕都是一场新的实验，都会产生新的变异，并且会产生出在某方面跟大群族有显著能力差异的个体。借由提升基因库的多样性，大自然能够让一个物种的部分个体，更有机会在变动的生态系统中生存。相较之下，无性生殖（cloning）作为一种原始的繁殖模式，它在产生子代的速率有着非凡的效率，但是它所产生的变异幅度却远不如有性生殖。因此，无性生殖在引发创新与使生物找到新环境并蓬勃发展的可能性方面，远不如有性生殖。进化的奥秘在于变异，在组织内可能被称为分散式智慧或集体智慧。调适性领导力在思考经济政策上会希望让经济有更多的多元性，使人们的生计不会只依赖单一公司或产业。对组织而言，调适性领导力帮助建立重视多元观点的文化，并且不会依赖中央计划或少数高层的聪明才智，以免降低成功调适的胜算。这一点特别适用于同时在许多局部微观环境运营的跨国企业。

- **新的调适会对一些旧有的基因进行重要的置换、再调控以及重组。**这就像在领导众人面对调适性挑战的时候会造成一定的损失一样。学习往往是痛苦的。一个人的创新可能会让另一个人觉得自己无能、被背叛或是被忽视。事实上没有几个人会喜欢"被重组"的。因此，领导力的发挥需要诊断能力，借此辨识可能的损失，并且预期在个人及系统层级的反应可能会出现哪些防卫模式，从而知道如何反制这些模式。

- **调适需要时间。**大部分让生物更能够蓬勃发展的调适，往往是经过数千年甚至数百万年发展出来的。就长期来看，物种的调适是激进的，但从短期来看却是渐进的。它的运作方式看起来是这样的：当前族群中的某一变异个体在其有生之年稍微超出了平常的生态位，并且逼近自身以及子代能够忍受的生存条件的极限。例如，一个不寻常的人类个体移动到更寒冷或地势更高的环境，并且发现自己可以在那里生存。这么做相当于是"邀请"环境对其后代子孙施加汰弱留强的压力，而这个压力会偏好那些在新环境中较为强壮的子代个体。借由这种方式，新的调适能力会逐渐形成，后代子孙不再需要把自己逼近生存能力的极限，而是可以待在舒适的范围。在他们身上所发生的调适，包括一些构造在身上分布方式的改变，例如保温脂肪以及用以升温的微血管。当这些子孙的后代继续往新的环境移动，进化的过程就会继续发生。虽然组织及政治上的调适看似更快速，它们仍然需要时间形成新的规范与流程。因此，调适性领导力是需要坚持的。显著的改变来自长期渐进式实验的积累。而文化的改变也是缓慢的。如果人们想要实践这种领导力，就必须持续待在他们想要引发调适性变革的场域，即使过程中会面临许多批评与压力。

就短期而言，领导工作的核心是要动员人们应对目前的调适性挑战。经过一段时间，这些以及其他形塑文化的努力会为组织建立调适能力，并且发展能够产生新规范的流程。这些新规范使组织能够在这个随时能带来改变、机会与压力的世界中面对接踵而来的调适性挑战。

系统看似破败不堪的错觉

许多变革方案最终失败是因为信念上的一个迷思：组织已经坏掉了，因此必须作出变革。事实是任何的社会系统（包括组织、国家或是家庭）之所以会是现在这个样子，是因为系统中的人（至少是那些最能够对系统施力的个人或派系）想要它以这个样子活着。这一点的意思是，就衡量整体各方而言，系统的运作还算可以，尽管在某些系统内部与外部人士看来，这个系统在某方面看似很不行，甚至面临某个已经迫在眉睫的威胁。就如同我们的同事杰夫·罗伦斯（Jeff Lawrence）尖锐地指出："世界上其实并没有运作不良的组织，因为每一个组织与它目前所得的结果是完美匹配的。"

每一个试图指出或处理组织运作不良的人都不会受到欢迎。组织内有足够多的重要人士喜欢维持这个现况，不论他们口头上会说什么，否则情况不会是现在这个样子。设想你自告奋勇并且经常在公司里指出人们的言行不一，例如公司虽然宣称拥护"透明"的价值观，但实际上是大部分人都在严格管控信息的流通。你可能不会因为指出了这些落差而受到奖励，尤其是那些因为控制信息而获益的人。很明显，整个系统已经决定要与这个不一致的现状共处，也就是允许了拥护的价值观与实际情况中行使出来的价值观之间存在落差。对于那些在系统中共谋这种氛围的人而言，填补这个落差更让他们感到痛苦。

这观点之所以重要，是因为它会直接影响处理问题的手法。哪怕他们真的有为此而感到尴尬，但其实组织已经选择了维持现状，而不是想要尝试那些高不确定性、可能会对重要的相关人员造成损失的新方法。一旦能把这个观点纳入考量，便有可能找到非常不一样的策略选项填补这个落差。那些在你眼中看似运作不良的系统，对其他人来说反而是一个安身之地。当你明白这点，你便会开始关注如何动员并支持人们度过调适性变革经常带来的风险，而不是尝试说服他们认同你的观点。

以下是一个例子。我们曾经与美国一家大型的非营利组织一起共事，那时他们正在为过高的人员流失率所苦。许多有才华的年轻人来到这里，工作几年便会离职，但是他们还是在类似的领域工作。组织中几乎所有人在口头上都认同这个说法：由于人员流失率太高，组织现有的人才储备将无法确保未来能够有足够优秀、适任且经验丰富的高层管理者。组织举办了许多工作坊来讨论如何保留人才，组成了好几个任务小组，并且也提出了新的激励方案，但是这一切却没有造成什么改变。为什么会这样呢？因为组织的中层与高层管理者并不希望年轻人才长期待在这个组织中，有一天追上他们，逼得他们必须往组织的更高层发展或者赶走他们，或者质疑一切并要求改这改那，影响组织现有的方向与目标。这个组织之所以会是现在这个样子，是因为权势者以及资深的员工希望组织是这个样子。他们所期盼的，是一个他们可以永久地担任关键要职的世界。

或许美国汽车工业是其中最富戏剧性的案例了。美国汽车工业里的多家企业，一直以来形成了一个运作极为顺畅，但又高度复杂的组织网络。整个产业完美地说明什么叫作"它所获得的正是他们想要的结果"。自从20世纪70年代后期第一次石油危机爆发，以及20世纪八九十年代人们对于全球暖化的意识越来越高涨，美国汽车工业就一直都被警告将面临巨大的外在压力。然而，还是要等到2008年发生重大衰退后，才愿意接受整个产业必须被整肃的事实。要理解这个长年累月的调适失效，就必须要理解美国汽车产业本身是高度分散，且涉及公司董事、高层主管、中层经理、工会成员、供应商及其组织、广大投资人根深且庞杂的利益关系，以及数以百万喜好宽敞、马力强劲的房车、卡车与休旅车的消费者。

从调适性挑战中区分出技术性问题

领导最常见的失败原因，是把调适性挑战当成技术性问题来处理。这两者之间的差别在哪里呢？技术性问题可能会很复杂且极为重要（像是置换心脏瓣膜的手术），但是它们都有现成可行的解决方案。人们可以借由运用具有权威性的专业，并且透过既有的组织架构、流程与做事方式来解决技术性问题。然而，如果要成功处理调适性挑战，就必须改变既有的优先顺序、信念、习惯以及对权威效忠的模式。要在调适性挑战的处理上取得进展，就必须跳出任何既有专业所附带的权威性，动员其他人一起去探索、褪去某些固有模式、承受某些损失，并且生成创新的能力以求再次蓬勃发展。表 2-1 取自《并不容易的领导艺术》，它呈现了技术性问题与调适性挑战之间的一些区别。

正如表 2-1 所示，问题并非总是会以纯粹"技术性"或"调适性"的形式出现。当你在工作上接到一项新的挑战时，你不会在它上面看到"技术性"或"调适性"的标签。大部分问题都是以混杂的形式出现，会同时有技术性与调适性的成分交织其中。

表 2-1　区分技术性问题与调适性挑战

挑战的种类	问题定义	解决方案	责任位置
技术性	清晰	清晰	带权威的专家
技术性与调适性	清晰	需要学习	专家与涉事的利益相关方
调适性	需要学习	需要学习	所有涉事的利益相关方

以下是一个我们家人的案例。当还在撰写这本书的时候，马蒂的母亲萝丝已经 95 岁但健康状况还是很好。她的头上连一丝灰发也没有，虽然她有稍微染一点色来让其他人知道她的黑色发色是真的。她独自居住而且主要以车代步，哪怕是在晚上也会开车。当马蒂从纽约市的住处出发到麻省剑桥的哈佛肯尼迪学院上课时，萝丝通常会从她住的公寓开车去马蒂那里

跟他共进晚餐。

在前一段时间，马蒂开始注意到每次萝丝开车去跟他一起吃晚饭的时候，她的车上都会出现新的刮痕。看待这个议题的一个角度就是萝丝的车子必须送修。就这点而言，这个情况有着技术性的成分：车身的刮痕可以通过修车厂运用它权威性的专业来处理。但这个情况的底层还潜伏着另一种调适性挑战：在与萝丝相同年纪的人当中，她是唯一还在开车的人。这么做带给她自豪感以及很大的便利，就像她还在独自居住而不是住在退休社区，而且或多或少还是可以独立自主地生活。不再开车，甚至只是不在晚上开车，需要她作出巨大的调整，也就是调适。这当中的技术性成分，是她之后可能要搭出租车，或是请朋友开车载她。调适性成分可以从这个改变可能会带来的损失当中看到。在她过去一直对自己讲述"我是谁"的故事当中，有一个很重要的部分会因为这个改变而消失，也就是在她所知的范围内，她是唯一95岁却还是能够在晚上开车的人。她内心会有一部分因为这个改变而被撕去，而她身为一位独立女性的自我身份认同当中，也会有着这样一个核心元素被夺走。仅仅把这个议题当作技术性问题来处理，是可以把车修好（虽然只是暂时的，因为她的车子需要送到修车厂的频率很可能会越来越高），却无法触及潜藏在这个议题之下的调适性挑战：重塑自我身份认同并且寻找方法在新的条件限制下蓬勃发展。

在企业世界里，我们曾经在公司合并或进行重大收购的时候，看到具有明显技术成分的调适性挑战。并购的过程固然有着大量重要的技术性议题需要处理，例如整合信息系统与办公空间，但是关系并购成功与否的，往往是当中的调适性成分。两家过去各自独立运作的公司必须分别舍弃部分的文化基因，放开他们所重视的习惯、工作与价值观，借此成为真正意义上的一家公司，使这种新的组织形式能够生存下来并且蓬勃发展。我们曾经协助一家提供财务服务的跨国公司。那家公司原本是由两家公司合并而成的。然而在合并多年后，原本分属于不同公司的单位，还是以各自的工作模式运作着，这对于协作、为全球客户提供服务以及成本效率的提升造成了障碍。每当他们快要达成能让彼此更像是一家公司的某些重要改变时，总有一方在这种你来我往的过程中，为要保住某种自己觉得珍贵而不能妥协的文化，最终改变都没有成功。这当中双方共谋着相当明显的默契：你们让我们的基因完整保存下来，而我们也保证不会去碰你们的。他们当时只是成功地合并一些基础的科技与通讯系统，这些系统的合并能够让大家过得更轻松，而且不会威胁到其中一方珍视的价值观或工作方式。

在一个类似的案例当中，是美国一家有着类似特许加盟经营模式的大型工程公司。当中大部分的单位都是通过收购，而不是从内部成长发展而来的。虽然公司的主要产品线已经碰上了价格上的白热化竞争，但每个单位都还是以自己的方式运作。这种自主自我的运作方式很适合以前规模还不算大的时候，并且也成为公司某种自我身份认同的重要部分，但是这种运作方式却让他们在未来争取大型合约的项目时，无法在价格上与对手竞争。

我们在一些专业服务的领域，也看过前述那种原本利润丰厚且独特的服务发生价格上的恶性竞争现象。以法律事务所为例，与客户建立关系一直是这个领域的指导价值与核心策略，因此当这个领域必须在价格上进行竞争时，对于许多人的自我身份认同是极为痛苦的转变。但是，正如同前述原本以客户关系为基础的专业，他们的部分工作正在面临更便宜的价格所带来的调适性挑战，相反的趋势也同时发生在许多依靠产品销售模式及其思维模式的行业里。

在进入越来越扁平化的第三个千年里，创新出现越来越快，仅仅拥有最好的产品不再能够确保持续成功。因此，就像我们的一个客户——一家生产科技产品、处于业界领先地位的跨国企业，它跟许多公司一样正在试图从以交易为基础的环境（也就是贩卖商品），调适并过渡到以关系为基础的环境（也就是基于信任及相互理解来提供解决方案）。

对于许多从事专业服务、保险、数字硬件设备等公司而言，这种转型的需求已经是迫在眉睫了。这些公司过去曾经因为那些与时俱进的产品线、才华横溢的销售人员以及卓越的营销策略而兴盛。如今，他们发现，相比起技术性的技巧，他们更需要人际互动上的技巧，这个需求不仅来自组织内部成员，也来自组织与顾客之间关系上的维系。一群长期接受销售训练而且因此变得很成功的人，现在被要求以维系关系和响应关系上的需求为业务成长的主要杠杆。由于外部环境的改变，许多已经在职业生涯中后段的成功人士正在被要求作出改变。在他们试图以调适性的方式响应客户新需求的过程中，他们被要求放弃既有的做事方式、承担风险，并且超越既有的能力范围。

就如同马蒂与他的母亲一样，系统、组织、家庭与社群往往会拒绝处理这类调适性挑战，因为处理调适性挑战所需要作出的改变当中，难免有一部分人会遭遇一些重要的损失。在前面提到的那家新合并的公司当中，原本分属不同公司的单位不愿意舍弃他们视为自身独特性的东西，就这点而言，马蒂的母亲原则上是跟他们一样的。

当然，有时候所遇到的调适性挑战会远远超出我们的能力范围，而且不论我们付出多大的努力，我们可能还是什么都影响不了，维苏威（Vesuvius）火山还是要爆发的。但是即使我们本来有能力回应的事情，我们常常把机会浪费掉，就像是过去数十年的美国汽车产业一样。

你可能听过"人是抗拒改变的"这种说法。但其实这个说法并不正确，因为人并不笨。当人们认为改变是一件好事的时候，他们就会喜欢改变。没有人会想要退还中了头奖的彩券。人们真正抗拒的不是改变本身，而是背后带来的损失。当改变涉及实际或潜在的损失时，人们会紧紧抓住他们所拥有的东西并且抵制改变。我们认为对于损失的抗拒，才是造成调适失败的常见的原因。因此领导的关键能力之一，就是能够诊断出变革处境之中有哪些损失风险，这些损失包括自己的性命、所爱之人、工作、财富、地位、意义、社群、忠诚、身份认同以及能力。调适性领导几乎总是会要你针对可能的损失进行评估、管理、分散，并且提供条件让人们可以承受这些损失，从而抵达新的境地。

调适同时是保留与失去的过程。虽然改变本身经常让人不好受，大多数的调适性变革通常并不是关于狭义的变革本身，而是更多的关于变与不变的选择。我们需要回答的并非只有"在所有我们在意的事物当中，我们必须舍弃哪些才能够让我们存活下来、蓬勃发展并往前迈进?"这个问题,同时我们还需要回答下面这个问题:"在所有我们在意的事物当中,哪些元素是不可或缺而必须被保留并且带到未来,否则我们会失去珍贵的价值、核心能力并且会失去自我的?"就像是在自然界发生的那样,成功的调适能够让组织或社群把他们的传统、身份与历史当中最好的部分带向未来。

几乎所有关于调适性变革与相关损失的问题,回答起来都不容易。这都涉及困难的抉择、妥协,并且还需要面对持续实验与试错带来的不确定性。这个工作之所以困难,并非只是因为它在智力上的难度,同时也因为它挑战了个人与组织过去在关系、能力与身份认同上做过的所有投资。调适性工作要求人们修改过去他们一直对自己和对世界所说的故事,而这些故事是关于他们所相信、主张及代表的事物。

因此,行使调适性领导力的任务包括协助个人、组织与社群处理这些棘手的难题,区分哪些不可或缺的基因需要被保留,哪些基因需要被舍弃,并且通过一些创新的方法来培养组织的调适能力,进而让组织在变动的环境中蓬勃发展。

区分领导力与权威

我们必须留意,行使调适性领导力与把你的工作做得很好之间,有着巨大的差别。它与带有权威性的专业工作相异,也不同于拥有很高的政治或组织地位所带来的权势。此外,调适性领导的发挥也不同于拥有可靠、信任、尊敬、钦慕或道德权威等哪怕是非常庞大的非正式权力。就如同你肯定看过的,许多人占据了资深权势者的高位,却从来不曾带领组织进行困难却必要的调适性变革。其他拥有大批追随者的领导者,不论他们是否拥有明显的正式权力,也常常无法动员追随者处理棘手的挑战。为了保护或是增加他们的非正式权势,这些领导者往往选择迎合他们的追随者,尽可能不要求这些追随者作出代价高昂的改变,并且经常把众人的注意力转移到其他地方,宣称"其他人才是必须改变或者被改变的",借此否定或拖延清算之日的来临。

　　人们长期以来把领导力与权威、权力以及影响力混为一谈。我们发现一个极为有用的角度来理解领导力，也就是将领导力视为一种实践，一种某些人在某些时刻会从事的活动。我们把领导力视为动词，而不是一个职位。权威、权力与影响力是重要的工具，但是它们都不等同领导力，因为权威、权力及影响力可以被用在各种与领导工作无关的目的与任务上，例如执行手术，或是在稳定的市场上运营一家早就已经很成功的组织。

　　不论是正式或是非正式的权威关系，它们所带来的权力与影响力都有着相同的结构。它们的社会契约基本上是一样的：甲方赋予乙方权力以换取乙方的服务。有时候这个契约是正式的，包括以职务说明的形式存在，或是经过批准而设立的任务小组、组织部门、政府机构，或是组织使命。有时候这个契约是以一种没有明言的默契存在着，就像是有魅力的权威与其支持者之间的关系，或是你与你的下属或平级同事之间的关系，这些下属或同事可能对你有不同程度的信任、尊敬与钦佩，因此赋予你关键的权力资源。然而，所有的权威关系，包括正式与非正式的，似乎都符合同样的基本形式：赋予权力以换取服务——"我指望你来达到我所重视的目标"。

　　这样说来，权威是来自单一或许多人的授予，其背后的假设是你会去做他们希望你去做的事。在组织中最重要的事，莫过于针对问题并提出解决方案。人们会赋予你权力或自愿跟随你，是因为他们指望你提供服务，例如作为先锋、代表、专家或是作为做实事的人，并且在他们能够理解当前的情况下提供他们满意的解决方案。而如果人生所要面对的都是技术性问题的话，人们就大可以习惯性地指望有权威的人帮助他们寻求问题的解答，借此得到他们所需要的东西。

　　仔细看看权力与调适性领导力之间的差异。在你的组织中，授予你权力的人包括老板、同辈、下属甚至是组织的外部人士，例如客户或顾客，还可能包括媒体。授予你权力的人都会把他们的注意力放在你身上，并且配合你做好你的工作，使得你能够为问题提出解决方案。

不论你所扮演的是父母、首席执行官、医师或顾问，你的角色都会有特定的范围(见图 2-1)，而这些权限来自授予你权力的人们，同时也画下了你被期望要做什么事的界线。只要你做到被期待要做的事，授予你权力的人们就会感到高兴。如果你可以把你应该要做的事情做得非常好，你就会获得奖励：加薪、红利、升职、匾额、更威风的职称、更大的办公室等。

当你能做到组织要你去做的事(通过卓越的运营来执行他人设定好的方向)，在你能够从组织那里获得的奖励中，最具诱惑力的就是称你为"领导"。就像许多人一样，因为你渴望获得那个标签，所以称你为"领导"就是一种绝妙的方法，把你留在组织最希望你待在的位置上，也就是让你待在自己权限的中央，同时也远离了可以让你拓展边际的调适性领导工作。

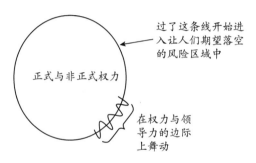

过了这条线开始进入让人们期望落空的风险区域中

正式与非正式权力

在权力与领导力的边际上舞动

图 2-1 正式与非正式权力

在 20 多年前，海菲兹在哈佛大学的高管课程是为高级军官授课。在课程开始 6 周后，一位空军上校垂头丧气地走进研讨室。海菲兹问他："发生什么事了？"那位上校回答："多年前当我被任命为军官的时候，他们说我是一位领导了。现在我明白一直以来我只是一名权威人士，而且我不确定我是否曾经发挥任何领导力。"经过一周，上校在反思了那个让他烦恼的想法之后，再次走进研讨室。这时他看起来比较有活力地说："现在我能够看到可以行使领导力的时刻，这是我过去不曾看到的。"

当你的组织称你为领导，其实就是在奖励你，因为你做了那些授予你权力的人们要你做的事情。当然，能够达到那些人的期待是重要的。在医学界，病患委托医生与医护人员提供可靠的服务，而医生与医护人员则是通过拯救生命来回应病人的期望。但是即使把工作做得再好，通常也与协助组织应对调适性挑战无关。要能够协助组织应对调适性挑战，你必须具备在图 2-1 中圆圈边界游走的意愿与能力，并且是为了你深切关心的使命。调适性领导力不是达成或超越授予你权力之人的期待，而是挑战他们对你的部分期待，并且寻找不会让他们被彻底颠覆的方法使他们的期望落空。这无可避免地会引发他们的反抗，而你需要处理它。当你在行使调适性领导力时，那些授予你权力的人可能会反抗，这是可以理解的。他们原本是聘请你，把票投给你，或是授予你权力去做某件事，而现在你却在做别的事：你这样是在挑战现状、挑起禁忌话题，或是对质人们宣称重视与实际重视的事物之间的矛盾。你让人们感到惊恐。他们可能会想把你撵走，然后找某位会按他们的吩咐办事的人。

例如，想象一名心脏外科医生告诉他的病人：除非他们自己负起戒烟的责任，否则他不会帮他们做手术，并且在手术后要求他们把运动和健康的饮食习惯排进日常生活中。此外，为了确保病人会遵守约定，这位医生还坚持他们要把一半的财产存入托管账户，并且由第三方管理 6 个月。碰到这种情况，大部分的病人很可能会去找其他不会作出这种要求的医生。而那位想要促使病人展开调适性工作的心脏外科医生就会丢掉他的生意。

难怪我们很少在组织的日常运作中看到调适性领导力的展现。行使调适性领导力是危险的。领导（leader）的英文来自印欧语的字根"leit"，指的是在军队上战场的时候站在队伍前面的旗手，而他们通常会在敌方第一波攻击中就阵亡了。他的牺牲会让他的战友警觉到前方的危险。

调适性领导的危险之处，在于需要你去挑战那些授予你正式或非正式权力的人们对你的期待。但很多时候，领导的挑战来自自己管辖领域内的冲突，以及如何处理这些冲突。例如，政治人物会需要争取多个、相互交叠的派系的支持来赢得选举，但是这些派系对政治人物的期待有时不仅相互冲突，甚至可能完全对立。这个状况有时候可能也会发生在你身上。如果你曾经或是目前正在担任中层管理者，你可能曾经夹在你的下属与上司的期待之间。你的下属可能会期待你保护他们并且为他们发声，而你的上司可能会期待你控制薪资成本、支出、年终红利，甚至开除一些下属。作为人父人母，你可能曾经被夹在配偶或伴侣以及你的孩子之间。更糟的是，你可能会夹在你的配偶或伴侣以及你的母亲之间！

我们有一位朋友最近被一家大型网页设计公司聘请，去担任他们的设计工作室成立以来的首位管理者。高层主管团队聘请她的目的，是希望她把纪律、专业与商业导向思维带给一群年轻有才华的网页设计师，而她又会需要那群网页设计师的信任来完成任务。然而，网页设计师们却把她的到来，视为能够帮助他们向公司高层发声的机会。我们的朋友无法同时满足双方的需求。这时问题就变成，在她被授予权力管辖的人群当中她打算让哪些人失望，而且她要怎么做才能把她的步调控制在他们能够承受的范围内？这个时候，时机与顺序就成了成功与存活的关键。例如一般而言，比较容易的做法是先执行高层委任你去做的事，而不是代表下属去挑战高层。

将领导力与权威混为一谈是人们长久以来的习惯，而这个现象也很好理解。我们都想相信，只要把我们被期待要做的工作做得非常好，就算是发挥领导力了。但是区分领导力的发挥以及权威的运用是极为重要的。当你超越权威式管理并且实践调适性领导力的时候，你就是在冒险告诉人们需要听的，并非他们想要听的话，并且你可以协助你的组织、社群或社会在他们最困难的挑战中取得进展。

无论你担任国家元首或是公司的领导者、医院的行政主管，或倡议组织的领导者，或者只是（只是？）父母，你在你的权威角色中所发挥的功能大体上是一样的。你需要负起三个核心责任，也就是：提供（1）方向（direction）；（2）保护（protection）；（3）秩序（order）。也就是说，你被期待要厘清角色并且提供愿景（方向），确保团体、组织或社会不会过度地脆弱，并能够承受外部威胁（保护），并且维持稳定（秩序）。因为处理调适性挑战需要踏进未知的领域并且扰动既有的平衡，这种活动本身对组织及个人是充满了不确定性与风险的。也因为如此，调适性工作往往具有破坏性，并且会让人们感到迷失（见表 2-2）。

表 2-2 在权力位置上的领导工作

任务	技术性任务	调适性任务
方向（direction）	对问题提供描述和解决方案	辨识调适性挑战；重新框定关键问题与议题
保护（protection）	保护群众免于面对外部威胁	向群众揭露外部的威胁
秩序（order）		
引导（orientation）	引导群众回到既有的角色	打破既有角色；同时避免太快将群众引导至新的角色
冲突（conflict）	恢复既有的秩序	让冲突外显或是让冲突浮现
规范（norms）	维持既有的规范	挑战既定的规范，或是让它能被挑战

在失衡中的领导

为了实践调适性领导力，当人们在区分什么是不可或缺、什么是可以舍弃，以及为了眼前的调适性挑战而尝试不同的解决方案时，你必须协助人们度过一段令人不安的混乱期。这种失衡的感觉，会促发冲突、挫败感、焦虑乃至混乱、迷失，以及恐惧于可能失去你所珍视的东西。这恰恰不是人们花钱请你来做的事，而且相比于动员人们处理技术性议题（不论处理这些议题是在人们的能力范围之内，或是处理议题所需要的专业能够轻易从外部取得），人们肯定更不欢迎你的调适性领导工作。因此，当你在实践调适性领导力的时候，你需要一些技艺与洞察力来处理这股纷乱涌动的能量。你必须能够做到两件事：（1）照顾好自己；（2）帮助人们承受他们所感到的不安。你必须让自己投入这种失衡当中。

调适性过程往往会伴随着沉重的压力，正视与接受这个现实，意味着你能够悲悯地感受到深度变革所带来的痛苦。压力伴随着变革而来，但就策略面而言，让人们感到不安不在于变革相关的某一个点，或是它的意图，而是它的后果。重点是如何能够在巨大的集体挑战面前取得进展。当你在开车的时候，热能的耗散是引擎的副产物，温度必须要被维持在某个范围内，引擎才能够有效运作。除了有时候想要在冬天取暖，产热并不是你开车的目的；你之所以开车是因为想去某个地方。但是你必须经常注意水温表，以确保引擎的冷却系统是否在正常运作。

当你把众人的目光聚焦在困难的问题上，并且感召人们行使自己的责任感来跨越既有规范与职务范围的时候，集体与个人的失衡感就会自然而然地出现。可想而知，组织与个人都喜欢待在他们的舒适圈之内。当你提出困难的议题或是产生深层的价值冲突时，就等同将人们带离舒适圈，并且是对整个局面大幅地"加热"。这是件很微妙的工作：你必须持续地"煽风点火"，并感知系统到底能够承受多少热量。你的目标必须是把温度控制在我们称为"在失衡中学习的区域"（productive zone of disequilibrium，简称 PZD）内：你的介入产生了足够的热以取得众人的关注、参与与往前推进，但也不会太热以致整个组织（或是当中你的部分）都被"炸掉"。（见图 2-2）

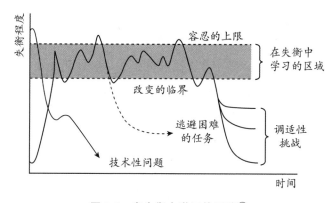

图 2-2　在失衡中学习的区域①

————————————

① 资料来源：此图摘自罗纳德·海菲兹与当纳·萝莉的 *Mobilizing Adaptive Work*：*Beyond Visionary Leadership*［此文收录在 *The Leader's Change Handbook*（Jossey－Bass，1998）中］。

想象这就像一个压力锅：如果温度和压力设得太低，你就不可能把压力锅内的材料煮成一道美味佳肴。如果温度和压力太高，锅盖就会被炸飞，而且食材会被喷得到处都是。因此，想象你把手放在温度调节器上，小心翼翼地调控施加在锅子上的热能与压力。比起作为组织中的基层新进人员，如果你在组织中位于资深的权威位置，会更容易做到这点。组织中的人们会期待握有权力的人能够掌控温度调节器（虽然他们往往会被期待去降低温度而不是把温度升高）。

　　让我们仔细检视图 2-2。技术性问题曲线代表组织在处理一般的技术性问题过程中，组织失衡程度的变化。调适性挑战曲线则是显示组织在处理调适性挑战的过程中的失衡程度变化。水平灰色区域则标示着"在失衡中学习的区域（PZD）"。在 PZD 之下，人们感到舒适与满足。在 PZD 之上，失衡程度就会太高而且变得过热，以致组织中的紧张程度上升到妨碍组织运作的地步。在 PZD 内，人们所面对的压力高得足以使他们必须关注并着手处理原本想要逃避的问题。虚线代表逃避困难任务，指的是当组织逃避处理困难的问题时，组织的失衡程度就会因为避重就轻而趋向缓和。

　　让我们再把目光放在技术性问题的曲线上。为了更好地解释失衡程度如何随着技术性问题变化，假设你在滑雪时摔断了腿。这时，失衡程度急剧上升到顶峰，而且是高得几乎无法忍受了。你躺在雪地中，感到寒冷并且非常痛苦，其他滑雪的人们经过你的身旁，然后雪场的救护队带着担架与毯子来了。他们不仅安慰你，如果你想要的话，他们甚至还会给你一口威士忌。你的失衡情况下降到可以忍受的程度。当你在急诊室等待医生到来，以及当你经历几个月痛苦的复健训练时，失衡程度可能会再次上升。但是整体而言，它呈现下降的趋势，并且最终可以在你康复时完全消失。

　　调适性挑战的失衡变化与前述的情况非常不同。一开始，失衡程度相当低，你已经看到了一个调适性问题，而且知道公司必须处理它，但是你周遭大部分的人若不是没有看到，就是不想要碰这个问题。你必须把组织的热度上升到某个程度，让不着手处理这些问题本身所带来的不安，等同或是大于不处理问题引发的后果所带来的不安。也就是说，你必须把团体带进 PZD 去。

当你要处理调适性挑战的时候，事情往往不再以线性可预测的方向发展。失衡程度会随着你的介入而上升（或下降）。有时候，这看起来就像进两步、退一步。你需要用耐性与坚持来引领调适性的变革。与此同时，对于其他人可能会用怎样的套路降低热度，让局面变得没那么紧张，你必须能够预知并且作出反应。这类避重就轻的逃避可以是多种多样的，例如创建一个毫无权限的委员会或是找来某个替罪羊。不同于技术性问题的是，处理调适性挑战并没有一条清晰、线性的解决路径。你仍然需要有一个计划，但你同时也需要有能够偏离计划的自由度，使你能够应对各种可能的情况，例如对于调适性挑战有些新的发现，条件发生了变化，或是遭遇到新的抵制与反抗模式。一旦你帮助众人释放出处理调适性议题的能量，你就无法控制结果。这就是为什么在调适性挑战曲线的最后可能出现多个不同的结果。从事这种工作在许多方面（甚至是在定义何谓成功的任务时），都需要有足够的弹性与开放性。处理调适性挑战的路径不是直线的，即使是为了服务某个伟大的使命，调适性工作总是会涉及某些损失，以及谁来承担这些损失。因此这些工作所带来的系统动态，以及变革背后的政治形势，会有许多难以预测的因素。这样说来，化解调适性挑战的路径看起来真有点像是大黄蜂迂回飞行的轨迹，有时候你甚至会觉得你的方向是错的，而且最后化解调适性挑战的方式，可能会跟你一开始想象的非常不一样。

观察、诠释、介入

调适性领导是一个重复迭代的过程，当中包含三个主要动作：（1）观察周遭的事件与模式；（2）对于你的观察作出诠释（对于正在发生的情况形成多个假说）；（3）根据观察与诠释设计介入方案来处理调适性挑战。每一个动作都是建立在前一个动作上，整体而言是一个不断迭代的循环：你将重复调整你的观察、诠释与介入方案。（见图 2-3）让我们来仔细看看每一个动作。

图 2-3　调适性领导的过程

观察

　　马蒂的妻子琳，拥有艺术背景。当她带着（应该是拖着）马蒂到博物馆，并且凝视着墙上的画作时，马蒂只能看到琳所看到的 25％。琳催促马蒂靠近那些杰作、指出当中的一些元素。在状况好的时候，她也许能让马蒂看到 50％。

　　观察同一个事件或情况的两个人会看见不一样的东西，他们能够看见什么取决于他们过去的经验以及各自独特的视角。观察是一个高度主观的活动。但是在行使调适性领导力的过程中，我们的目标是要让观察尽可能的客观，离开舞池并且走上看台是能够帮助我们做到这点的有利方法。这么做能够让你获得一些距离，让你在行动的过程中仍看到自己以及他人，并且让你从当前的处境中看到可能有某种模式在运作，如果你只是困在舞池里面，就很难看到这些。

　　比尔·拉塞尔（Bill Russell）是美国职业篮球名人堂的一员，他也是波士顿凯尔特人队在 20 世纪五六十年代称霸时期的明星球员以及教练。他曾经写过一本书《重振雄风：一个固执家伙的回忆录》（*Second Wind：The Memoirs of an Opinionated Man*）。书中提到他如何能够仿佛看见整个球场，看见当中的模式以及包括他自己在内的十位球员之间的关系，并且预知其他球员接下来会移动到哪里，借此决定他接下来要如何传球或切入。[4]他在担任球员兼教练时期赢得了两届总冠军，这显示了他能同时站在场内与场外的能力非常珍贵。

　　搜集所有可以看到、找到以及可被发现的资料是关键的第一步。看见目前有什么正在发生不是容易的事。当你在组织内采取行动的时候，客观地观察是非常困难的。在观察的时候，你可以在脑海中自问无穷多的问题："谁在跟谁说话？谁回应谁？有哪些是在组织架构图上看不到的帮派与关系？我们所面临的问题是怎样演变过来的？可以有哪些不同的观点看待这个问题？关于这个问题，有哪些只有在特意搜寻的情况下才能看得见的行为模式？组织的文化与结构如何影响人们的行为？"

　　在我们与客户共事的时候，我们常常会邀请某人在一场会议或工作坊当中扮演"看台上的观察者"。这个人的任务是坐在会场后面并且记下过程中发生的事情，并且简要写出参与者所做的评论与行为。当你暂时从所做之事中抽离，并且只是看着这些记录，你就能够看见许多原本没有看到的事情。我们通常会请看台观察者先告诉团体他所观察到的事实，不附加任何诠释，使团体仿佛在观察一场没有球评的足球比赛影片。

诠释

　　诠释比观察更具有挑战性。当你大声说出你的假说，并且揭露你从观察中所获得的理解，你可能会触怒那些跟你作出不同诠释的人。他们会要你接受他们所偏好的"真相"，不论那个真相是什么。例如，假设你和一位与你平级的经理都看到了在会议中发生的一件事件：团体中有一位说话轻声细语的参与者，她是在场唯一的非洲裔女性，而她在说话的时候一直被打断。你把你所看见的情况诠释成团体正在边缘化，或是忽视她对于当前任务的观点；此外，你认为因为团体的偏见削弱了她的公信力，以致让这种情况更容易重复发生。但是你的同事认为这种情况之所以会发生，是因为她轻声细语的说话方式。由于这两个相互抵触的诠释，你的同事建议为她聘请一位教练来培养她的表达能力，而你却建议团体需要关注她在工作议题上的观点，不论这些议题有多困难。此外，你或许还会想要建议他们寻求"多元化咨询"(diversity counseling)的协助。

　　无论你经过多艰苦的训练,你都无法避免对事件作出诠释。你的大脑就是被设计成能够从你所看见的东西中产生某种意义,并且还会从你的感官所获取的资讯中寻找某种模式。大部分诠释所得的模式,是在无意识的状况下以极快的速度形成的,使我们立即采取行动,以致我们没时间自问:"对于所发生的状况,我的解释是正确的吗?还有哪些假说可以解释这个状况?"为了实践调适性领导力,对于你从观察到的东西中所形成的诠释,你必须在采取行动之前花时间把它好好想透。

　　你可以把诠释理解为聆听"弦外之音"。这指的是借由尽可能广泛地考量各种感官资讯以作出更准确的诠释。除了注意人们外显的话语及行为,也要注意肢体语言及情绪,并且注意那些"没有"被说出来的话。问你自己:"我有哪些潜在的价值观及效忠需求正在受到威胁?我周围的人在多大程度上将目前的状况解读为这只是一个技术性问题而非调适性挑战?"如果你没有质疑你自己以及团体偏好的诠释,你与你的组织最终可能会串通起来,逃避处理更重要的议题,不承担当前困难的工作。

　　也就是说,即使是经过最深思熟虑所得出的诠释,它最终还只属于一种猜测而已。你永远无法获得一切数据来形成完整的图景。而且,对于同一组观察所获得的资料,没有人的心智具备那么大的能力形成并且评价所有可能的诠释。

　　但是,如果你能够熟练地行使调适性领导力,你可能发现自己在任何时刻都能够针对特定的观察,主动抱持两种以上的诠释,即使这些诠释彼此可能是互斥的。就像前面提到的例子,当那位说话轻声细语的女性无法让她的观点被其他人听到的时候,即使你与你的同事作出的诠释是互斥的,你还是能够同时抱持这两种诠释。在脑中同时抱持多种诠释会是相当累的事,因为我们的自然倾向总是在寻找唯一的正确答案。这要求心智能够保持平衡地运作,需要我们能够从多个不同的观点看待同一批资料。

　　诠释只是猜测,但通过练习,你就能够猜得越好。公开提出你的诠释本身就是一种介入,而且通常会是具有刺激性的介入。试探性地提出诠释，然后观察（接着再次诠释）众人的反应，这能够帮助你判断你距离准确的诠释有多远。

介入

一旦你对于人们如何解决问题的互动模式作出诠释，接下来你打算对它做什么呢？对于前面提到的那个例子，你会聘请教练来提升那位女士的表达能力？还是为团体找一位多元化培训师呢？还是两者都聘请？你是否会在那个会议分享你的诠释，先从小一点的团体开始尝试，或是留待下一次会议才有所行动？你的下一"动"（move）、你的介入必须能够反映你对问题的猜想，而且你（也许包括其他人）必须把你的介入视为一种试验，是为了服务彼此的共同使命。一个设计良好的介入能够帮助构建一种氛围；它能够把你的诠释与桌面上的使命或任务链接起来，这样人们就能看见你的观点与他们的集体努力之间的关系。如果他们无法看见相关性，可能就不会理你，觉得你只是在重弹自己的老调（"那是你的议题！"）。好的介入也会把你在组织中能够获取的资源纳入考量。例如，如果你才刚砍掉一半的奖金，你就不会想在这个时候提出一个大规模、由上而下的多元化或绩效教练方案。此外，在拟订介入方案时，你必须考量你在组织中的"位置"，以及在这个位置所代表的成功机会。如果你是首席执行官或是团队中不多的女性之一，或是团队中最新进的成员，你需要做的事情可能就会很不一样。最后，在设计介入方案的时候，必须考量你自己拥有的技能与资源。你真正擅长的是什么？而哪些种类的介入是你不太擅长的？例如，比起一对一的对谈，有些人更擅长主持一场十个人的会议。你的锦囊越丰富，你可能越想要采取更多元的介入方案，而且这些介入方案更有可能产出想要的结果。

与此同时，练习设计位于你舒适圈以外的介入方案。人人都有他们自己的常备选项，并且在采取行动的时候，会从中选择方案来处理眼前的挑战。人们会变得越来越习惯（并且擅长）以特定或某一小范围类别的方式来介入系统。人们会更加熟悉这些介入方式。遗憾的是，组织对于这些介入的模式也会变得更熟悉。这种可预测性会削弱你介入的有效性。其他人会知道你会用什么招式套路，而且知道如何破解。例如，如果你很擅长调动情绪来说服他人，他们就会知道他们可以借由保持冷静来让你的招式显得无效。

加强练习以便更有效地设计位于舒适圈以外的介入方案。这是力求成效的领导力当中极为重要的部分。它能够帮助你针对每一个独特的情况调整你的介入方案，并且让你不容易被预测。这会让他人无法反制你的介入。

不断实验，明智地承担值得冒的风险

当你在对付调适性挑战的时候，对于"这里究竟发生了什么事"的问题不会有明确的答案。试图界定眼前问题的举动本身就可能引发争议。处理这种模糊性需要勇气、坚持，还有实验性思维：你尝试做某些事，看看引发什么结果，然后据此作出调整。

当你具备实验性思维，你会积极承诺执行你所设计的介入方案，同时你会避免让自己执着于这个方案。这样一来，即使这个介入没有成功，你也不会觉得自己需要为它进行辩护。这种思维也会让你对其他以及没有预料到的可能性保持开放。（你一定很熟悉富兰克林与爱迪生的故事。他们两位都是在追逐其他目标的时候，意外地创造了伟大的发明。）以实验的态度进行思考让你对学习保持开放：你对于自己出错的可能性保持开放。实验性思维能够促进调适性领导过程的迭代优化：你根据对于现状的诠释作出介入，然后看看会发生什么事。你运用实验的结果来采取下一步，或是作出中途修正。

同时在脑中抱持不相容的想法有点像是决定要结婚。当你决定想要和这个人度过你的后半生时，你必须完全接受你的选择；你必须全心相信这是正确的决定。但是你的务实的一面也知道在其他情况下，你可能会跟其他人坠入爱河。所以，你所认定的对象怎么会是你唯一正确的选择？如果你在这一刻对于要和这个人结婚的肯定程度只有51％而非90％，你可能永远不会迈出这一大步。同样的矛盾也适用于调适性领导的介入。你必须抱持着完全的信念与希望来执行实验。

美国作家斯科特·菲茨杰拉德(Scott Fitzgerald)曾经说过："要检测一个人是否具备非凡的智慧，就看看他能否兼容两个相反的想法并且仍然保有行动的能力。"[5] 在调适性领导的领域，你必须相信，在你承诺要执行你的介入方案时，那个方案是绝对正确的。但是与此同时，你必须对自己大错特错的可能性保持开放态度。

然而，调适性领导需要意志与技艺。有效的介入可以提升你生还与成功的胜算。一个原本只有50％胜率的介入方案，在你的巧妙设计之下，胜率可能提升至60％。本书中的工具与资源可以帮助你做到这一点。

心、脑、体全都要用上

如果说领导力包括意志与技艺，那么它需要运用的就不仅是你脖子上的脑袋，还需要脖子下面的身体。勇气需要使用你有的一切：心力、脑力、精神与胆识；而技能需要你学习新的能力，运用大脑训练身体，使你熟习用来诊断与行动的新技术。

你可能会觉得这个想法就像是整合多元智能(智力、情绪、灵性以及生理)或是不同中心(心、脑、体)之间的协作。但这些理论的核心概念都是一样的：属于你的自我的全部都可以作为行使领导力的资源。

领导调适性变革的一个独特之处，就是你必须与那些你试图动员的人们，与他们的价值主张、信念与焦虑连接。要做到这点是非常困难的，除非你的心与他们同在。行使领导力不仅需要你与自己接上线，使你能够用你的全部身心调动你的意志、技艺与智能；而且为了取得成功，你也需要运用你的一切来促进人们的参与。

当问题无法以纯粹理性方式来解决的时候，领导力就尤其必要了。领导调适性变革并非在于作出更精妙的论述，或是把更多事实灌输给人们。以吸烟为例，假设你的朋友伊恩会吸烟。如果伊恩就像大部分的烟民，他会非常清楚吸烟对健康的危害。即使给他更多关于烟草危害的报告以及更多发生病变的肺脏照片，他的行为也不会改变。让他保持这个习惯的原因发生在他的感性层面。为了让他远离烟草，你必须了解是什么样的需求让他想要吸烟，例如吸烟让他感到快乐、减少焦虑，或是让他想起他深爱的父亲。

行使领导力也是同样的道理。你想要动员那些从未被逻辑与事实所说服的人们。他们偏好维持现状，胜于改变做事方式的风险。他们不是被头脑卡住，而是被身体与心灵卡住。为了动员他们，你必须在那些地方与他们相会。如果你没有将心投入，你会发现要与他人产生连接几乎是不可能的。

与使命连接

除非是为了某种远大且让你动心的使命，否则你没有理由去领导调适性变革，并且还把你事业上的成功与物质报酬置于风险之中。那么远大的使命看起来又会是怎样的？在组织中带领调适性变革往往会伴随风险，你如何分辨某个使命是否值得让你冒险？如果你试着达成这个使命，你能够产出组织重视的结果吗？这些都是困难的问题，而且唯有清楚地阐明个人的价值观，你才有可能回答这些问题。

厘清是什么价值观在指引你的生活与工作，并且找出你可能愿意承诺的远大使命，这些都是充满勇气的举动。你必须从一群相互对立、合理正当的使命中作出选择，并且为了实践一个或少数的使命而牺牲其他使命。这么做等同是在宣示你愿意为了什么而死，以及你愿意为了什么而活。

在和我们一起共事的对象中，有许多人是在从幼儿园到高中的公立教育体系工作。教师、督学、家长、校长、中央办公室行政官员以及学校委员会成员有着各式各样的承诺，包括个人及专业上的承诺，有时还有意识形态上的承诺。然而这些承诺常常会阻碍集体行动，使他们无法处理调适性挑战。在对话与决策的硝烟当中，他们常常忘记了他们的共同使命：年轻人的教育。你可以简单地问："这个新政策与我们的使命有什么关系？这个政策如何帮助孩子的教育？"这些问题可以帮助人们聚焦在寻找方法上，借此对他们的一些既得利益作出妥协。

例如，教师需要到彼此的课堂观课以帮助彼此改进教学，这么做可能需要他们放弃部分的自主性。教师们可能会寻找更有效的方法，来促进家长与家庭参与年轻学子的教育，即使他们可能从未受过"促进家长参与"的训练，并且几乎没有从教育体系获得鼓励或支持。

远大的使命在企业里也扮演同样重要的角色。我们有一个客户是家快速成长的营销公司，他们来到了发展的十字路口。过去的快速成长让他们成为行业第二名的公司。但是快速成长已不再是用来指引公司走向未来的合适原则。一些问题开始冒出来：谁会从公司的成长中获益？公司有可能进一步成长吗？或者我们希望它继续成长吗？公司成长的驱动力可能来自哪里？公司富有创意的员工与销售人员之间的关系，也因为一些议题而变得更紧张，例如公司的快速扩张应该归功于谁，以及谁能够推动公司的未来发展。尽管极为成功，这家公司却迷失了。因此，高层团队针对公司的使命开启了一场对话。参与这个讨论对每一个人都不是件舒服的事，但是这场讨论最终帮助他们厘清了公司下一阶段的样貌，以及可能用来指导公司发展的原则。

定义共同使命通常是个充满挑战与痛苦的活动，因为某些较为狭隘的利益可能会因为整体的利益而被牺牲掉。但这也是一个有价值的矫正方式。当你面临困难的抉择，或是当成功的前景惨淡无比的时候，相互提醒想要成就的事物能够让人们获得指引、支持与鼓舞。

第 3 章　在你开始行动之前

实践调适性领导力一方面困难，另一方面它也带给我们深刻的意义；它不像有些技巧可以随性使用。在你开始之前，这里有四个提醒可以参考。

不要单独行事

听起来老生常谈，对不？然而我们却一再看到，人们为了尝试做对的事，结果最后竟无路可退。不仅在孤军作战，而且是危机四伏的。假如你孤身一人，那些将你的好事视为威胁的人，会发现你是一个极易攻击的标靶。

假如危险是如此明显，为什么到头来仍有如此多人独自行动？三个理由：第一，他们的反对者会想尽办法让孤军作战的人更容易受伤害。例如他们可能会说些像是："你知道我是不同意你啦，但是我很敬仰你的勇气，为了自己的信念而奋战。"谁不喜欢听到这种话？所以你会义无反顾地走下去，即使这样做会让你更加孤立无援。

第二，有更多微妙而难以察觉的危险是来自你的朋友。这通常会以类似这样的方式发展：你的盟友感受到你的全心投入，并且觉得你喜欢那种孤身站在前线所得到的喝彩，因此他们会告诉自己："好吧，既然他那么乐意探查险境，那就祝福他。如果情况足够安全，我们就跟随他。"当你在结冰的湖面稍微推进了一点，他们就用力鼓掌，让你以为他们都在你的身后与你同行。但是当你回望的时候，你看见他们依旧站在岸边观望，以确定他们跟随你是安全的。为了让你一直受到激励，他们可能会说一些类似这样的话："你知道吗，直到你进公司前，没有人了解我们的问题，没有人替我们说话，我们实在亏欠你太多。我们不能没有你!"听起来也不赖，让你倍感温馨。想要再听一次吗？那就再往险境前进一步吧！然而有一种方法可以避免这种陷阱：当某人说你有多好，试着倾听自己内心的微弱声音："我知道我自己很棒，但是我没有他们说得那么棒。"这个微弱声音是在向你传送一个信号，暗示有其他事情正在发生。

你之所以会一个人深入险境的第三个理由，是因为你受到自己的热情及承诺的驱动。要让你愿意承担调适性领导工作的风险，你必须对自己在做的事情有深信不疑的信念。但是，同样的信念也可能让你受到伤害。因为你没有留意到危险信号而轻易让自己陷入险境，导致你的介入失效。

美国纽约曾争取 2012 年奥林匹克运动会的主办权，后来却没有成功，而我们最近和当时争取主办权的一位核心人士谈话。他讲述自己如何因为争取奥林匹克运动会而满怀激情，并且对这个目标深信不疑。他也将奥林匹克运动会与他所爱的城市在"911"事件后的复苏关联起来，以致他无法"嗅"到硝烟味，同时也没有察觉到决策者对于整件事并没有像他看得那样"清楚"。因此，他无法后退一步并在中途进行修正；如果他能够这么做，也许就能够带来不同的结果。

不管你是要主动发起一个小规模行动（例如打算在团队会议中提出一个困难的议题），或是一个大型行动（就像我们的朋友以及纽约争取奥林匹克运动会主办权），切莫单独行动。找一个能够和你共同面对危机与风险的伙伴。结伴成行，你将更有机会避免被对手攻击，并且让你的行动能够继续进行下去。

时刻都活在一个领导力的实验场

练习调适性领导力的机会每天都在你面前出现。它会在你的家中和你的家人一起出现；也会在你工作的地方；在你的日常生活、信仰以及社区生活里出现。留意它们的踪迹，不要错过从中试练的好机会。

包括我们在内的大多数人，都太容易让这些机会从指尖溜走。我们有太多的合理化、太多的理由与借口："我太忙了。""我必须让三个孩子上大学。""在这样的就业市场，我必须紧紧抓住我目前拥有的。""我们四个兄弟姐妹一年只有两三次时间可以聚在一起，如果我提起要把父母送到养老院的议题，就会让大家扫兴，所以我不能这么做。""我是为了回馈社区才会加入这家非营利组织的董事会，我不想给大家带来麻烦，所以我不想指出我们并没有实践自己所宣称的价值观。""这是我的教会，我是为了提升自己的信仰生活而担任教区的委员会成员，而不是要强迫教区居民去面对我们入不敷出这个令人不安的现实，而且未来在某个时候，也许是在我离开很久之后，他们就会面对这个现实。我只要增加自己每年的捐献、尽好我的本分就好，而那件事情我就不想追究了。"

本书的目的是让你相较于过去，更能够看见并且把握调适性领导力的练习机会，而且是让你能够为了你最关心的事物而这么做。这并不是要求你练习领导力的时间从原本的 25% 变成 75%。即使只是从 25% 增加到 30%，便可以给你的工作和个人生活带来明显改变，并且助你达成在家庭、工作和社区肩负的使命。

为了增加你练习调适性领导力的时间比例，你必须有意愿并且能够看到先前所错过的机会。你可以先从你每天生活开始，留意那些俯拾即是的机会。

已故的大卫·布鲁德诺(David Brudnoy)是马蒂的朋友，他长期担任波士顿脱口秀的主持人。在他第一次因为癌症发作而几乎丧命之后，他写了《生命不是一场彩排》(*Life Is Not a Rehearsal*)这本书。[1] 这是他以自己的方式讲述罹患癌症的经历，让他学到要活在当下。然而，不论你认为生命是为了某个特定目的而进行的彩排，或者认为一切都是在当下发生，不管是哪一种，练习领导力的机会也同时是学习的机会。领导工作是一门实验性的艺术，我们都是站在最前线。调和"彩排还是活在当下"这个两难的其中一个方法，就是将你的生活视为一个领导力实验场。在这个实验场当中，你会持续碰到机会，让你学习如何更有效地活出意义，并且让你能够在人生最深层的使命上取得更多进展，进而引领富有意义的变革。将生活视为一个领导力实验场能够让你持续尝试、犯错，然后强化你的技艺，并且享受旅程本身以及你的付出所获得的成果。

初学者与大师之间最大的差异•大师拥有大量的练习
——耶胡迪•梅纽因（Yehudi Menuhin）

三思而行：不要急于行动

对于某些人而言，调适性领导力可能是很直观或是自发的，但是对大多数人来说，它要求我们进行大量的反思。近代许多代表性的领导力实践者，例如纳尔逊•曼德拉（Nelson Mandela）、甘地（Mohandas Gandhi）、马丁•路德•金（Martin Luther King）以及德蕾莎修女（Mother Teresa），都是特别能够反思的行动者。

然而在组织中，特别是在面对压力与危机的时刻，逐渐增强的压力会让你想要快速采取行动。对压力立刻反应正符合很多人的惯性，或是他们的强项，你或许也曾经有过这种经验。你知道如何随机应变，即使你根本不知道该做什么，你有强烈的诱因屈服于别人期待你采取行动的要求。

当然，危机管理也是一项必需的技巧。从起火的建筑物救出深陷火海的人，和人类在其他方面的努力一样重要。但是相比从火海里把人救出来，调适性领导力有着不同的困难与危险。调适性挑战很难定义，而且通常会要求人们重新诠释当前的挑战，并且质疑原先的优先顺序，还有他们的思考习惯与行为。当你在带领调适性变革的时候，你会因为制造麻烦、挑战现况以及引发不安而招致他人的抵抗。

梳理调适性挑战需要时间与反思。你必须遏制想要采取行动的压力，并且投入更多时间诊断问题，即使你会因为花费很多时间而感到极度痛苦与不适。允许你评估自己的技能，并且决定你是不是介入的合适人选，还是交给其他人更有机会成功。花时间盘点一下你个人以及组织当前的风险，同时也问问自己那个潜在的奖励是否值得你去冒险。

发现"做艰难选择"的喜悦

领导力的实践对个人是很困难的，因为它总是要求你作出具挑战性的调适。让调适这件事变得更为复杂的是，它还要求你决定哪些是你需要保留并且带向未来的关键事物，并且决定有哪些你所重视的事物必须被放下。这些都是很艰难的选择，因为它需要你保护最重要的事物，同时又要求你告别某些曾经珍视的事物：一段关系、某个价值主张、想法以及自我形象。马蒂通常把这种状况比喻为双方带有小孩的离婚案件，而他和海菲兹都有这种离婚经验。除了概念上的理解，如果你曾实际经历过，也许你能够直接理解这个比喻。你告诉自己，你信奉自我实现，但是同时你也强烈相信，你绝对不会作出任何会让孩子感到深深被伤害的事。那两者都是重要的价值观，在概念上同样具有说服力。但是当你决定离婚的时候，原本两个同为第一重要的价值观，你被迫要排出优先顺序。在你自己的眼里，以及在你家人及社区的眼里，你成为不同的人了，而且他人未必会更欣赏你。这是个痛苦的过程，但是也带来了启发与解脱。

承认自己为了更重要的事物而选择不去行使领导力，是一个走向自我认识(self-knowledge)的过程，这也是哲人苏格拉底对于美德的定义(根据他的学生柏拉图所说)。当你为自己做的选择负起责任，你对于自己是谁就有更多的理解。在几个坚信的价值观之间作出选择无所谓对或错，而是一个厘清的过程，尽管这个过程会让人感到痛苦。

通过观察你做了什么而不是说了什么，你才能够真实地认识自己。唯有当面临两个信念彼此发生冲突的时候，你才能真正知道自己相信的是什么。如果某个价值观被你排在价值观清单后面的位置，以致你从未需要实践它，即使你宣称自己有多相信那个价值，事实上也没有多大意义。有些人为了自己的信念而实际做了一些事情，而非仅把选票投给有相同理念的候选人，或者只是在行为上作出一点改变(例如捐款给慈善组织，或是把家里的几盏灯关掉)。相较之下，那些"深信终结世界饥饿"或是"深信拯救环境"的人远比实际采取行动的人要多得多。

　　下面这个在日常生活中发生的例子，说明人们对效忠的需求如何形塑日常的信念。我们有个朋友曾经认为自己喜欢中式料理，即使他从未真正品尝过，而他抱持这样的信念已经长达二十年。有一天，他和一群朋友聚会，当中有人提议晚餐去吃中式料理。结果那天他让自己吓了一跳，因为他听到自己说出："我们去其他地方吧！我真的不喜欢中式料理。"所以为什么他先前会一直相信自己喜欢中式料理呢？经过一段时间的思考后，他开始明白自己对于中式料理所抱持的好感，其实是来自于他对家人的承诺。在他成长的过程中，他和父母及兄弟姐妹几乎每个周日的晚餐都会出去吃中式料理，就像是家庭惯例。如果他现在承认自己讨厌中式料理，他就会觉得自己是在批评自家的传统，而他的父母很可能也会有类似的感觉。抱持某个信念或是深信某个做法，通常是在表达对那个信念或做法源头的支持，而不是真的认同那个信念或做法本身。

　　如果你想要比过去更加努力锻炼自己的调适性领导力，你就得开始做一些与过去不同的选择。一直以来，你曾经宣称有某些事物对你更重要，但是你可能因为某些承诺或考量而裹足不前。从现在起，你将会需要为了那些更重要的事物，而冒着可能会需要把那些让你止步的承诺或考量抛下的风险。一些智者曾经告诉我们，每天说一次难以启齿的"不"，是成为成年人的信号。即使很困难，说出难以启齿的"不"是个厘清性的举动，是走向自我认识的一步，是为了某些事物挺身而出的承诺。为了领导调适性变革，你需要放下一些事物，而你可能会为此感到悲伤。然而在这个哀悼过程的另一面，你可以从这种个人的重大宣告当中，找到它所带来的喜悦。

第二部分
对系统进行诊断

在医学领域，治疗之前必须先进行诊断。就像在电视剧《豪斯医生》当中，由医生、护士、技术人员、科学家以及其他医护专业人士所组成的团队，投入无比的才华、技能与精力去诊断问题。有时候医疗团队会先尝试某种治疗方法，看看这个方法是否可行，借此来辨识病人所罹患的疾病。但更多时候，团队首先需要投入时间进行检查、思考与讨论来评估问题，然后才会进行治疗。

人在组织与政治的世界中，往往会直接跳到解决方案去，而没有后退一步厘清问题的本质。人们没有先对情况获得尽量多的了解，就马上对解决方案投放大量的资源，并大规模地推行新的策略与方案。

在医学领域，当两位医术精湛的专家对于疾病诊断与治疗的意见发生强烈分歧时，他们会继续处在诊断模式，试图发现谁对于现状的诠释比较接近真相，同时搜集更多资料，并且最多只会采取小规模的措施，借此以实验方式获取更多资料。只有在近乎无望的时候，他们才会在不确定问题本质的情况下，冒着风险采取重大治疗措施。许多治疗方式太危险并且花费太高，因此如果你无法对于诊断的正确性有相当程度的信心，你就不会贸然尝试那些治疗方式。

太多时候，尝试处理难题的人们总会掉进聪明反被聪明误的陷阱里。他们会对棘手的问题抛出各种猜测，并且只因为某些模式更符合他们的已知，就把那些模式指认出来并认为自己已经看见问题了，而且他们甚至不知道自己有这种偏见存在。由于他们对诊断过程感到不耐烦，加上他们也敏锐地感觉到周遭的人迫切希望他们能够迅速果断，所以他们坚定地采取行动。事实上，他们确实因为自身的决断力与坚定而获得了奖励，并且引以为傲。有时候决断力与坚定是很好的美德，但有时候它却会把组织推进了未知的险地。

第4章　对系统进行诊断

处理任何调适性挑战的第一步是"走上看台"(to get on the balcony)，这样才能够看见自己的组织系统正在以什么方式回应挑战。借此更清晰地看到组织的结构、文化，以及组织回应问题既有的习惯模式。并且抓住眼前调适性挑战的本质，绘制出人们彼此之间的关系网络，这张网关系到你能否有效地动员人们处理调适性挑战。同时，通过解释调适性组织的与众不同之处，评估企业的整体调适能力。

既存现状的精妙与顽固

我们对于所碰到的组织为什么生成今天这个样子是有一套假设的。我们认为这些组织一路走来，在持续面对种种的问题与机遇后，衍生出现在所看到的巧妙样态。调适性挑战的压力、问题与机会，组织通过不断试错而发展出崭新且完善的结构、文化规范，以及既有的流程与心智模式，让组织开创出有创意且成功的回应方式。换言之，今天惯有的做事模式，就是昨天成功调适回应的结果。昨天的调适性挑战，也转为今天的技术性问题。

就像其他由人类组成的系统一样，组织也是高度复杂的。而作为组织特性的结构、文化与既存的模式不仅维持了组织自身，也显示了它们不容易改变的一面。但它们带有这种顽固性是有原因的。这些组织特性是经过好长一段时间，才发展成一套有效的自我强化体系。如果这些组织发展出来的特性不能支持组织的蓬勃发展，这些特性早就已经消亡了。在过去数十年，组织为了回应挑战而作出了许多调适，即使这些组织今天已经危在旦夕，不复往日鼎盛，也无法磨灭那些调适曾经带来的非凡价值。

但系统很快就变得顽固难变。从组织成立的第一天开始，组织的不同元素也开始成型：结构、文化与惯有的反应模式等。人们决定如何与彼此互动，决定分享或不分享哪些想法，决定哪些玩笑是合宜且有趣的，决定谁可以在辩论或会议中发言，以及决定什么样的绩效表现会被奖励。组织创始人、首席执行官以及资深副总裁可能会致力于转变组织的结构、文化与固有模式，但是他们往往都会以失败告终。一个组织系统有它自己的生命，它选择、奖励并且吸收成员，而这些成员又会帮助维系这个系统。

你是否曾经展开一个新工作，并且在第一次参加员工会议的时候自问："我是为了什么而来？我将如何融入这里？"接着数周过去，而且你也参加了更多场员工会议，你的行为是否开始变得跟周遭其他人越来越相似？如果这些曾经发生在你身上，就表示你已经体验到组织系统那种自我维系的力量了。

构成组织系统的结构、文化元素以及固有模式什么时候开始扎根，那最早可以追溯到与员工们的第二次任何形式的集会。行为开始转化为一种重复的模式，而模式随着时间变得根深蒂固。几乎每一个组织成员所采取的每一个行动，都在促成系统的形成与对它的维护。

在到职 6 个月后，你可能甚至再也不会注意到组织独特的系统特征。你开始打扮得像周遭的人一样，聊着一些政治正确的笑话，在跟老板说话时使用合适的声调，并且采取必要的行动从周围人那里获取你想要的东西，不论这些人是你的上级、下属或同辈。你已经学会如何在组织中获得成功了。

每个组织都会用不同的期望成果定义"成功"，这些成果可能是提升获利、拯救世界免于传染病的荼毒、提升市场占有率、改善公共教育或是研发突破性的产品。所有能够帮助产出这些期望成果的行为都会受到奖励，而那些没能产出期望成果的行为则不会受到重视。

符合时宜的行为会被各种明显的形式强化，例如在年度考评、晋升、奖励、分红或是留任奖金时所使用的判断标准。但是它们也会被隐晦的方式强化，例如老板在员工会议上认可或忽视哪些人，哪些关于组织过去高峰与低谷时刻的故事不断被提起，以及成员间流传在组织内脱颖而出的方法。

当马蒂开始在肯尼迪学院教书的时候，他曾经与一位协助他融入学院的伙伴教师谈到他在学院的发展机会。在那次讨论中，那位伙伴教师在话说到一半时突然停了下来，接着说："马蒂，你知道我随时都愿意与你讨论这件事，但是只限于私下的场合；你绝对不要在有第三者在场的场合讨论这件事。"这位伙伴教师的话传递了很清晰的信息：在这个组织系统当中，明确地表现出自己的抱负与雄心是不合宜的。如果你公开讨论对于自身职业生涯发展的抱负，你很可能会被视为在追逐权力与地位。而且你的同辈与上级很可能会认为你的行为意味着，比起作为学者的责任，你更关注自己的未来。

长期下来，构成一个组织系统的结构、文化与惯有的模式会变得更根深蒂固、自我强化，而且难以重塑。当一切都发展得很好的时候，这个状况是没有问题的。但是当某些重要的情况发生引来巨变的时候——例如2008年爆发的经济与金融危机，或是在平常可能会发生的状况，例如产业中出现了新的竞争对手、创始人离开组织、客户的偏好发生变化，或是通过新的法案等——系统的顽固性就会妨碍组织的调适，让组织无法学习如何在新的情境脉络下仍能保持蓬勃发展。

许多组织深陷于目前的做事方式，纯粹是因为这些方式在过去是有效的。同时，当那些从摸索过程被成功辨识为真实可靠的模式能够为组织带来成功，组织也会为产出这些模式或是拥护它们的人带来成功。那些因为能与组织既有系统"友好相处"的人，在顺理成章地爬上组织顶层之后，往往不会有兴趣挑战组织的底层结构、文化或惯有模式。对于已经来到职业生涯的中段并且曾经在专业上获得重大成功的人来说，放下过去曾经有用的模式是特别困难的。例如我们认识一位住在美国东岸的股票经纪人，他所在的那家大公司将20世纪90年代的科技大潮视为昙花一现的热潮。那时他在AT&T表现下滑时，仍然鼓励客户买进AT&T的股票。而我们在那些年正好在AT&T进行领导力发展的工作，并且亲眼看到组织内部的经理人是如何难以看见许多外部人士已经看到的危险信号。在这个案例（如同在许多其他行业所看到的情况）里，人们都低头将自己埋在组织的系统当中，以致他们无法看见调适性挑战正在向他们扑面而来。而且只要他们仍然对调适性挑战保持麻木，他们就无法采取必要的变革，让他们在变动的环境中保持竞争力。

正如同美国前内阁部长、共同事业组织（Common Cause）与独立机构（Independent Sector）的创建者约翰·加德纳（John Gardner）所说："在职业生涯发展的道路上，年轻的领导者往往成为了'现状的侍从'而不是'塑造可能性的造风者'。他们在学习系统是如何运作的漫长过程中，从现有错综复杂的规则所构成的体系中，找到了获得奖励的窍门。在他们达到最高位之前，他们很可能已经被训练成现有结构的囚徒。这不全然是坏事，每一个有生命力的系统都会自我肯定。只是没有系统能够长期以这样的方式来维持活力，除非系统中有某些领导者能够保持充分的独立性，借此帮助系统改变与成长。"[1]

调适性挑战拥有一些独有的特征。让我们以你想要避免人才外流到别的组织作为一个例子。

1. **输入与输出并不是直接的因果关系。** 你的战略会造成一些不想要的后果。（你提高了销售人员的奖金，但更多销售人员被挖走，因为你让他们在竞争对手面前看似很成功。）

2. **正式的权力是不够的。** 你的正式权力不足以引发改变。（你要求销售经理们花更多时间辅导高潜人才，但他们却没有照做。）

3. **不同的派系想要不同的结果。** 你所倡议的改变方案可能会受到某一群员工的赞赏，但却可能招致另一群员工的抗议。（当你提议销售经理们把他们最大的客户移交给销售部门的顶尖人才，好让他们能够开发新的业务，经理们可能会抱怨这个做法会失去他们与大客户长期维系的关系，并且失去那些容易拿到的订单，而且这也会让他们的下属有更大的机会把他们取而代之。）

4. **过去非常成功的方法变得过时了。** 那些过去行之有效的方法变得过时，并且不适合拿来回应新的挑战。（给"九零后"更多的薪资好像也无法提升他们对组织的忠诚度。）

调适性挑战显然是由多条相互关联的主线缠绕而成。其中一条是你的组织（作为一个系统）反映了它所处的更大系统（产业或部门）的特征。

让我们以许多经济体当中主要的机构为例：非营利机构、私营机构以及国营机构。每个机构各自都有一些难以适应新环境的特征。例如：

- **在非营利机构**，组织往往是使命驱动的。他们倾向重视共同作出决策，让每一个人在困难的决策中都能够发声，也让每个人都有否决权。
- **在私营机构里**，组织往往是为了营利，而且这些组织往往处在高度竞争的环境。即使他们与对手竞争的市场已经发生改变，他们还是会倾向保护那些过去获利丰厚却已逐渐走下坡的业务线。
- **在国营机构里**，组织倾向规避风险或寻求安全，并且隔绝于来自市场竞争的调适压力。

了解自己同时身处在多重的系统中，是辨识及处理调适性挑战的基本条件。

站在看台上

- 想想你的组织所处的行业或领域（无论是非营利组织，私营或公共单位）。这个行业中的独特文化如何影响了你所在组织的运作？这个现状如何影响你所在组织回应调适性挑战的能力？
- 列出你所在组织或家庭的独特行为准则。这些准则如何影响了你所属的群体回应调适性挑战的能力？

走在田野中的实践建议

- 把直接向你汇报的下属召集起来。请他们描述在他们转换到目前工作的过程中，最让他们感到困难的是什么，以及他们用了什么策略让这个过程变得比较平顺。对于因为转换到新角色而面临独特的调适性挑战，讨论这些应对策略是否让他们更好地回应挑战？

　调适性领导力：与复杂世界共变的实践与技艺

- 回想一个你的团队最近经历的危机或挑战。与团队一起回溯最早的时候，追踪有哪些事件导致了这个挑战。回想大家在那个挑战中渴望看到哪些不同的结果，除了正式的工作角色以外，大家还扮演了哪些角色来产出那些不同的结果。哪些有价值的新行为、态度以及做事方式，在产出那些渴望成果的过程中浮现？这些浮现的新优势如何可以再被使用，以回应未来的调适性挑战？

每个组织不仅就整体而言是一个系统，同时也是一群子系统的集合。我们鼓励你从系统的三个组成元素开始观察，借此对你周遭发生的事情获得多维度的视野。这些部分是结构（例如激励方案）、文化（包括行为规范以及会议程序），以及惯有的模式（定型化的问题解决流程以及思考与行动方式）。这些子系统强有力地形塑人们回应以及处理调适性压力的方式。

发现组织的结构性问题

一个组织的正式结构，搭建了允许一切活动生发的场域与规则。例如组织的结构可能会奖励某些行为或态度（例如不犯错、带来新业务，或是提升客户满意度），并且下意识地阻止其他行为或态度的出现（减少了敢于冒险的行为、没有增加来自既有客户的业务，或是不聚焦于提升员工士气）。组织架构图、汇报与沟通流程、法规与附属细则、雇佣合约、招聘方法以及薪酬方案都是这类结构的例子。每一种结构都能够强化（或约束）组织就环境的变化所进行调适的能力。"美林证券（Merrill Lynch）的故事"可以帮助我们更好地理解这一意义。

案例：某证券公司的故事

在20世纪90年代晚期，金融服务巨头某证券公司开始发展新部门，以提供有关美国401(k)退休福利计划的服务，但是这个领域已经有强大的竞争对手取得显著先机。在这个新部门，销售团队的薪酬结构是以公司的既有模式为基础。具体来说，销售团队所获得的奖金（通常会占销售人员年薪的一大部分）是根据两个标准而定，一个是部门成员之间的相互评价，另一个则是销售团队成员达成销售目标的程度。这个计算方式对于公司既有部门是有道理的，但是对于这个新生的 401(k) 部门却完全行不通，因为在经理与销售代表把业务摸清之前，这块业务无法有显著成长。由于受到旧有薪酬结构的阻碍，这个部门无法吸引到行业中优秀的人才。更糟的是，某些高潜力人才为了更优厚的待遇而跳槽到其他公司。

为了在 401(k) 业务上取得成功，销售人员必须建立外部人际网络，并且推销不熟悉的新产品。然而那个对销售人员极为重要的奖金，却还是根据超越销售目标的程度来计算，所以销售人员（理所当然地）会把他们的精力放在成熟的产品销售上。受到公司薪酬结构的影响，销售人员的行为促成了其他业务成功，但是同样的行为却削弱了公司在新业务上的努力。

最后公司改变了 401(k) 销售团队的奖金发放标准。这个做法与其他以旧有模式运作的部门引起了某种程度的紧张，但是 401(k) 业务却很快为公司带来可观的新收入，并且也让公司在 401(k) 领域占有重要地位。

现在我们邀请你走到看台上，花点时间审视你的组织结构，以及这些结构所造成的效应。

站在看台上

- 你所在组织的薪酬与激励体系鼓励怎样的行为？压抑了什么行为？那些被鼓励的行为在多大程度上支持了组织的战略目标？

- 你的公司的组织架构图显示了哪个职能或角色是最受重视的？哪些最不受重视？看看谁可以直接接触到谁，以及哪些人被安排在一起共事或是哪些人被安排独自工作，这意味着什么？

- 在你的公司中，部门与团队是如何被架构的？谁汇报给谁？对于谁能够对决策有影响力，这样的安排意味着什么？

- 回想上一次组织招聘新的资深经理或高阶主管的过程。那时整个流程的运作状况如何？那位新人正式拜会了组织中的哪些人？那位新人要如何与组织互动，这些安排又意味着什么？

- 根据董事会成员的人数、资格条件、遴选制度以及薪酬，你认为组织的决策模式是怎样的？哪些价值被组织认可？组织用什么方式认可这些价值？

走在田野中的实践建议

- 与你的团队一起在白板或海报上写下组织的使命。接着在下面画下两个栏目。在左侧栏，列出所有支持使命实现的组织结构。在右侧栏，列出妨碍使命实现的结构。以下是一个简单的例子。

我们的使命：提升穷困者的生活质量

支持使命实现的结构	阻止使命实现的结构
招聘强调要招到曾在非营利组织工作过，并且有长期从事公共服务背景的员工	获得奖励或表扬的，往往是那些从捐助人那里获得最多财物资助的员工。然而那些以非财物形式服务客户(例如成立社区辅导方案)的员工几乎没有获得任何表扬

浮现文化规范与其作用力

一个组织的文化是由民间传说(人们经常传颂的故事，这类故事显示组织认为什么是最重要的事)、仪式(例如公司如何欢迎新进员工的加入)、团体行为规范(例如表示尊敬服从的方式以及着装规定)，以及会议规程(例如解决问题及形成决策的模式)组成的。这些文化因素都会影响组织的调适能力。

与结构不同的是，组织的文化通常不会被写下来或是形成正式的文件，所以要给予它精确的描述可能会很困难。然而就像结构一样，文化仍然会强力地决定组织当中哪些行为可以被接受，哪些行为不能被接受。

以你的家庭为例。这是一个你很熟悉的组织。在你的家庭中，有什么是关于展现情绪的文化规则？在平常的互动当中，情绪性反应是否会被视为恰当的，还是会被视为软弱的象征？哪些情绪可以被表达？在什么样的情况下可以被表达？例如在很多家庭当中，表现愤怒是不恰当的。有时候被禁止的是悲伤或消极的态度；相反，我们甚至听说过一些家庭认为人生是很艰难的，因此表现出快乐的样子意味着没有足够认真地看待人生，或者还不够努力或是太幼稚。你的家庭在这些方面表现得如何？（在我们知道的大部分案例中，如果一个家庭的成员们善于展示任何愤怒、负面或快乐的情绪，这个家庭通常会过得不错。）马蒂还记得当他很年轻的时候曾经被告知，如果他没有想到关于某人有什么好话可说的话，就什么都不要说。1988 年当迈克尔·杜卡基斯（Michael Dukakis）竞选美国总统的时候被问：如果他的妻子是一名被强暴的受害人，他会怎样反应？他回应说他在还很小的时候就被告诫不要展现情绪。当时这种分析式的回应让杜卡基斯饱受批评。当"不要展现愤怒"成为一条行为准则后，要经过多久时间才能让家族成员因为太少表达愤怒而失去这种能力呢？

调适性领导力需要我们认识团体的文化，并且评估文化的哪些面向能够促成变革或是阻碍变革。组织着手处理这些困难议题的人们，往往没有花足够的时间做好这种诊断。这或许是因为相较于社区、种族或家庭的文化，组织文化比较没那么个人化。但是在组织当中，每个人的行为都会形塑组织文化，同时也会被组织文化所形塑，就如同在他们的家庭中所发生的情况一样。

如何走上看台来诊断你的组织文化呢？你可以先注意文化的四面旗帜：民间传说、仪式、行为规范以及会议规程。

民间传说

就像是在任何社群，组织成员会透过经久不衰的民间传说——包括故事、笑话与传奇——来理解他们周遭的事件与情境。民间传说拥有经久不衰的力量，因为它体现了重要的形象与想法，而这些形象与想法象征了组织成员认为最重要的事物。这些故事一再地被转述，包括在咖啡机旁、在自助餐厅、在新人训练活动中，以及在欢送会上。这些故事之所以能够持续，是因为它们蕴含了组织是如何运作的真实一面，以及什么是组织成员认为重要的事情。

但是因为这些民间传说如此有力且易于引发共鸣，它也可能遮盖了其他重要信息。要理解组织运作方式的全貌，你必须拆解每一个故事，读出字里行间的信息，搜寻线索以得知哪些事情被容许，以及哪些事情被认为是"越界"了。你的发现多多少少会告诉你关于这个组织是怎样承受风险、如何下定决心做事、如何进行价值认定以及组织多有弹性，从而可以告知你这个组织对调适的准备程度。

以下是一些经常出现在组织中的传说的典型主题：

- 当某人公开反对领导的时候会发生什么事？
- 为什么有些人被开除或辞退（特别是资深经理或高阶主管）？
- 组织中最资深的成员何以能在组织中待那么久？
- 为什么创始人会成立这个组织，而他们又为何离开（或留下）？
- 人们至今仍在谈论哪些在去年的节日派对上发生的事情？
- 高层经理者在上一次的团建时做了哪些事？
- 谁在董事会握有实权？
- 首席执行官信任并听取哪些人的话？
- 组织是如何获得巨大成功，或是如何从重大失败中走出来的？

站在看台上

- 回想两个到三个曾经被开除、自愿离职或是被大幅提拔的人。这些人做了什么事，组织的官方版本故事是怎么说的？这些官方故事跟你在走廊上听到的版本可有出入吗？如果有，差异在哪？这些不同的故事显示组织如何界定恰当与不恰当的行为？对于组织的调适能力，这些故事带给你什么启示？

走在田野中的实践建议

- 邀请你团队的每一位成员以匿名的方式写下一个简短的故事。他们所写下的故事必须是关于组织所发生的事件，而且他们认为那些事件反映了组织的价值观。搜集这些故事，并且在下次的共识会上分享。[在我们进行顾问工作的时候，每一次工作结束后我们都会召开一个"行动后反思"（After Action Review）的会议。在这一类复盘会议中，我们会同时关注那些成功与失败的介入，借此描述并分析我们对于工作结果的影响。在这些反思会议中，当我们开始分析哪些地方出错的时候，项目中牵头的顾问往往无法看到自身对问题的"贡献"。当这些会议能有效进行的时候，这些会议就反映了我们对于不断追求进步的重视，也就是：巩固我们的强项、发现我们的盲点，以及开发新的诊断与行动方法。]

- 邀请你的团队成员轮流与你进行一对一对话，并且请他们分别用两分钟分享一个关于组织在过去 6 个月内获得重大成功的故事。把每一段故事都记录下来。接着把你的团队成员聚在一起观看所有的故事。邀请大家一起讨论这些故事反映了组织的什么文化。例如，你们可能会在大部分或是所有的故事中看到关于决心、不屈不挠的共同点。讨论这些故事会让你们对组织的调适能力有新的启发。

仪式

每个组织都有它的仪式，也就是组织成员在类似情境下不断重复的"做法"。仪式所包含的东西很广泛，包括生日派对、例行会议、假日活动、慈善活动以及针对某个特殊时刻或工作成就的庆祝活动（例如获得新客户、完成一个重大项目，或是在服务多年后退休）。借由判断你的组织设立了哪些仪式（以及没有哪些仪式），你就能够对组织的调适能力有相当程度的了解。这能够帮助你思考可以怎样去框定一个调适性挑战，好让组织成员能够有动机去迎接这种挑战。例如，如果你的公司经常性地庆祝巨大的集体成就，你就可以在组织距离成功还很远的时候，设计一些活动来让组织成员认可他们已经达成的里程碑。如果你的公司喜欢庆祝个人的成功，你就可以安排活动来表扬那些聪明的冒险行动。

站在看台上

- 列出你的组织中的种种仪式。搞清楚这些仪式庆祝的或是认可的是什么，是专业上的成就吗？是腾出时间给家庭生活吗？还是组织内跨部门的互动？对于组织的调适性能力而言，这些仪式带给你什么启示？

走在田野中的实践建议

- 确认一个能让组织具有调适能力的行为，并设计一个能够鼓励组织成员更多展现这个行为的仪式。比如说玛塔是一个大型销售组织的经理，她为了让人们能够安心冒险与犯错，因此设立了一个名为"最漂亮失败"的仪式。在每周一上午的员工会议上，对前一周的失误有最多学习心得的员工，会向大家分享他们的学习成果，然后他们会获得一个有趣的奖项以及全体员工的鼓掌喝彩，以表彰他们对于团队学习的贡献。

团体默认的行为规范

团体默认的行为规范主导着组织成员该如何与彼此维系关系，从而也揭示了一家组织相应的调适能力。在亚历山大的职业生涯早期，他曾经到微软公司进行求职面试。当时他身穿牛仔裤，这是因为他在微软的朋友说公司里的人在工作的时候都是穿牛仔裤的。他没有获得那份工作，后来他也得知微软的实际情况是人们必须在加入公司之后才会被期待穿着牛仔裤。团体的行为规范除了会影响服饰之外，也会主导其他行为，例如：

- 谁可以直呼谁的名字。
- 在组织中什么是适合用作送礼的礼品。
- 人们彼此之间是否会交往，如果会的话，他们用哪种方式、在哪种地方交往。
- 谁的门会保持打开，或是关闭。
- 什么玩笑话是可以说的，哪些是不适合的。
- 在餐厅里，谁会跟谁坐在一起。

总体而言，这些或明或暗的行为规范都会提供一些线索，帮助你感知组织的调适能力。基本上，你可以注意这些行为规范是否创造了学习的机会，或是在强化既存的现状。如果午餐时总是同一群人坐在一起，这就会强化组织旧有的行为规范。如果人们总是和不同的人坐在一起吃午饭，人与人之间的交流以及新的想法就更有机会发生。

站在看台上

- 在你的组织中，哪些行为被视为不恰当？是大声叫喊吗？激烈争论？休闲服装？花很长时间吃午餐？在周末休长假？17点就准时离开而不是待到更晚？对于群体的文化与调适能力，这些规则带给你哪些新的认识？

- 回想你入职的那一天，哪些团体的行为规范让你感到惊讶？你已经把这些规范内化了吗？如果有的话，你花了多少时间内化？这段经验显示你的组织用什么方式来强化现状？

走在田野中的实践建议

- 想想一个能够让组织更具有调适能力的行为规范。寻找两三位同事一起在适当的时机实践这些行为规范。例如你想要在"会议结束前花5分钟反思团队表现以及个人的有效性"。试从工作中开始小规模地实践这些规范，并且观察这样做会引发些什么。

议事规则

你只要去留意组织开会的议事规则，便可以对自身组织的调适能力有相当的了解。议事规则包括一个组织有哪些类型的例行会议、谁会被邀请参加这些例行会议，以及会议议程是如何被制订的。这些面向可以透露一个组织中的权力分布状况，以及哪些资讯会被拿来交流。

如果我们愿意多走一步，以下的问题可以帮助我们更深层地揭示一个组织的文化面向，以及它的调适能力：

- 在组织中"会议"的主要目的是做决策，还是分享资讯？会议中是否有鼓励创意想法以及从错误中学习的空间，还是这些会议大部分是被用作从权威身上获取方向的手段？

- 如果在会议中有决策要制订，所采用的决策规则会是什么？这些决策是如何被制订的？与会者是否会先进行讨论，然后对主席提出建议并且由主席独自做决定，还是采用相对多数制、绝对多数制，或者共识制的方式做决定？这些决策规则如何反映决策的背景脉络与目的？是否所有的决策都采用同样的决策规则，还是不同的问题与情境会采用不同的决策规则？

- 与会者是否能够在他们各自专业领域以外的范围发言？如果可以，那些被发表的新想法会如何被整合，还是只会被当作杂音处理？人们是否重视不带评判的头脑风暴、跳出既有框架的观点，以及超乎寻常的想法？

- 与会者被期待或被要求向他们的下属透露多少会议内容？当信息被分享后，人们会做什么把这些信息融入当前现状？

- 在房间内最高位的那个人会扮演什么角色？（引导者？决策者？询问者？煽动者？）这个人有没有创造允许存在冲突的空间，还是他会把冲突边缘化？

站在看台上

- 在你下次参加员工会议、团队会议或是高层主管会议的时候，仔细观察会议中发生的状况。接着回答前面所列的问题。对于组织的文化与调适能力，你对于以上问题的答案会带给你什么启发？

走在田野中的实践建议

- 如果你的工作需要定期召开会议，你可以在每次会议开场的时候，采用一些以往从未尝试过，能够鼓励大家学习、适应变化的新做法。以下是一些建议：请大家静坐一分钟；邀请大家分享过去一周最重要的学习心得；邀请参与者多花点时间，讨论那些需要大家

调适性领导力：与复杂世界共变的实践与技艺

投入更多关注的想法；举出一个能够让其他人从中学习的失误。不论你决定尝试什么新做法，你都要向大家先说明这是一个实验。在每一场会议尾声以及每个月月底的时候，询问大家对于这些做法的想法，例如他们看到了哪些优点及缺点。观察会议是否因为这些新做法而发生改变；如果有的话，这些改变是如何发生的？人们在会议中交流更多想法吗？平常总是沉默的参与者是否参与得更多？人们是否有更多的辩论？

识别固有的诠释方式与行为模式

除了结构与文化，一个组织解决问题的固有模式也能够让我们一窥组织作为一种系统是怎样运作的，并且让我们从中了解它的调适能力。默认的固有模式（defaults）是某种看待既存现状的方式，它会促使人们采取相对舒适并且曾经奏效的应对模式，来回应他们所面临的状况。组织之所以会依赖既有的惯性，是因为这是成员所熟悉的，而且这些固有模式也曾经被证明能够帮助人们解释状况并解决问题。如果组织成员发现以前某种模式能够有效回应某类情境，当他们遇到看起来类似的状况时，就很可能会重复使用那种固有模式来回应。毕竟，为什么要跟曾经的成功过不去呢？然而当既有的模式越有效，就越可能被重复使用，一旦有新的状况出现，要求组织用不同的方式回应时，组织就越发难以适应。"回应中东局势的固有模式"即是一例。

案例：回应中东局势的固有模式

当以色列与黎巴嫩真主党于2006年的夏季爆发战争时，美国犹太人社群发起了"以色列急难运动"（Israel Emergency Campaign，IEC）来回应这场危机。在短短几周内，IEC就募得三亿美元来协助以色列北部的重建工作。此外，IEC也协助因为战争而被迫搬迁的家庭。美国犹太人社群在这场战争中的回应着实让人刮目相看，然而这同时也是他们的既有回应模式。基于过去他们对这类事件行之有效的回应模式，他们的这些反应是可以被预期的。这场战争符合了这种既有回应模式的条件：以色列处于危急存亡之秋，而美国犹太人社群必须支持以色列的国防与重建。

IEC所募得的资金无疑对以色列的战后复原有卓著的贡献。但是这种惯性也让美国犹太人社群成员无法思考更多样，甚至可能带来更好结果的其他回应方式。美国犹太人社群有可能赋予他们自己不同的角色定位（例如作为确保安全的伙伴而非救助者）吗？例如在一个主要的犹太人组织里，有一位资深权威人士曾经在写给同事的电子邮件中，建议他们不仅可以募集资金协助以色列北部进行重建，也可以协助重建同样遭到摧毁的黎巴嫩南部地区。然而他的提案没有获得任何支持，甚至遭到相当大的抵制。这位高层因此退缩了，而他的建议后来也无疾而终。结果黎巴嫩大部分的重建工作还是按固有的模式交由真主党进行，因而让真主党与需要救助的黎巴嫩人之间的施恩主－受恩人关系（patron-client relationship）进一步获得巩固。

固有的诠释，会导致惯常的回应模式，它把人们摆放在他们熟悉的场域里，并发挥组织最擅长的优势。但在很多方面，固有的诠释也会成为组织的约束。它蒙蔽了人们的双眼，使他们无法看到更多样的解决方案与想法，而这些解决方案与想法却可能为目前的状况带来更大的价值。

某个既有模式即使能够在某一场合、时间点发挥作用，也未必能够在其他时空发挥相同的作用。因为人们在面对新的情境时，他们倾向使用的诠释方式往往会强化、肯定既有的模式。所以他们无法识别新情境的独特之处，也因此无法发展出新颖的解决方案。最终，组织既有的回应模式变得越来越可以被预测了。这让组织的竞争对手能够运用这种可预测性达到他们的目的。举例来说，中东的恐怖分子能够很轻易地绑架任何通往和平的进程，因为他们知道暴力往往会激起人们诉诸暴力的回应，进而掉进一种恶性循环里，并且让温和派也变得防卫起来。在每一轮的暴力之后，社群内的温和派都会遭受抨击，甚至可能只是因为他们考虑了一些能让彼此达到和平的妥协方案。让我们另举一例。在政治宣传中，人们会使用一种技巧来改变论辩的内涵，也就是运用挑衅的广告宣传攻击对手，因为他们知道这样做最能激起对手的反应，而对手的反应又可以被拿来作为新一轮攻击的素材，这种技巧的效果是能够在短时间内转移议题论辩的焦点。

让人不感意外的是，固有模式可以很大程度地限制或是约束组织的调适能力。商业环境中的关键因素有发生改变吗？组织需要展现新的行为有效地应对这些改变吗？一个调适性组织需超越其既有模式直面新的挑战。"环球保险公司的大胆尝试"在这方面提供了另一个案例。

超越组织的既有模式，往往意味着采取一些可能会让人感到不安及冒险的行为。但是在必要的情况下，这些行为是值得坚持的。诚然，正是因为固有模式带来的熟悉感，组织才会紧紧抓着既有的模式不放，即使这个模式早就已经没那么有用了。

案例：环球保险公司的大胆尝试

一家跨国公司（我们暂且称为"环球保险公司"）在他们与一家规模相仿的公司合并之后，展现了超越固有模式的能力。环球保险的董事会与首席执行官明白人才管理（talent management）会是两家公司合并后最困难的部分。因此，在环球保险悠久与卓越的历史当中，首次有销售端绩效卓著的资深总监，调任为公司的人力资源副总裁。这项人事安排的目的是希望让公司的人力资源能够有一位深入了解业务的负责人，而且这位负责人也在为公司创造收入的部门有长久的公信力。这项人事任命提升了人力资源部门的能见度与地位，让该部门的成员以及其他部门的领导者开始更认真看待人才管理的重要性。因此，他们的行为也跟着改变了。例如，原本人力资源部门的角色只是提供新技能与人事行政服务，后来他们的角色变成协助重要新业务的发展。其他负责业务端的高层主管开始寻求人力资源部门的协助。因为有这些新的行为，公司的领导团队能够在战略性的业务发展以及资源分配上达成一致，而且两个原本分属不同公司的部门，也从过往的竞争关系，转变成开始在整合营销战略方面进行合作。

站在看台上

- 找出一个你的组织惯用的既有诠释方式。这个诠释是建立在什么样的世界观上？这个诠释会产出什么可预期的行为？这个既有的模式是由什么造成的？这个既有模式在什么情况下会运作良好？在什么情况下会出现失效失能？这两类情况之间有什么差别？

走在田野中的实践建议

- 在你下次参加会议的时候，注意你自身能量的变化，就如你在操作一台心电图机器一样。留意是什么让你的能量上升或下降：是会议的内容、会议中发生的冲突，还是当与会者要产出行动的时候？你对哪个部分起反应显示了你的既有兴趣点是什么，同时也代表你可能需要超越的就是那些部分。
- 试着在一场简报会议中研究一下你下属的肢体语言。注意人们在什么时候参与进来并且保持注意力，在什么时候大家会对发言内容立即作出肢体反应，以及在什么时候观众的能量好像漏光了。当你观察到这些组织既有的惯性模式，你有什么想法？

第 5 章　对调适性挑战进行诊断

调适性挑战之所以困难，是因为解决它需要人们改变他们惯常的做法。如要解决那些已知、常见的问题，运用过去的思考、与人交往以及运作方式就足以获得良好的结果。然而，调适性工作却需要人们执行三件非常困难的任务：确认要保留过去做法的哪些部分、要摒弃哪些部分，以及如何从过去做法的最佳实践中发展出新的行动策略。

许多人会使用过去曾经在其他处境中发挥效用的解决方案，却没有充分考量新问题处境中人们主观价值判断方面的复杂性。调适性挑战的复杂性并非只是所谓的"分析性复杂"，分析性复杂指的是经济或工程问题往往会附带的不确定性与复杂性，而调适性挑战还会牵涉"人际性复杂"。这是因为在调适性变革中，我们无法把问题与牵涉其中的人们分离出来。因此，当我们在进行分析时，需要考量调适性变革当中与人相关的维度，例如人员成本、调整的步调，以及对于冲突、不确定性、风险与各种损失的忍受程度，还有文化的韧性等，此外还有由权力关系及横向关系所构成的关系网络，这个网络将支撑人们面对变革时所带来的张力与痛苦。

在诊断调适性挑战的时候，如果没有考虑到人际上的复杂性，或是倾向把这种诊断工作等同其他分析性、可由专家代办的工作看待，并认为调适性挑战的诊断工作可完全从问题处境中的文化、政治等人的维度切割出来等想法，都是造成调适性工作落不了地的主要原因。相关的例子包括医生为病患所做的运动处方及饮食控制，或是大学、智库及政府机构对公共政策所做的完美分析，又或者是大型企业顾问公司经过深思熟虑所作出的战略方案。

区分问题处境中的技术性成分与调适性成分，可以从人们对于问题的言谈里寻找蛛丝马迹，并且辨识出问题处境当中一些调适性挑战的基本模式（archetypes），这些方法都能够帮助你避免上述情况。

区分处境中的技术性与调适性成分

调适性领导的工作始于诊断。其目的是将形成当下处境的技术性与调适性成分区分开来。这个阶段除了要欣赏、重视以及接受专家的说法以外，还需要超越专家的视角，考量在文化及不同站位上还需要包括哪些与人相关的必要条件，才能促成实质的进展。如果有任何人所信奉的领导力理论认为专家知道什么是最好的，因而把领导工作简单粗暴地视为如何说服他人的销售工作，就我们过去的经验而言，这类领导工作通常都会失败，最低程度的伤害就是卖出一个不完整的解决方案，而且还要付出高昂的代价。

调适性挑战总是伴随着价值观、信念与对效忠需求的复杂关系，而不仅仅是技术层面的复杂性；它们往往会引发强烈的情绪，而非冷静地分析。基于这些原因，组织通常会避免处理涉及主观价值取向的问题，而尝试用技术性的方式来处理问题。例如我们曾共事的一家健康护理机构尝试通过引进新科技控制成本，而不是检查那些导致成本问题却又被视为高度重要的流程与程序。毫不意外，这个新科技也造成了它自身的调适性问题（例如医疗人员不想用电子邮件取代与病人的面对面接触），并且没有带来原本想要降低成本的结果。当你发现一个问题经过一系列技术处理之后却依然存在，你就知道你的组织或社群正在面临一个调适性挑战。

然而，即使人们真心希望识别出调适性挑战，要能够做到还是很困难的。人们往往深陷他们自身既有的惯性里，而且难以获得站在看台上的视野宏观地重新定义问题。当我们尝试描述问题的处境时，可能会引来以下任何一个或多个情况：

- **"沃尔多在哪里?"**（Where's Waldo?）负责报告的人会用一个既长又繁复的故事讲述问题的处境与其历史背景，但却完全没有提及他们自身在其中的角色、利益及利害关系，或是他们做了哪些事情而导致问题的发生。

- **一群混蛋**。故事可能会有这样的发展："如果那些跟我一起共事的混蛋们能够好好表现、不要挡路、不跟我唱反调、顾好他们的工作或是照我说的做……我们就不会有这个问题。"
- **"终结世界饥荒"**。这个说法是，问题实在太巨大、太重要了，愿意去处理这个问题的人就已经是很伟大的，即使失败了也不应该受到责备。
- **"王者的早餐"**(Breakfast of champions)。故事是这个组织里有一个巨大、难以置信的困难挑战，而这个挑战已经被解决了。

如何知道你和你的团队正面临调适性挑战呢？注意两种调适性挑战特有的信号：重复一次又一次的失败，以及对权威的持续依赖。

失败的循环

在面对调适性挑战时，领导者最常见的失败是来自试图运用技术性的方法来处理调适性的挑战。当权者们之所以犯这样的错误，是因为他们错误解读或是简化了问题，没能看清组织的"地形"变化，或是偏好于能够避免导致组织混乱或压力的"解法"。有时候对问题采取技术处理的确能够解决一小部分的问题，让人们转移对问题中更困难部分的关注，尽管这些技术的效果往往是暂时的。

人们倾向技术性的方法乃人之常情，尤其是一些在过去曾经发挥作用的方法，因为它们能够减少对处境的不确定感，而且更容易应用。即使失败的证据已经很清楚，但这种偏好技术性方法的倾向依然会持续一段时间："让我们再试一次吧！这次我们会投入更多的热忱与关注。"（还记得那句出自爱因斯坦而常常被引用的格言吗？疯狂的定义就是一再地尝试用同样的方法，却期待能获得不同的结果。）

根据问题的本质以及所使用的技术性方法，失败的"循环"可能会发生在各种不同的时间尺度上。先抛开那些事后孔明的说法不说，要在当时就能看见这些失败是相当困难的。你必须走上看台，尽早或在过程中找出失败循环的识别方式，但要能够做到这些是特别困难的，尤其是当你以为自己已经找到一条无痛之路继续前行。"工作中的失败循环"提供了一个例子。

案例：工作中的失败循环

一家主要供应美国联邦部门的零售公司把它的业务领域从华盛顿特区拓展到纽约。然而，由于这家公司的方针当初是为了华盛顿特区所设计，它的销售人员对于在纽约推动销售业务感到很困难。依照惯例，销售人员写了一份备忘大致说明了情况，在这封寄给总部的电子邮件当中，他们口气和善地讨论了纽约的市场有多么不同。但他们却没有得到总部任何回应。公司的政策与具体做法也没有任何改变，销售人员在纽约所碰到的情况也没有好转。

于是销售人员写了一封更长、更详细的邮件，并且口气也更为强硬，然而却还是没有发生改变。接着他们写了一封措辞严厉的邮件，这一次他们总算获得公司的回应：一位在这次事件中扮演重要角色的销售人员被开除了。

尽管措辞越来越强硬，销售人员所寄的邮件并没有帮助总部适应新的现状。比起把这个事件视为需要被处理的调适性挑战，把扮演"麻烦制造者"的销售人员开除对于公司是更容易的选项。

站在看台上

- 回想一个你曾经多次尝试处理但最终还是失败的问题。你曾经尝试使用什么解决方案？你曾经使用什么故事，来解释为什么那个问题依然没有被解决？

- 找出一个你的组织目前面临的主要挑战。在这个挑战当中，哪些部分属于技术性的？哪些属于调适性的？哪些部分因为过于错综复杂以致无法马上区分？针对你所找出的挑战，比较一下当你在处理技术性与调适性成分的时候所感受到的困难程度。

走在田野中的实践建议

- 与你的团队成员进行一对一的面谈，分别询问他们认为团队当前最迫切的调适性挑战是什么，接着邀请他们就尚未解决的问题，诉说一下他们认为的背后故事。把他们所说的故事分别拍下来，请团队一起观看这些短片。讨论一下你们看到什么，并且探讨故事中呈现了哪些目前既有的思考方式，以及这些方式所带来的好处与局限。

对权威的依赖

打从人一出生开始，就懂得向权威寻求答案、舒适、温饱与安全。当人还是婴儿的时候，他们最挂念的是寻找乳汁的来源，并且确保乳汁持续流出。婴儿会尽一切手段使其发生：大笑、大哭、微笑或呜咽。正如同其他哺乳类，这种对于权威的依赖深植于人类的基因里。对于亲属、老师、教练以及其他拥权者，青少年发展出了更复杂微妙的关系。然而，即使是最叛逆的青少年，或是能够自给自足的成年人，当问题发生时，他们还是会先寻找权威能提供的指引、保护与秩序。

当组织面临的是技术性问题，并且是属于当权者的专业范畴时，认为当权者要为问题的发生/解决负起责任是理所当然的。可当问题潜藏着调适性挑战时，会发生什么事？当权者往往会把这些挑战当成技术性问题处理，因为那正是人们期望他要做的，而那也是当权者对自己的期望。通常他们认为这就是身为能够搞定一切的关键人物该要做的事情。然而，当权者无法借由发号施令，或直接召集一群专家成立一个专案小组就能解决这些调适性挑战，因为调适性挑战的解决往往需要人们能够有新的态度、能力，并且相互协调。正因为问题发生于人群之中，问题的解法也得从人群之中去寻找。因此，处理调适性挑战的工作，必须由那些与问题牵连在一起的人们执行。当权者应该动员这些人，带领大家面对这项艰巨的工作，而不是尝试为他们解决问题。

早先我们已经辨识出调适性挑战的特征。每一个特征都是可用于诊断的信号。表 5-1 为调适性挑战的特征列出了与之对应的人际之间的信号，你可以用这些信号作为诊断工作的起点。

表 5-1　辨识调适性挑战

概念	辨识信号
抱负与现实之间持续存在落差	人们越来越频繁使用抱怨的语言描述他们的现状
无法在既有的能力范围内作出恰当回应	过去曾经成功的外部专家与内部的权威都无法解决问题
涉及高难度的学习	浮现了挫败感与压力感。比过去更频繁地出现失效失能的现象。即使一再地使用过去有效的解决方法，但问题仍然没有被成功处理
需要各方跨界的利益相关方都参与其中	把常见的相关方聚集起来处理议题，却仍未取得进展
当任务需要有更长远的时间维度	当最直截了当的快速解决方法使用之后，问题却恶化或者再次出现
人们开始感受到当前危机所带来的失衡	冲突与挫败的加剧导致张力与混乱。当迫切感越来越强时，人们尝试新事物的意愿也开始增加

基本诊断框架

对调适性挑战进行诊断本身就是一项挑战。在理想的情况下，它要求我们用以上讨论过的技能，并怀着适度的意愿走入未知之境。这也说明为何探知现实的地形（reality testing）是如此重要。我们发现一系列有用的问句能够帮助你设计这部分的工作：

- 正在面临挑战的组织或团体本身有什么使命或目的？
- 当前的挑战是来自组织内部价值观或者是优先级的改变，还是来自外部条件的改变？
- 这个挑战有哪些调适性的成分与技术性的成分？
- 我在这个组织的什么位置上？我对于当前所面临的挑战有什么想法？
- 有哪些人或单位是与这个挑战直接关联的？他们又有什么想法？
- 冲突出现在组织的哪些位置或哪个层次？是在指引组织方向的价值取向与使命的层次，还是在目标、战略与任务的层次？
- 从指引组织方向的价值观取向与使命，到组织的战略、目的、目标以及行动计划，一直到实际运作的具体落地，在这个理想中应该要从上到下协调一致，是否有什么内在矛盾或是链接上的断裂？
- 框定一个调适性挑战，往往会试着从抽象的层次开始，也就是从组织的使命与价值取向的层次来寻求共识，因为很可能大部分的利益相关方都能在这个层次上与彼此有一致的理想。你接着会问："要怎么做才能够做到这一点？"通过这个问句以降到较低一层的抽象层次。持续使用这个问句，慢慢地从抽象的层次一层一层剥到越来越具体的层次，直到冲突开始在某一层次浮现为止。然后就在冲突开始浮现的层次再往上一层，即人们能够对此前达成一致共识的"最低抽象层次"（the lowest level of abstraction）框定这个调适性挑战。
- 为了让我们能够控制冲突与维持平衡，有哪些用来逃避调适性挑战的"机制"可能已经派上用场？
- 我有哪些权威与资源以应对组织与环境？我目前所处的位置是否有利于我进行介入？我目前有哪些假设可能会对我造成局限？
- 我尝试用过哪些策略，结果如何？有哪些策略是我曾经想过却不愿意尝试的，为什么？有哪些策略可能会奏效，但我却不愿意考虑？对于设想其他可能的介入方式，我目前抱持了哪些可能会对我造成限制的假设？

站在看台上

- 选择一个你的组织目前面临的调适性挑战，并且想想到目前为止有哪些人曾经试图解决它。这些人是谁？他们拥有多大的权威？他们的权威到目前为止的有效性如何？想想还有哪些人应该参与进来（因为这些人也是问题的一部分），却从未被邀请参与解决问题的过程。

走在田野中的实践建议

- 在接下来一周，注意在你的组织中是否有依赖当权者处理调适性挑战的迹象。注意人们是否倾向询问上司他们该做什么，而不是自行做更多决定或是进行更多实验。在每个周末，与你的团队会面，分享你所记下的迹象，并且在你们试图一起探究调适性挑战本身的任何面向之前，邀请团队成员分享他们所看到的迹象。

聆听弦外之音

为了辨识组织所面临的调适性挑战，除了人们口头上对于调适性挑战的谈论，我们注意的范围还需要更加广泛。我们称为聆听潜藏在话语后面的"歌曲"。在我们面前出现的信息远比人们实际描述的话要多太多了。注意人们的肢体语言、眼神接触、情绪。例如，对于人们所说的以及人们没说的话应保持相同的注意力。如果你周遭的人所说的故事聚焦在团队动态而不是如何产出结果，那可能表示人们在为结果担责这方面出现了问题。同时注意人们的行为有没有与他们所说的话以及公司政策有不一致的地方。例如，注意组织中是否有不寻常的派系或同盟，并且注意是否有与组织架构图不一样的非正式权力关系。这些迹象可能会显示非正式权力在系统当中的位置。最后，注意人们对于可能解决问题的提案，是否表现出不相称的反应。当人们对于被提出的想法或提案表现出过度的反应，这是一个强烈的信号，显示组织中还有其他事情正在发生，而不是只有解决那个问题这么简单。

站在看台上

- 回想一次你最近与你的老板的正式或非正式互动，而且那次的互动是为了处理某个调适性挑战或是其他问题。尝试识别老板话语后面的"那首歌"是什么。老板可能在向别人讲述什么样的故事，借此向对方传达他是谁或是他正在做些什么以解决挑战？他会如何描述那次互动？问你自己，你可以采取哪些步骤，观察或是搜集哪些资料，来确认或是挑战你对你老板"那首歌"的意义所做的一些假设？试着发现有谁在拉着他，在他的耳边细语。对老板而言，这些人代表了哪些利害关系与效忠关系？

走在田野中的实践建议

- 在你们下一次的共识营或员工会议的时候，请你的团队成员写下一两句话表达他们从别人身上的"歌曲"中听到了什么。也就是说，每个人希望如何被其他人看待？例如我们有一位同事总是在唱"使命之歌"："我们为什么要做这件事？我们的使命是什么？"阅读其他人所写的描述，能够让每个人有机会知道他们可能在有意无意之间，向别人传递了自己原本没有想要传达的信息，或是可能过度地释出某种信息。

调适性挑战的四种原型

调适性挑战会以各种形态出现。它们的出现通常代表着组织的处境已经发生了复杂的地形变迁（例如科技、客户偏好或市场动态的改变）。我们目前见过四种常见的基本模式（又称"原型"）。它们可以在任何处境同时出现。通过让你熟悉这些调适性挑战的基本模式，你将更容易辨识并且开始诊断你的组织所面临的调适性挑战。以下所列的四种原型能帮助你区分一个复杂问题主要是技术性问题还是调适性挑战，让你能够部署合适的资源与策略。

原型一：信奉的价值观与真实行为之间的落差

你所宣称重视的事物以及你信守的价值观，可能偶尔与你的行为有出入。例如我们的朋友哈洛德认为他是个想要终结世界饥荒的人，但当他回顾过去几年他对自身时间与精力的分配后，他明白事实上他几乎没做什么事情来减轻饥荒。我们认识一位名叫爱丽丝的首席执行官，她总是对她的家人以及我们说，她决心要让自己在工作以外的义务，与在工作上的责任达到平衡，但是当她回顾并且拿花在办公室或出差上的时间，与花在陪伴家人上的时间比较后，她发现在工作上所花的时间是压倒性的多。罗伯特是一家专业服务公司管理团队的一员，他曾经对我们以及他的员工斩钉截铁地说，他的工作当中的一个关键部分是要协助员工发展专业技能。但是当他分析过去真正花多少精力在协助员工发展专业，例如给员工具有挑战的任务并且辅导他们，他发现事实上几乎没有做过什么事来发展员工的专业。这三个案例中，当事者所信奉的价值观与实际行为之间存在着落差。

在亚历山大与他的太太康子有了第一个孩子之后，我们的同事杰夫·罗伦斯建议他："不用担心孩子听到你说了什么；你需要担心的是你的孩子会观察到你做了什么。"杰夫所说的这句话的灵感，是来自于一句古老的格言"嘴动不如行动"。研究也指出，比起听觉信号（例如人们声称他们想要做的），人类大脑对于视觉信号（包括人们实际做的行为）有更强的反应。

正如同一个人在他所信奉的价值观以及实际行为之间可能会有落差，组织也会出现同样的情况。为什么呢？因为缩小落差可能会让人觉得不舒服、痛苦、无望或是带有破坏性。列出一长串"核心价值观"（core values）的清单（例如"以最高的尊重对待彼此""欣赏差异""顾客至上"以及"让世界变得更好"等）能够让人们对自己以及其组织感觉良好，即使他们实际活出来的只是这些价值观的最低标准而已。

许多组织在他们所信奉的价值观以及实际行为之间也存在着落差，这种情况在那些提供专业服务的大型企业中尤其常见，例如当他们的领导层一方面信奉合作，另一方面他们却在奖励个人的表现。人们并不会因为在员工大会上被激励要跨界合作、打破藩篱，他们就真的会这样做。缩小这个落差属于一项高难度的调适性挑战，因为组织成员已经通过既有的行为模式获得成功，而且他们还会想要持续下去，尤其是这么做仍然能够获得认可与奖励。

当信奉的价值观与实际行为之间的落差再也无法被忽视的时候，个人与组织同样得面对他们真正的优先顺序。一旦所信奉的价值观与实际行为发生冲突，你就会知道你以及你的公司是否真的在意那个价值观。"活出公民权"为我们展示了美国历史上的一个案例。

案例：活出公民权

马丁·路德·金推动的民权运动，促使美国人面对他们在拥护的价值与实际行为之间的重大差距。当他 1963 年 8 月在林肯纪念堂发表他那篇著名的演说时，他并不只是为自己的梦想发声，同时也为美国人民发声："我有一个梦想，这是一个深植于美国梦的梦想。"他所说的美国梦最初是来自美国的创建者们（即使他们当中有些人拥有奴隶），并且在林肯的葛底斯堡演说当中再次被有力地表达。美国信奉人皆生而平等的原则，而通过赋予这个美国梦如此有力量的语言，金让这个梦变得栩栩如生。他为了非裔美国人的公民权利所做的努力，迫使人们承认他们所共同拥抱的梦想——机会平等，与他们现实生活中的种族隔离与种族主义之间存在着重大矛盾。当电视上放送着令人不安的种族冲突画面的时候，美国人民再也无法忽视这个事实：我们的国家并没有真正活出我们所最珍视的价值观。

站在看台上

- 在你的组织找出一个信奉的价值观与实际行为之间的落差。对于那些行为没有反映信奉价值观的人而言（例如你的老板、你自己、你的同事、你的下属），这个落差的存在如何满足了某个需要或者欲望？假使这些人要改变行为来更好地反映那个信奉的价值观，他们可能面临什么样的损失？

- 想象你站在老板的立场，如果可以代入他的想法会更好。描述一下你的老板在夜里会用什么故事来描述某一天所发生的事情，这个故事可能是关于什么是最重要的，以及为什么现状是这样。现在回顾一段你觉得组织运作不顺的经历。这个运作不顺的状况带给你或老板哪些好处，从而让这个运作不顺的状况得以维持？维持现状如何让你或老板变得更轻松？这个现状满足了老板的哪些需要、利益、忠诚需求或是重视的东西？

走在田野中的实践建议

- 在未来两周，以30分钟为单位观察你团队的活动。对于每一个30分钟，辨识你们正在处理的挑战类型（以技术性为主还是以调适性为主）。接着找出是什么价值观驱动着团队进行那个活动。回顾你的记录，看看你们是如何为不同的挑战类型分配时间的。

- 在你组织当中，找出一个人们一直在谈论的重要变革。与他们进行一对一的谈话，聊聊为什么组织甚至是他们自己，还没有做得更多来让变革实现？

原型二：相互冲突的承诺

就如同个人，组织会有各种不同的承诺，而有时候这些承诺之间会发生冲突。例如一家在多个国家都有布局的消费品企业试图创造单一品牌，同时却又希望保留他们在各个国家独特的相关品牌。一家律师事务所想要扩大规模，却又想要让年长的合伙人以及有家庭的员工能够缩短工时。一个人权组织为了能募到更多款项而想要增加员工，却又想要降低成本。

为了调解这些相互冲突的承诺，组织领导者常常需要作出痛苦的决择，这些决定往往偏好组织的部分成员，却又会伤害其他成员。这就构成了另一种调适性挑战的问题原型。因为这些决定是如此困难，导致许多领导者逃避做决定，或者他们尝试达成某种终究满足不了任何人的妥协。因此，组织承诺之间的冲突依然持续存在。

一个铁一般的事实是：当组织内众多承诺之间发生竞争的时候，当权者如果要化解这种困境，或许他只能作出让某些群体受损、让其他群体获益的决定。能够避免这种处境的方法相当少见（除非借由逃避）。双赢的局面固然是最理想的，但是这在战略选择的情况下并不常见。当我们听到某些人大谈"双赢"的时候，我们会怀疑已经持续一段时间的问题会真的发生改变。当相互冲突的承诺需要被调解，此时的课题就变成如何作出决定：由高层拍板、少数服从多数、全体相关人员一致同意的共识制？哪些群体会因为这个决定而遭受损失，而且要将这些损失交代清楚。

站在看台上

- 想想你的组织目前有哪些相互冲突的承诺。组织成员目前如何处理这个问题？这些处理方式会带来哪些正面与负面的结果？

原型三：说出不敢说的议题

每当组织成员聚首一堂进行谈话时，事实上往往会有两种谈话在同时进行。其中一种是人们说出口的公开话语，另一种则是发生在人们的头脑中。这些发生在头脑中的"对话"，只有一小部分的重要内容（激进的想法、对于困难议题的揭露、对于相互冲突观点的痛苦诠释）能够有机会浮出桌面上。在大部分时候，人们公开谈话的话语中往往充斥着有礼貌的说笑，或是那些避重就轻，没有直指冲突的假辩论，更不用说能从中化解冲突了。

对于为什么没有说出不敢说的议题，人们往往有千百种理由。其中一个原因是，组织系统并不想让你把这些事情大声说出来；如果你说了，可能就会引起紧张与冲突，而一旦这些紧张与冲突发生了，人们就不得不去处理。的确，任何人如果有勇气提起那些不敢说的议题，一旦真的说了，就可能立即变得不受欢迎，并且可能失去在组织中的立足点（甚至饭碗不保）。

如果再有一个资深的当权者在场，要人们敢于说出不敢说的议题就要承担更大的风险，因此人们也就越难发声了。

假如组织希望在优先级或外在条件都发生变动的情况下还是能够持续前进，让人们说出那些看似不方便谈论的议题就显得非常重要了。唯有能够全面地检查各种观点，看到不同视角，人们才能更有机会发展出调适性的解决方案。

站在看台上

- 回想最近一次的艰难对话，在那次谈话中你或是其他人说了某些不敢说的议题。是什么让这个不敢说的议题得以浮现？（比如说会不会是因为有人邀请每一个人都说出他们心中真切感受到却可能不受欢迎的观点？那次会议是否发生了什么恼人的插曲，而人们注意到这个插曲正在破坏会议，让会议难以进行？是否有人感到忍无可忍？）那次谈话造成了什么后果？接着回想一场近期的谈话，在那次谈话中，不敢讨论的议题依然维持在桌面下。那场谈话的结果如何？就那两场谈话对组织带来的帮助而言，你如何比较那两次谈话的结果？

走在田野中的实践建议

- 下一次当你与你的老板谈话的时候，相较于过去你试着刻意多分享一些想法。例如你通常不会对老板所提出的想法表示担忧，那就试着用中性而非评判性的语言表述你的担忧，例如"我担心你所说的设计变更，会导致专案的进度落后并且超出预算。对于这个变更如何能够发挥作用，你可以多说一些吗？"而不是"我们不能做这些变更；它们太贵而且太花时间了"。然后看看这样做会发生什么事。

- 下一次当你参加会议的时候，在一张纸上画下两个栏目。在右边栏，写下你用来回应他人的说法或问句。在左边栏，写下当你在回应他人时你内心真正的想法。看看这两栏，比较两者是否有任何差异，这些差异表现在你的组织当中，有哪些话题是不方便被提起的？例如假设你在一家手机电信公司工作，而这家公司所面对的市场已经饱和。公司正在思考如何开拓新的收入来源。你负责这家公司在北美洲的运营。你正在参加一场会议，现场还有其他区域经理以及策略发展副总裁。表 5-2 是一个简单范例，示范你可能会在你的"左栏/右栏"写下什么。

我所想的以及我所说的

我所想的	我所说的
	乔（副总裁）："所以，我们真的需要思考如何创造新的收入来源。我想请大家探讨到新兴市场拓展业务的想法。"
"哦，不。如果我们拓展到中国、非洲或印度这类新兴市场，那会让我以及我的团队处在什么境地？如果公司想要把我们的运营拓展到那些区域，我们能够获得的资源就会比目前少得多。"	我："新兴市场有许多潜力。"
不敢说的议题：如果我们公司的成长策略产生剧烈改变，我的团队（以及其他负责既有市场的团队）可能会失去现有的地位与权力。	

原型四：逃避挑战

如同我们在第一部分所讨论的，当预见变革所带来的不安超出人们可以忍受的程度时，在每一个组织里，人们都会有技巧地避重就轻。例如几位经理组成一个委员会，但是这个委员会并没有实质的权力或影响力实施变革提案；或是高层聘请一位多元文化主管（diversity officer），因此直线经理就不需要负责增加他们自身部门的多元性；或是人们把公司失去市场占有率归咎于外力（善变的消费者、不择手段的新竞争者），当有人强调要针对问题进行讨论，他们会变更主题或是开个玩笑。或是他们把调适性挑战当作技术性问题处理——例如当销售额因为竞争对手推出更好的产品而下跌时，把自家的商品移到零售店内更显眼的位置。这些行为都是用来逃避更为艰难的调适性挑战，也就是不采取使大家前行的方式展开调适性变革。

我们发现人们通常会用两种途径来逃避调适性变革可能带来的痛苦：转移注意力以及推诿责任。这些防卫性行为有时是被蓄意安排的，其目的是策略性地保护自身以避免变革带来的威胁，但是有时候这些是未经设计的，是一时不察的，或是无意识的习惯性防卫。当个人或社会因为调适而感到不安时，在早期往往会被牺牲掉的是对现实地形的考察，也就是牺牲了更完整地、更全局地认识当前的挑战而做的努力。人们在初期可能做到真实地评估当前形势并处理问题。但如果人们所做的努力并没有及早产生回报，比起继续忍受长时间的不确定性——这往往意味着需要权衡不同的观点、进行昂贵的实验、调整他们的效忠方式，或是发现需要时间培养新能力的时候等，人们更容易优先选择进入防卫的姿态。

在持续压力的作用下，人们可能会只想得过且过。他们通常会作出错误的诊断：一个社会可能会拿一个党派作为替罪羊，因为社会的主流观感认为那个党派必须为问题负起责任。长期的失衡可能会产生更严重的逃避模式。在一项针对 35 个独裁统治案例的经典研究，研究者发现这些案例中的所有独裁者，都是因为社会面临重大危机而趁势崛起。[1] 20 世纪 30 年代的大萧条使世界上许多国家的人们渴望快速且简单的解决方案，这种渴望使得人们无法以批判且开放的态度，来检视为了修复地方与国家经济而提出的不同策略。人们的身份认同发生逆转而变得更狭隘。运用魅力煽动群众、打压异己、寻找替罪羔羊以及创造外部敌人的行为全都发生了，这最终导致第二次世界大战的爆发。

以下是逃避面对挑战的手段列表：

转移注意力

- 只聚焦于挑战的技术性层面并且使用技术性解决方法。
- 在定义问题时，作出符合自身现有专业的定义。
- 借由说笑话或提议休息一下，来降低会议的热度。
- 拒绝承认存在问题。

- 制造一个能转移视线的争论，例如声称问题出在彼此个性上合不来，而不是想办法去解决真正的问题。
- 为了尊崇旧有的做法而刻意不考虑某些选项。

推诿责任

- 灭掉信使，把试图提出问题的人边缘化。
- 把某人作为替罪羊。
- 将问题推诿给外部。
- 攻击当权者。
- 把调适性挑战委托给无法真正施力的人，例如顾问、委员会以及任务小组。

站在看台上

- 你的团队、部门或组织经常用哪些手段逃避面对调适性挑战？
- 你的组织发展出什么样的应对套路，使组织成员能够通过抛出一个技术性解决方法来快速跳到行动的阶段，从而避开处理潜藏在问题底下的调适性议题？

走在田野中的实践建议

- 与你的团队成员讨论逃避面对挑战的套路。在大家都在场的时候，找出一个团队正面临的复杂问题，并且列出团队用了哪些手段减轻处理问题所带来的压力。在下一次会议中，鼓励团队成员指出团队中的任何人在什么时候用了前述清单上的手段。例如一位团队成员可能会举起手说："当约翰展示客户满意度下降的图表的时候，席拉解释了我们何以无法紧追客户不断改变的爱好。在我看来，我们不应把问题归罪于外。"

- 有时候，逃避面对挑战的"套路"会比那个想要逃避的调适性议题更容易辨识。当逃避面对挑战的套路起作用的那一刻，试着感知在桌面下有哪些观点正在与之发生冲突，这也通常为我们提供"调适性挑战就在这！"的线索。当团体出现这种逃避面对挑战的套路时，有哪些议题被浮现或是正在被讨论？团体用了什么方式来逃避面对挑战？当逃避面对挑战的模式出现时，有任何人尝试介入、把团体的注意力重新导向议题本身，或是试图让相互冲突的观点浮现吗？

- 当你的组织或团队经历了一段时期的压力与不安，逃避面对挑战的症状在哪里出现了？谁的行为体现了团队所承受的压力？访谈那个人，了解他正在为团队处理什么事；探索压力的来源：相互冲突的价值观、被压抑的观点、避免损失的保护行为？

第6章　审时度势：摸清各方的利害关系

认识你的组织中的利害关系，是了解你的组织作为一个系统如何运作的关键。而这个我称为审时度势的活动，能够帮助你设计更有效的战略来带领调适性变革。审时度势背后有一个关键假设，那就是组织中的人总是在寻求满足各种支持者的期待。当你认识了这些期待的本质，你就能够更有效地使大家前行。

组织中的人们也背负着与政治人物相类似的压力。如果你跟世界上任何地方的立法代表谈话，你会发现他们非常尊重支持者彼此之间相互竞争的利益。他们也知道每当他们与同辈或支持者协商资源分配的时候，某些人会获益而某些人会损失。一位立法代表可能会这样告诉她的同事："我很想支持你对于新产业规范的想法。事实上，我同意这个规范能够在不同层面让我们的区域与国家获益。但是我在我的选区碰到了现实的问题，那里有上千人的生计是依赖一家公司，而你的提案很可能会弱化那家公司所处产业的竞争优势，并且很可能会让那家公司关门大吉。我该怎么办呢？"这位政治人物的同辈可能会认为她很令人敬佩，而不会觉得她很自私。而她的同事可能会协助她回到选区，帮助她的选民做好准备，以迎接即将出现的挑战，也许会通过修改法案调节变革的步调，并且让那个选区有时间进行调适，这个调适可能让那家公司变得更有竞争力，或是让那个选区吸引其他工作机会。

立法机关几乎是唯一愿意经常性地、专业地让各个利益相关方把自己真正关心的利害关系，放在桌面上"通晒"的场域。在立法机关里，个人一方面有其利害关系，另一方面也需要代表所属的社群；前者不仅与后者紧密相连，而且往往是交易的筹码，一切的交手、互动都是围绕着它而展开的。但对大部分企业以及组织而言，这些做法却是一种禁忌。你很少在企业界听到有人这么说："听好，我可能无法把那个新流程推到我的团队。

我会在销售人员那边碰到一些麻烦，因为他们很想按照既有的方式做事。如果我命令他们采纳你所描述的新流程，他们会把我从这里赶走。"

无论怎样，人类所组成的所有群体都存在着形形色色的利害关系，小至家庭大至跨国企业。有些人掌握资源并设定目标，而个人必须经由协商以决定谁能够获得什么、谁要去做什么，借此达成期望目标。因此，不论你的组织中的利害关系有多让你反感，处理组织中的利害关系是领导调适性变革的基本工作。

本书作者之一马蒂的导师艾略特·理查森（Elliot Richardson）曾经当选马萨诸塞州的副州长与检察长，他曾担任过的联邦内阁层级的职位数是美国史上最多的。他曾经称政治为"最困难的艺术以及最高贵的专业"。[1]

如果要考虑利害关系，你必须把你的组织视为一群由利益相关方所构成的网络。对于每一位利益相关者，你必须辨识出：

- **她在调适性挑战当中的利害关系。**挑战的化解会如何影响到她？
- **她想要的结果。**当议题被解决的时候，她希望能够看到什么样的结果？
- **她的投入程度。**她有多在意组织以及议题本身？
- **她的权力与影响力。**她掌控了什么资源，以及谁会想要那些资源？

同样重要的是，你必须辨识每一位利益相关方的：

- **价值观。**是什么承诺与信念指导了她的行为与决策流程？
- **效忠关系。**她对于在她的直属团体以外的人们（例如长期客户或供货商）有哪些义务？
- **损失的风险。**如果变革必定要发生，这个利益相关方会害怕失去什么（地位、资源、正面的自我形象）？
- **潜在的同盟。**这个人与属于其他主要利益相关方的人们（例如这个人在其他部门的同事）有什么共同利益，让她能够形成有影响力的同盟？

你会如何回答上述问题？最好的方法是直接从利益相关方那里搜集资

料。但是如果你是一个资深的权威人士，你所访谈的人们可能不会对你完全的坦诚。所以你可能需要运用你的主观判断，并且对你所听到的话进行诠释。例如，如果你的直属下属说他并不担心失去工作，然而他却天天加班，那么相较于他表现出来的样子，他实际上的担心程度可能更高，甚至高于他自认为的担心程度。你可能需要让搜集资料的过程使利益相关者感觉到足够的安全——例如在茶水间谈话、一起外出吃午饭，或是一起观看体育竞赛。你可以使用第三方资料(例如通过共同朋友搜集到的资料)进一步解读你从利益相关方听到的信息，虽然任何的第三方还是会有他们自己的滤镜以及关心的利益，影响他们对于资料的吸收与转达。

仔细看一下上列最后四个关于利益相关者的问句。本章最后有一张表格(请见表 6-1)能够帮助你基于对利益相关方的认识，对他们进行分析。

发现驱动行为背后的价值观

当你想要在你的组织中推动调适性变革，而你却被别人阻碍的时候，你会很自然地用不那么友善的眼光，去看待那些阻碍进展的家伙。你会告诉自己："那个营销副总之所以要破坏我的计划，只是因为他想要确保能够拿到他的年终奖金。"你开始把这些利益相关者看成某种二维平面的"角色"，而不是把他们视为有着正当的抱负与需求的人来看待。但事实上，每一位利益相关者的考量与他们考虑事情的优先顺序，远比你所想象的复杂得多。

你必须理解那种复杂性。这无关乎是否要变得更有同情心，它有着更深层的战术意义。通过认知利益相关者最重要的价值观，也就是他们最在乎的东西，你或许可以找到其他方式让反对者继续实践他们的价值观，却又不会反对你所提出的变革。

人们认为自己同时抱持多种价值观，但是当形势变得严峻的时候，他们只会关注少数几个价值观。这些就是他们的核心价值观。你的核心价值观未必会被放在你所列出的价值观清单的优先顺位，甚至可能根本不会出现在清单上。想要实践的重要价值观有很多，但是你的时间与精力却是有限的。回想一下，你是否认识承诺要让职场变得更多元化的经理，而他看起来却从来不曾有什么进展，因为他的单位的获利或是工作上的进展对他们更重要，并且与其他的绩效指标挂钩。

为了动员利益相关者参与你的变革方案，你必须找出他们最在意的价值观，并且思考他们如何在支持你的方案的同时，也能够实践那些价值观。

最近在我们与美国的一群公立学校教育总长共事的时候，我们探讨了把每天的上学时间延长半小时的议题。这个群体几乎马上就开始批评教师工会与学校工友自私自利。他们说教师工会与学校工友之所以不希望上学时间延长半小时，是因为他们不想更努力地工作。教师与工友可能是出于正当的理由才反对延长时间，例如避免教师过劳、确保备课时间、让学生能够有户外活动、让他们自己能够有正常的家庭生活，或是工友认为他们需要时间来维护校园的清洁与安全，但是要让那群教育总长考量到这些可能性是困难的。

认清利益相关方的效忠关系

没有一个利益相关者是孤军奋战的。他们都会有外部的效忠关系（loyalties）、对象与人群，例如在他们所属群体之外的人们，或是他们重要理念背后的人士。当教师工会代表参加协商会议，他们不仅会想要为了他们自身的利益，也会想要为他们所代表的群体的利益奋战，这些群体可能包括：推派他们作为代表参与会议的团队成员、工会成员与其家人、他们在其他工会并且对他们抱有期待的同辈，以及组织本身。这些人会倚靠这些代表保护他们的工作并提供某种程度的安全感，使他们能够缴贷款并且有时间陪伴他们的孩子。这些代表可能也会觉得需要效忠于工会这个角色的理念。他们可能25年前在读研究所的时候，读过劳工领袖大卫·杜宾斯基（David Dubinsky）的传记，或是他们在毕业后曾经与农场劳工权利运动者凯萨·查维斯(César Chavez)一起共事。他们怎么可能会让这些精神领袖失望?

对于任何的利益相关方而言,让他们所代表的人们感到失望是一件极其困难的事情。我们可以再次拿以色列与巴勒斯坦在中东的冲突来说明。他们之间的冲突牵涉不同的宗教、这些不同宗教内部的派系,以及在中东各国和远方的利益相关方。每一个群体内的资深当权者都背负极大的压力,他们不能放弃任何群体所认为的重要事物,不论是土地、充满希望的未来,或是来自其他群体的尊重。

在 20 世纪 80 年代,亚历山大在纽约布鲁克林的王冠高地工作,那是在该区的黑人与犹太人小区发生暴动之后。当时他与一个小组共事,目的是让黑人与犹太人一同参与一系列的会议来讨论如何和平共处。会议中的谈话很棒,但是这些交流从未在会议室外造成什么真实的改变。亚历山大的小组之前并没有恰当地诊断双方在外部需要效忠的对象。他们并不知道对于双方而言,要改变这些长期以来的效忠关系会让双方承担什么风险,况且那些效忠关系又是深植于双方对彼此所抱持的信念中。

要理解这些外部效忠关系所带来的挑战,其中一种方式是用炖煮蔬菜来作比喻。要做一道好吃的炖煮蔬菜,你必须把食材煮得恰到好处,让这些不同的食材可以失去一部分原有的颜色与味道,否则你只会做一锅清脆的蔬菜而不是炖煮蔬菜。但是如果你把蔬菜煮得过头了,每一种材料都会失去太多既有的特质,让你最后只会煮出一锅蔬菜泥。

把这些蔬菜想成利益相关者,并且假设你把蔬菜炖煮得刚刚好。当这些胡萝卜与洋葱分别回到胡萝卜村与洋葱村的时候,因为他们已经为了炖煮蔬菜而牺牲了一部分的独特性,他们的乡亲父老们会注意到他们变了。胡萝卜村的村民可能会问:"你怎么闻起来像……洋葱?""你不再是我们的一分子。你把我们出卖了。我们让你去代表我们,并且把我们的观点传递给其他人,而不是要让你回来的时候被其他蔬菜的汁液所污染。他们到底对你做了什么?"

这就为那些刚返乡、满怀好意的胡萝卜们带来了真正的麻烦。如果这些胡萝卜一点都没有改变，如果他们可以掩盖被改变的部分，或是如果他们可以快速回到他们旧有且熟悉的胡萝卜自我，返乡可能会容易得多。对于你的变革计划中的每一位利益相关者，当他们意识到之后还得返回"胡萝卜村"（或是"洋葱村"或"扁豆村"），这会为协作带来巨大的障碍。

在带领调适性变革过程中，你要让你的关注范围超出会议室中的人们，也就是直接参与的人们。你必须考虑到那些在会议室外面，并且也是会议参与者所关注的人们。你也要考虑如何协助会议中的每一位利益相关方，让他们在离开会议之后能够与他们所代表的人们有效互动，进而使那些人能够参与你们在会议中探索的问题与解决方案。

就某种意义而言，我们是在请你把每一个工作小组视为一群被选举出来的立法代表或是一个市议会，每一位小组成员都代表了一群选民，而且这些选民群体分别有不同的期待需要被满足。图 6-1 描绘了一个为了要回应调适性挑战而被召集起来的工作小组，每一位小组成员用不同的视角看待调适性挑战，因为他们分别代表社群中不同的派系、单位、部门或子群体。

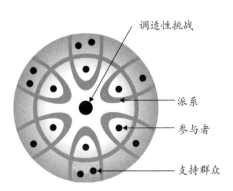

图 6-1　变革中的利害关系

亚历山大与他的同事们想要把王冠高地中不同的种族派系聚在一起，并且创造一个有着共同目标与身份认同的共同体。但是他的小组并没有采取关键的一步，也就是帮助参与者做好准备，让他们在相互分享与学习彼此的观点之后，能够面对之后可能会发生的事情。因此，当参与会议的黑人们回到他们的小区时，其他社区居民认为他们已经被犹太人"污染"了。同样的状况也发生在犹太参与者身上。这些会议参与者在回到他们的小区时，都被其他人视为"背叛者"，因此他们需要向其他人再次证明他们还是犹太人或黑人，并且证明他们并没有向对方让步。因此那些在会议中的对话所浮现的潜在想法，从来没有带来任何实质的改变。

将炖煮蔬菜作为变革中利害关系的比喻，也可以用在任何类型的组织。几年前我们与一家跨国能源公司一起共事，那时他们刚从相关产业收购了一家规模相仿的公司。由两家公司的资深成员所组成的高层团队定期聚会，并且针对如何融合两家公司的运营与文化，讨论了所有需要采取的配套做法。但在一起共事了一年之后，他们发现他们在会议室中仔细规划出来的配套做法，并没有在两边的公司获得通过。这当中部分的原因是，他们并不想作出任何可能会被各自公司的老同事视为背叛的改变。对于动员双方公司的人们参与调适工作，他们还没有让自己以及对方为这个调适性领导的任务做好准备。

搞清楚会损失的是什么

正如我们先前讨论的，行使调适性领导力，是为了分散变革所带来的重大损失。那些被你要求作出改变的人们，会认为你的方案威胁了他们所重视的事物。他们所重视的，可能是关于是非对错的价值判断，可能是关于世界应该如何运作的深层信念。或者也可能只是渴望保持他们生命中一些稳定、可预期以及熟悉的事物。简单来说，对于改变的抗拒源自害怕失去他们视之为最重要的事物。

因此所谓的审时度势的其中一部分，是要搞明白当你要求人家作出改变的同时，他们所要承担的损失是什么。他们的自我形象或是身份认同的哪一方面正在受到威胁？他们害怕如果跟随你会失去哪些好处或利益？你必须识别这些潜在的损失，并且帮助人们在遭受这些损失的时候还能存活下来。

然而，辨识损失不是件容易的事。通常人们会试图掩盖对那些损失的在意，因为他们会尴尬于要保护那些损失而显得很自私自利或是在自我保护。你可以先假定组织中的每一个利益相关方都面临着潜在的损失，接着找出每一个群体最重视并且处在最大的风险的价值观（包括比较高尚以及没那么高尚的价值观）是什么，即使你不认为那些价值观会真的受到波及。看看以下的潜在损失清单，并试着从中获得一些灵感：

- 身份认同
- 能力
- 舒适感
- 安全感
- 声誉
- 时间
- 金钱
- 权力
- 控制
- 地位
- 资源
- 独立性
- 是非对错
- 工作
- 生命

例如，一群来自一个非营利组织的管理者担心如果他们为了回应调适性挑战而习得的新技能，可能会伤害组织未来创造收入的潜力。然而，因为赚更多钱并不是大部分非营利组织所拥护的价值观，这些管理者可能不会公开表达他们的担忧。这表示你需要把这个担忧挖出来，或是解读他们用来掩盖那个担忧的行为。

辨识潜在的联盟

当你试图带领调适性变革，你可以预期你会遭遇来自不同利益相关方的成员所组成的联盟，这些联盟有可能促成或是破坏你的变革方案。辨识这些潜在联盟能够帮助你思考如何运用支持你的联盟，并且弱化那些想要反对你的联盟。

要怎么识别并且形成潜在的联盟来领导调适性变革呢？看看你公司的组织架构图。当中的每一个方块代表了最明显及正式的利益相关方（例如部门与职能）。在每一个群体当中，找出拥有共同点的次群体，而且这些共同点可能超越了组织架构图当中的正式汇报线、职能与阶级。例如位于组织中不同的职能或层级但是却属于同一种族或性别的人们，可能会有共同的利益、担忧与价值观。这些共同点或许能够让你动员他们参与你的变革方案。

在法律事务所形成联盟

杰瑞（Jerry）是一家大型法律事务所的合伙人，他想让事务所能够多做些公益性质的工作来回馈社群。但是这家事务所过去一直专注的，是把能够向客户收取费用的工作时间极大化。然而，这一行许多重视绩效的从业人员同时也很重视竞争，因此他们会很重视事务所之间的公开排名。而一家事务所的带有公益性质的工作量也是其中一项评比指标。

当杰瑞在推销他的构想时，他可以只是强调公益性质工作那些利他的价值观。然而，他采取更聪明的做法。他指出在广泛发布的评比中，他们的事务所在公益性质工作量的评比很糟糕，这么做让他赢得了一部分重视竞争的事务所成员的支持。对于那些重视绩效的成员，他开始寻找更贴近他们内心的诉讼案件与慈善工作。通过鼓励那些成员把时间贡献于这类诉讼案，他也成功提升了他们的公益性质工作量。

虽然以下清单可以无止境扩展下去，但是它目前所列的次群体能够帮助你思考可以运用哪些潜在的联盟，帮助你在组织中推动调适性变革：

- 业务主管与员工
- 组织中的新人与资深成员
- 快要退休的成员与拥有长远眼光的成员
- "空巢"父母与还跟孩子住在一起的父母
- 不同种族、政治立场、民族或是在其他方面有所不同的人们
- 员工与顾问
- 被现任执行长聘用的人以及被其他人所聘用的人
- 直接与客户打交道的人以及没有直接面对客户的人

站在看台上

- 对于你自己的团队，想想是什么让你无法在组织中变得更大胆。如果你能够把你脑中一直在告诫你不要承担更多风险的声音记录下来，这会是来自谁的声音？这些声音具体在说些什么？是什么在阻止你冒险、推进你的计划或是提升"热度"？

走在田野中的实践建议

- 在你的组织当中，找出一个你希望能够处理的调适性挑战，并且想出一个可能处理那个挑战的变革方案。把你对于这个方案的利益相关方的想法，运用表6-1把它们记录下来。
- 列出彼此之间具有共同点，并且有可能因为这些共同点而形成联盟以支持你的方案的利益相关方。列出他们在组织当中的位置（例如他们分属于哪些职能、位于组织中的什么层级）以及他们的共同点（种族、年龄、家庭义务以及年资等）。

- 发展新的战略帮助每个利益相关方，使他们能够承受你的变革方案执行后可能带来的损失。

表 6-1　调适性挑战与变革方案提案

调适性挑战：

你的变革方案提案：

利益相关方（个人或群体）	与议题之间的关系	想要的结果	最看重的价值	效忠关系	潜在的损失

调适性领导力：与复杂世界共变的实践与技艺

第7章 调适性组织的特质

诊断组织系统、眼前的调适性挑战以及组织内的利害关系需要时间、审慎思考，还有勇气。当你在与组织里里外外的利益相关方互动的时候，你必须用即兴创作且积极的方式随机应变。有些组织在外部有敏锐的感知，在内部有相应的文化氛围，还有一批相当数量的成员来做到这点。这些组织有什么特殊之处？是什么因素让某些组织比其他组织更有调适性？我们找出了五个关键特质。

1. "房间里的大象"能够被指认出来
2. 组织成员共同为组织的未来承担责任
3. 组织成员能够作出独立的判断
4. 组织成员的领导力获得发展
5. 组织有相关的机制来保障反思以及持续学习

在轮流介绍每一项特质后，我们会提供一份表格（见表7-1）来协助你评估你的组织在这些特质上的表现，并且开始思考组织如何强化其调适能力。

指认出"房间里的大象"

在任何组织的任何会议，实际上都有四种会议同时在进行。第一种是公开且明确的谈话，这是让大家之所以会聚在一起的表面理由。第二种是非正式的交谈、在走廊上的谈话，或是在正式会议之前与一群没法参与会议的人的会前对话。第三种则是在参与者头脑中展开的个人内在对话，而且是与会议议程有关。这种内在对话，通常包含对于与会者发言的反思、观察与诠释。这里的发言是关于那些从未被公开承认的困难议题，而这些困难议题就是无人提及的"房间里的大象"。第四种则是正式会议之后的会后会，也就是在人们离开会议室之后，马上就发生在咖啡机旁或是电子邮件上的谈话。这些交流的内容是关于刚才会议中真正发生的事情、没有被言明的意图，以及虽然在会议中发生却没有被公开讨论的紧张时刻。

在一个具有高度调适性的组织，并不存在太敏感而无法在正式会议上提起的议题，而且也没有什么问题是被禁止的。如果有人在外部环境察觉到某种早期变化，而且他认为这个变化重要到可能会改变组织目前的运作方式，他就能自由地说出他的观察与担忧。资深的权威代表着组织现有的运作方式，而且往往会保护那些运作方式，但是对那些资深的权威发起挑战不仅完全没问题，而且还会被期待要这么做。当有人提出困难的问题或议题时，当权者不仅会保护那个人，同时也会让议题保持在聚光灯下，即使被提出来的问题或议题可能会让当权者本人或其他在场的人浑身不自在。这让组织可以在早期就识别危机，并且可以早在危机变得无法处理之前就注意到它们的存在。与会者设立相关的仪式与流程，以确保人们能够承认"大象"的存在并且进行讨论。这让那些原本隐藏的观点能够很快被放在桌面上。

英特尔公司前首席执行官安迪·格鲁夫（Andy Grove）把英特尔的敏捷反应归功于一种近乎偏执的警觉态度，这种态度让英特尔持续在外部市场及企业内部扫描、搜寻生成中的威胁与机会。基于同样的精神，任何会议的主席可能会经常性地询问："有什么是我们没注意到的？有什么角度是我们还没讨论到的？"或是可能会问："在我们解散之前，有什么在桌面下酝酿已久的问题是我们需要讨论的？"

共同为组织的未来承担责任

在大部分的组织中，组织成员都有各自的职称，而且都在明确的团队及部门内工作。我们都需要这些标签以及职能上的分界，借此厘清自己在组织中的角色、汇报结构，以及工作上的横向关系。但是职称与职能分界也会让人们倾向于关注系统的局部，这种倾向会使他们燃起想要保护自身利益的欲望，侵蚀他们对组织整体的忠诚度，而且（最重要的是），这抑制了组织成员跨界协同运作的能力，而这种能力却是组织适应变化所必需的。

在一个具有高度调适能力的组织中，组织成员除了对各自角色与职能的认同，也会共同为整个组织的未来担起责任。

这种为了组织整体的共同责任感会以不同的方式呈现在组织生活中。在各种会议里，人们会评论并且发起不在他们工作范围内的议题。如果有一个复杂问题在某一部门发生，其他部门的领导者也会把这个问题视为他们的问题。组织的薪酬与奖励制度会向组织整体绩效倾斜，而不是偏重个别单位的绩效。跨部门的问题解决是组织中的例行工作。每个部门经常会把他们的人力借给其他部门，而且组织成员从心底关心不在他们直接任务范围内的议题。这种共同责任感也会在组织的第一线显现出来，例如丰田汽车以它设立的组装线工作准则而闻名，这个准则鼓励工作人员在发现问题的时候把整条生产线停下来，即使这个问题是发生在他们的职责范围之外。

重视独立判断

如果一个组织的成员不期待他们的首席执行官或其他资深的权威专家们总是会有答案，这个组织就会比较有能力去识别并处理调适性挑战。在这样的组织中，高层主管与经理会针对他们职责范围以外的议题发言，并且在与同事们经过激烈的讨论后，能自由地改变他们的立场。"守住你的立场"并非他们最崇高的价值观。美国前总统约翰·肯尼迪（John F. Kennedy）在 1963 年 10 月聚集一个团队，来帮助他想出最好的方法应对古巴导弹危机。他之所以会邀请某些人加入团队，是因为他们有特定的专业，而其他人之所以被邀请，则是因为肯尼迪重视他们的判断，而不在意他们的正式角色是什么。在他们思考讨论的过程中，团队成员经常性地改变立场，与此同时他们的论述也持续被发展、提炼、充实以及修改。如果组织重视人们的判断，人们在这个组织里会提出的问题就不会是"那些位阶比我高的人会怎么做？"而是"我认为什么做法能够为组织的使命作出最好的贡献？"这类组织会有明确的行为规范，让整个组织深入参与决策及产出想法的过程。

发展领导能力

借由确保健康的人才储备，组织会更有能力处理调适性挑战。这里指的不是把人送去参加培训班。组织之所以会愿意投入个人的专业发展，是因为理解如果人们有长远的视野，并且认为组织的未来攸关自己的利害得失，他们就会有勇气作出必要的改变。调适性的首席执行官知道他们自己才是公司的首席人才官，而不是他们的人力资源副总裁。美国通用电气公司的前执行长杰克·韦尔奇（Jack Welch）所以知名，很大一部分是因为他对那份工作的认真态度。具调适性能力的高层主管以及运营人员知道他们最重要的责任，是把对的人放在对的位置上，并且让他们能够做对的事。

不只是筛选人才，发展领导力也是业务经理的日常职责。诸如在我们的咨询服务所设计的培训与发展流程，并不是定期在职指导的替代品。领导力的实践有许多细节，而且领导力的学习必须贴近可供实践的田野。在一个把调适性人才储备视为能力核心的组织，深入组织的人们需要明确的在职指导，以了解他们可以在何处为组织的未来发展作出最大贡献，并且了解如何把他们的潜能发挥到极致。

对于组织调适性能力的积累，接班人计划是另一个清晰的指标。我们经常询问高层主管是否已经找到两到三个比他们更为优秀的人才。如果有，他们目前做了哪些事情来培养、辅导这些人才。通用电气在接班人计划方面就有丰富的经验。事实上，当前首席执行官雷金纳德·琼斯（Reginald Jones）在1981年交棒给杰克·韦尔奇的时候所使用的接班人规划流程，正是哈佛商学院的经典案例之一。但是比起接班人计划，许多组织恰恰在"不接班计划"上做了更多努力。在与我们共事的一家公司，当经理们在面对人员流失的问题时，他们把这个问题重新演绎为一种成功。他们招进了优秀的年轻员工，并且假设这些员工在这家公司待几年就会离开。这样一来，他们就能获得"让年轻人才累积必要经验"的功劳，但几乎没有为员工的发展作出任何投资，也顺带"确保"了这些优秀的年轻人永远不会取代他们。让人不会感到意外的是，这家公司几乎没有人用更长远的眼光看待公司的发展，也几乎没有人感受到员工对于公司有身心的投入，而这家公司也没能看见外部环境的变化正在使他们与顾客还有其他支持者之间渐行渐远。

建立能保障反思与持续学习的机制

为了调适，人们需要学习新的方式来诠释周遭的处境，并且学习新的方式执行工作。并不意外的是，如果一个组织具有显著的调适能力，对于学习也能够保持开放与投入。但是要能够发展出这些文化规范，说的总是比做的容易。当人们沿着组织层级的阶梯往上爬的时候，自己并没有所有答案这件事就会变得越来越难以接受。毕竟，过去他们都曾经因为能够解决问题以及采取果断行动而受到奖励。因此相较于自身的学习，许多组织高管往往会更乐意支持他们直接下属的学习。但是对于任何希望帮助组织变得更具调适能力的人而言，对于学习保持开放都是关键的能力。组织所有层级的成员都必须能够承认哪些事情是自己所不知道的，以及哪些事情是他们需要探索的。在今天的世界，即使是最有经验的专家也经常会感到深陷窘境。我们无法通过上课、聘请顾问公司，或是复制其他组织的最佳实践来解决调适性挑战。相反，整个组织上下都必须能够对实验保持开放态度，放弃某些过去认为是真理的执念，因为那些真理都已经不适用于已经变化的商业、社会与政治环境了。

持续学习的思维模式在组织内看起来会是什么样？以下是一些值得留意的迹象：

- 人们不会因为犯错或是尝试新的做事方法而被排挤。相反，他们会被视为智慧的源泉，因为他们拥有组织需要汲取的经验。例如在一家跨国银行，首席执行官会定期找出那些犯下重大错误的员工，协助他们从中汲取学习，并且把他们派到世界各地与同事分享新的知识。

- 当组织需要在策略上做决定时，决策者会考虑一线人员的观点。组织高层主管与经理都知道，某些最有用的知识来自第一线现场或产品组装线上，也就是那些日常在组织田野中工作的员工，因为他们与顾客、产品与关键支持者都有着第一手的互动。这些组织会把他们员工的想法纳入战略规划的流程中。[1]

- 定期举办"共创会"或远离职场的工作坊，并且从组织各层级邀请参与者参与其中。这些活动会用双向的对话方式进行，而不是来自高层的单向讲授或训令。多元的小组成员会设计活动的流程，并且也会适度留白、保留部分时间给一开始没有预计要讨论的议题。

- 当不好的事情发生时（失去客户、竞标失败），组织会承认这些坏消息，并且从这些事件中吸取教训，而不是把它们当作惩处的原因。

- 组织会通过让资深成员休假，来鼓励他们远离办公室，为他们自己充电，并且获得新的观点。

- 组织会促进所有横跨正式与非正式边界的沟通与互动。组织会把不同的单位、群体聚在一起，这些单位或群体可能平常并没有业务往来，或是分属不同职能、权势层级、地区、年龄或国籍。高层主管与经理们试图让组织内外的众人能够面对面互动，借此创造更多的学习机会。在这种场合，人们可以通过其他人的工作与观点学习，并且获得新的角度看待整体。

- 高层主管鼓励纯粹的反思，并且也鼓励针对复杂的动态情境进行更有纪律的反思。例如刻意让某些聚会不做任何议程安排，纯粹只是让与会者能够有机会针对现状、过去与未来情境测试不同的诠释。

- 组织支持并为高层成员提供教练（coaching）服务，并且深知仅仅是在组织外部有个智囊团，就能够避免组织因为与外界失去联系而导致调适能力的弱化。

- 组织成员把最新的战略规划视为今日的最佳猜想，而不是神圣的文本。而且他们预期会持续地在获得新资讯的时候修改这份规划。

站在看台上

- 组织会用什么结构来汲取学习吗？那些经验中的重要学习是由个别成员来汲取，还是组织有集体学习的机制？组织是否有行动后反思或团队复盘等习惯？当组织完成新年度的预算与计划时，与前一年相比，是什么驱使组织作出调整？当组织成员失败时，会发生什么事？他们是否会被边缘化？人们是否从失败中获得教训？

走在田野中的实践建议

- 在以下的五项调适性组织特质当中，你的组织表现得如何？让你自己以及团队每一位成员填写表7-1，为你的组织在五项特质的表现打分数，最低1分，最高10分。共同讨论并解释打分后的结果。问问你们自己：我们是否需要尝试提升任何一项特质的分数？如果有需要，我们各自必须做些什么来提升分数？

表7-1 调查：你的组织具有多少调适性能力？

调适能力判断标准	描述	评分(1分代表"非常低"，10分代表"非常高")
"房间里的大象"	要让人们头脑中的内心对话，被带到茶水间，然后再带到会议室，这需要多长时间？组织能够多快发现危机并且坏消息能够被讨论？组织是否有相关的架构、激励机制与支持，来让人们能够说出"不敢说的议题"？	1 2 3 4 5 6 7 8 9 10

调适能力 判断标准	描述	评分(1分代表"非常低", 10分代表"非常高")
共同承担责任	组织成员(尤其是高层)在多大程度上能够站在"为了让整个组织变得更好"的出发点上行动,而不是担心、保护个别群体或个人的利益?	1 2 3 4 5 6 7 8 9 10
独立判断	组织到底有多重视成员自身的判断,而不是在乎他们揣摩上意的能力?而且当人们为了组织使命而承担合理风险,最后却没有成功的时候,组织在多大程度上把这视为学习的机会而非个人的失败?	1 2 3 4 5 6 7 8 9 10
扩展领导力	人们有多清楚他们在组织中的定位以及他们成长与晋升的潜在机会?人们有没有经过他们与组织双方都同意的计划,来帮助他们实践那些潜能?组织的高层管理者在多大程度上被期待要找出并且辅导他们的接班人?	1 2 3 4 5 6 7 8 9 10
保障反思与持续学习的机制	组织是否为个人与集体反思保留时间,并且让人们有时间从经验中学习?组织提供了多少时间、空间以及其他资源来获得多元观点,借此改善工作方式?	1 2 3 4 5 6 7 8 9 10

第三部分
对系统进行介入

在实践调适性领导力时，你会对系统进行介入（虽然有时候它是不受欢迎的），通过有意识的介入，可以帮助系统（你的组织、团队、社群、社会或家庭）中的人们面对一些有意义的挑战。例如：

- 学校的咨询委员会试图说服学校的行政人员扩大工作重点以融入新的科技，行政人员不仅对此一窍不通，也不重视这些新科技可以带来的价值。咨询委员会所遭遇的挫折导致大批委员请辞。
- 一家公司的首席执行官无法说服人力资源部门从交易导向（transactional orientation）的运作模式转变为公司其他部门的策略伙伴。为了挑战既有的文化，他把一位极为成功的销售副总裁改任人力资源副总裁。
- 某个家族的儿子冲撞了深植于家族中的文化规范，他冒着破坏家族圣诞晚餐的风险而提出了关于祖母健忘症的问题，而且提出会动摇整个家族平衡态的可能性。

用以诊断系统以及动员调适性工作的"介入"，会以不同的形式呈现。这包括提问、提取想法、框架、单一变革方案，以及运用某种策略性的顺序、在不同的时间点以不同的方式，来促进不同个体及小组的参与。在这个部分我们会聚焦在行动上：在调适性议题的领导作为，包括从准备到执行的过程。不论你的介入采用何种形式，成功的介入很可能会具有以下某些特质：

- 指向长期的解决方案（而不是快速的治标解决方案）以处理调适性挑战。
- 对于当前某种可能会让一部分人感到不舒服的现实处境提供解释并将之框定为调适性的挑战。
- 利用人们的不安推动进展，而不是通过压抑或妥协来恢复回让人感到舒服的状况。
- 更好地运用组织中不惯用的关系网络。
- 强化组织的调适能力，以应对未来接踵而至的调适性挑战。

有效行动的第一步是暂不采取行动：也就是在调适性挑战刚冒出头的时候，能够避免想要采取行动的常见冲动。

你是解决问题的成瘾者吗？当问题出现的时候，你是否会直接跳进去并且开始着手处理，决意要收拾残局？你是否曾经因为愿意并且有能力卸下他人肩膀上的重担、为他们解决问题，所以在工作上或私人场合受到奖励？

为了帮助你的组织，通常你能够提供的最大帮助，是为你的组织争取时间，而不是使用过去曾经奏效的技术性解决方案。"如果你手上只有一个铁锤，所有东西看起来都像是钉子"，还记得这句格言吗？你的铁锤在你处理调适性挑战的时候是派不上用场的。虽然要求你这样做可能很困难，但你仍要把铁锤收起来、缓一缓，并且让你的团队在行动之前先思考。

虽然这在今天强调快餐、"想要赶快开始做些什么"的世界里是一件不容易的事，然而这是必须的。如果你在组织位居要职并拥有某种影响力，而一旦你意识到自己容易在受压时采取果断的行动，在这种情况下你还算相对容易地帮自己踩刹车。但如果你没有相当的威权力，你就需要采取更戏剧性的手段来争取时间，使你可以作出更好的诊断，然后通过实验性的方式探索新的解决方案。你很可能会面临抵制，并且被别人指控"阻碍事情的进展"或者是"太负面了"。

你需要用上一些非对抗性的方法让你的组织慢下来。以下是一些让你开始着手的方法：

- 给出更多提问而不是下达更多命令。
- 如果你的支持对于某个决策的成功执行是不可或缺的，那你可以借由对那个决策持保留态度来轻柔地否决它。
- 在会议议程安排额外的时间，使调适性挑战的讨论不会因为更急迫的议题而被回避，并且避免人们想要用短期技术性的解决方法处理调适性挑战。
- 在探索问题的可能解决方案时，拓展你可以咨询的对象范围。
- 对于与事实相关的争论，常常是用来逃避处理潜在冲突的手段。将桌面上的事实区分出来，然后将真正的矛盾放置在不同视角与价值层次来审视。

一旦你能够避免马上进入行动，你就可以开始设计并执行介入方案处理挑战。

第 8 章　作出诠释

好的愿景必须兼顾准确性。不能只靠想象与吸引力，同时我们观察自己组织，把握那些复杂现象背后的本质，并对此提供考虑周全且精确的诠释，那将为人们带来巨大的帮助。如果我们能用一针见血的文字来陈述混乱、被复杂化的讨论之下的关键议题，就能帮助人们有效地聚焦讨论。虽然人们可能会对我们的诠释感到犹疑，但先抛出一个演绎的版本来让大家能够讨论、调整、改善还是非常有帮助的，但是这些诠释必须包含关键的现实。梦想与幻想是新想法与希望的重要源泉，但是调适性解决方案必须合乎今天的现实，并且以此为基础发展新的可能性。

通常人们在说明问题的时候，既有的诠释方式会有技巧地保护着他们自己，使他们可以不用作出改变。在任何人类组织中，人们往往不会对为解决自己偏好的诠释方式所引起的问题而负起责任。

例如来自不同产业、国家与文化的中层管理者会有很多不一样的地方，但是他们一般都会同意"正是因为高层对于创新缺乏承诺与投入，所以我们才会输掉市场份额"这种说法。虽然这个指控可能有它正确的部分，然而这种盛行的诠释方式并没有把中层管理者自己的领导力不足——也就是缺乏勇气、想象力，或是在策略及方法上的努力——也考虑进去。

人们更偏好那些认为问题背后存在着某种低成本解决方案的想法。公职参选人在竞选的时候，总是不断地告诉选民，他们不需要承担任何损失就能应对当前的挑战。就这点而言，2008 年美国总统候选人奥巴马（Barack Obama）与约翰·麦凯恩（John McCain）在竞选的时候并没有任何差别。

在"911"事件之后，可以理解美国人是多么想要相信他们可以不用作出任何重大的牺牲（例如能源价格上涨、更严格的安全措施，或是人命损失），并且也不需要显著地改变美国在世界上所扮演的角色，就能够除去国际恐怖主义的威胁。不论是哪个政党，政治人物都在相互串通想要让这个幻想延续下去。如果一个政治人物要求选民作出牺牲，例如增税以应对新的开支，有谁会把票投给他呢？人们偏好的信息是："继续过着原来的生活就好。政府会抓住那些做坏事的人并且把问题解决掉。少数人可能得勇敢地作出牺牲，但我们会尽可能把伤亡控制在最低限度。"这些信息听起来让人感到安心，因此很有吸引力，然而它们都是不切实际的。

表8-1呈现了组织中人们在能够对付调适性挑战之前，他们需要改变解读方式。在行使调适性领导力时，你的首要工作是让人们能够戒掉左侧的诠释（把问题定义为技术性、温和，并且是由个别因素造成的）。接着你必须把他们推向右侧的诠释（把问题定义为调适性、充满矛盾冲突，并且是由系统性因素造成的）。

表 8-1　重塑诠释方式来重塑思维

诠释方式的转变
从 技术性 转为 调适性
从 温和 转为 充满矛盾冲突
从 由个别因素造成 转为 由系统性因素造成

这意味着领导的首要工作就是教育周遭的人们，无论是资浅的、资深的、平行的或是跨界的，让他们知道调适性挑战与技术性问题有根本性的差异。你必须创造足够的空间，使你可以用不同的方式处理个别情况——运用专业处理技术性问题，以及运用领导力处理调适性挑战。当人们开始接受许多问题可以用权威的专业来解决，但是还有许多问题无法这样解决的时候，就能让你有更多的余地带领大家投入实验、探索，以及引发带有代价的改变。在面对技术性问题的时候，你可以通过下命令、变成权威提高效率，而不会被人们视为过于专断或独裁。在带领调适性工作的时候，你可以提出探究性的问题并且随机应变，同时努力让整个过程更具有包容性与实验性，而不会被视为软弱或缺乏方向。

当人们开始看见挑战中的调适性部分，他们就会把学习新的方式视为理所当然，开始辨识他们为了取得进展所需要承担的损失（例如放弃旧有的产品，或是让出自主权以换取注资），并且把他们的思维方式从避免冲突转变为化解冲突。

如果你作出的诠释使问题中相互矛盾的冲突显现出来，你就能够带领人们辨识可以协商（以及不可协商）的损失，展开勇敢的对话来处理冲突，并且创造环境让冲突能够浮现及被处理，进而得以涌现新的调适方式。

如果人们把议题视为系统性而不是由个人造成的，他们就会开始在系统中寻找可以施力的支点（例如保护绩效不佳的人或是集中控制的模式），使这些支点成为注意力聚焦的目标而引发改变。对这个处境解读为系统性现象，你可以帮助人们进行审时度势的考量并且列出议题的利益相关方，寻找机会建立不寻常的联盟，并且确认每一个利益相关方正在面临的损失风险。

向表 8-1 右侧的转变可能会发生在任何正式或非正式的对话中。当人们既有的解读方式开始从各种角度被探讨，转变就会开始发生。然而，要让人们习惯以系统性或利害关系的视角观察所发生的事件，而不是留在个人或人际层次，这种意识还是需要持续地强化。以下的问句能够帮助你把对话往表 8-1 右侧推进：

- 对我们而言，这个情况是否有任何新的部分，需要我们采取与过往不同的战略？

- 这个情况牵涉哪些关键的利益相关方？他们可能会受到哪些正面或负面的影响？他们会如何描述这个情况以及他们的利害关系？

- 在我们的组织当中，对这个议题采取带有急迫感的反应有多普遍？或者，我们是否需要寻找别的方法让这个议题变得成熟？

- 这个情况有哪些调适性成分？有哪些技术性成分？

- 在这个组织或是整个业界里，只有我们在面对这个情况吗？其他人又如何回应这个情况？

以下指导原则能够帮助你在团体中带领诠释的过程。

注意人们何时在往技术性那边靠拢

人们会被技术性（而非调适性）、温和（而非矛盾冲突）、聚焦于个别因素（而非系统性因素）的诠释方式所吸引。你可以注意组织成员什么时候会出现这种情况，并且在这种情况出现的时候把它指认出来。人们往往会在谈论状况的时候抛出很多对处境没有帮助的诠释。表 8-2 是这类信号的一些例子，以及一些你可以用来把人们推离表 8-2 左侧偏向技术性的问句。

除了容易倾向使用那些简单、无痛解决方案的诠释方式，人们往往会从他们的周遭环境中搜集最直接的信息，以判别组织中的是非对错（例如员工素质与公司规则）。在你周遭环境所看到的事物往往会占用你大部分的时间与精力。当然，你会想用周遭所看到的状况或是运用眼前的信息来理解世界，这是很自然的。但是这个倾向会让你待在表 8-2 的左侧——也就是将问题解读为技术性、由个别因素造成的，而不是解读为调适性、由系统性因素造成的问题。我们曾经与一家公司共事，那家公司需要高层少扮演一点保护性的角色，但是公司的主要员工却与公司创办人共谋，使创办人长期扮演父亲般的角色。那些员工们把他们感受到的挫折归因于创办人的干涉，而无法看到他们自己的行为如何支持着创办人一直处在那个角色里。

表 8-2　无效的诠释信号

人们所说的话	这句话暗示人们把问题视为……	你可以鼓励人们问不同的问题来重塑处境……
"如果首席执行官可以给我们更好的方向……"	是当权者的能力不足，而不是组织愿景、使命或策略的问题。	"首席执行官正在面临什么压力？谁是他的支持者，而他们期待首席执行官能够带给他们什么？"
"我们会马上搞定它……"	短期，而非长期。	"你认为我们有决心去处理问题的成因，而不只是处理问题的症状吗？"

人们所说的话	这句话暗示人们 把问题视为……	你可以鼓励人们问不同 的问题来重塑处境……
"这个问题很简单。"	技术性而非调适性。	"也许这不是顾问可以解决的问题?"
"看来我们无法实施我们的好点子。"	执行力的不足,而非商业模式的问题。	"虽然我们很爱我们的产品,但这也许不是市场想要的?"
"这会是双赢。"	没有人需要为了解决这个问题而受苦。	"那些反对这一步的人们认为他们将会遭受什么损失?"

为了对抗这个习惯,你可以把你的团队成员以外的经验带进谈话之中。

例如如果可以让该公司的成员更多地听到、读到并且讨论其他的创始人也很容易把自己员工当成小孩子对待,并且也被诱使一直这么做下去的故事,可能会对他们很有帮助。或者,对于平常在团队接触不到的范围外的人们,你也可以多让团队成员探索他们的视角与关心的利益。例如让团队成员观看公司高层其中一场会议的影像记录,借此让他们能够站在看台上看见高层的动态。

重塑团体既有的诠释方式

每一个组织都有其习惯性的诠释方式,也就是以一种根深蒂固的模式,影响着我们如何看待以及回应现状的方式。而组织中的每一个团体也会有自己习惯的方式。这些不同的诠释可能来自于各个部门的独特观点。(例如一家软件公司的研发部门在面对市场份额下滑的时候,总是会主张要为公司的产品开发一系列的新功能。)资深的权威常常会强化团体的既有的解读方式,他们可能会在诊断阶段就早早地提出自己既有的诠释方式,或是贬低其他的诠释。

既有的诠释方式在许多时候之所以能够发挥作用,是因为它们至少在表面上确实捕捉到了部分的现实。从个人动机以及人际竞争的角度解读系

正面影响力

拥抱不确定性

社会关怀与社会担当

富于实践精神

造风者 FUTURE SHAPERS

与《领导者的意识进化》高度契合的领导力技艺

领导工作就是在危险中前行，一本让你在变革过程中边续命、边推进的高阶手册

如何放下自我，将复杂还给群众，与众人共同前行！

统性事件通常能够抓到真相的表层片段，而且有时候这会是有用的片段，因为得知他人的动机让你能够回应他们的基本利益。然而，人们的动机也会深受所处的人际脉络影响，包括他们的支持者或是他们的效忠关系。也就是说，人们所肩负的利害关系，是来自于他们试图满足期待的对象，包括那些会赋予他们权力使他们能获得正当性以及保住饭碗的对象。

对于我们那些既有的从个人动机角度切入的诠释方式，如果我们可以穿透那些诠释的表层，我们就能够运用系统性的观点诠释个人的行为。各个利益相关方的行为会受到其背后支持者的需求影响，而那些需求才是你真正需要解读的。

以下流程可以帮助人们抽离于既有的、个人化的诠释方式。

1. **找出团体既有的诠释方式。** 如果这个诠释方式不明显，你可以站上看台，追踪团体过去对于不同问题的反应，并且看看当中是否有某种模式。例如在大部分情况下，团体成员是否把问题的出现归因于某个外部人士（新的竞争者、供货商）？他们是否常期待资深权威能处理议题？他们是否倾向把现状归咎于某位管理者欠缺想象力或勇气？他们是否寻求外部专家（例如另一位顾问）来提供某种灵丹妙药？

2. **指认出既有的诠释方式。** 如果团体对于高难度的对话有高度的忍受力，就不妨直接指出你看到彼此在使用的既有诠释方式，并且邀请人们探讨这个诠释方式如何限制了他们的创意与调适能力。如果团体的忍受力比较低，可以使用比较间接的方法：通过提问来引发对话，使其他诠释有机会浮现出来。以下是一些提问方向的建议：

   • 是哪些假设让我们用了这种方式看待这个问题？这些假设有多正确？我们可以做些什么来检验这些假设吗？

   • 还有哪些看待问题的方式是我们还没有讨论过的？

   • 组织中还有哪些人也关心这个问题？他们会如何描述这个情况？

产出多个诠释的版本

如果人们对于现状的了解只流于一种解读方式，可供行动的选项往往会受到严重的约束。任何一种解读都会倾向让人们只产出单一或是一小群的解决方案。为了扩展选项，可以鼓励人们先形成多于一种的诠释方式。你可以使用"如果……会发生什么事"的问句；例如"如果我们发现客户并不在乎我们要为产品增添的功能，会发生什么事？对于我们失去市场占有率的原因，这个情况意味着什么？"

对某一情况形成多种不同的诠释永远是可能的。有时候只需要一个简单的结构性变化，就能够产出不同的观点，并且让不同观点能够被讨论。这些来之不易的经验教训都来自对我们顾问服务所做的复盘。当我们在回顾一个专案的时候，该专案的首席顾问通常会先提供一个故事，解释项目过程中所发生的状况。我们过去总是努力要成为一个气氛融洽的团队，因此在我们早期共事的时候，如果有人没有参与某一个项目，就不愿意去挑战首席顾问的诠释。

但是我们发现这种方式约束了我们的学习。所以我们开始以两人一组的方式一起工作，即使是在最小规模的项目中也是如此。借由这种方式，首席顾问就能在项目工作开展的过程中，获得别人的协助以了解与客户共事的情况，并且在专案完成后获得第二种观点。我们开始形成某种默契，使我们对于同一个专案总是至少会有两种，有时甚至三到四种的诠释，借此改善我们提供的服务。

在一线的田野中实践时，抱持多种诠释的开放性往往需要练习才能维持，尤其是当这些不同的想法之间互有冲突的时候。一旦你的团队为他们的共同挑战形成了数个解读的方法，你的目标就是协助他们同时抱持这些不同的解读方式，而不要在时机尚未成熟的时候，就过早偏向其中某一种演绎。当多种诠释浮上桌面时，仔细观察有什么事会发生。哪个诠释会被肯定，哪个会被驳斥？团体中的派系会被符合他们自身利益的诠释所吸引。以下是一些原因：

- 被偏好的解读方式呼应了团体中某一群人的深层价值观与利益。例如在一家成长趋缓的法律事务所，一位从事务所外部招募的资深成员把收入增长趋缓归咎于更资深的合伙人不愿意像新成员一样努力工作。相反，事务所的主导派系则关注如何让新成员融入集体的挑战。
- 损失变得明显。如果某一个诠释指向的调适性工作需要团体中的某个派系作出困难的妥协，该派系成员就可能会回避那个诠释。之前法律事务所的例子，较资深的成员想要避免事务所减少对于资深成员的财务与非物质待遇。
- 议题尚未成熟。派系成员拒绝处理那些他们还没准备好要处理的议题。借由聚焦在让新成员融入时所碰到的困难，事务所就可以回避更困难的议题：他们该如何对待那些资深、不再有高绩效的合伙人。
- 主流的诠释方式能够减少冲突。事务所通过在经营团队增加一位由外部招募的成员来处理新成员融入的问题，而不是浮现新旧成员之间的深度价值观的冲突。

当你试图维持若干不同的诠释，你可能会遭遇反抗。系统中的每一个成员或派系都会强调他们各自偏好的解读。所以，你可以试着把探讨不同诠释的责任分散开。例如，把团队分成几个小组，每一小组都分到一个可能的解读，让他们充分论述所分配到的诠释，并且让他们产出关于行动的想法。分析不同的诠释，哪些诠释让人们感到不舒服？哪些诠释比较偏向表 8-1 的右侧？当多种不同的选项都被放到桌面上，问大家："我们如何能够知道哪一个诠释比其他演绎还要精准呢？"设计低风险的实验检验那些看似能带来更多能量的诠释，甚至是产生更多负能量的诠释。把这视为一个需要迭代、需要即兴发挥的过程。你可能会发现某些诠释有比较丰富的内容，能够引起团队的反应，并且能够一直出现在团队成员的对话中。

对你的想法进行自我审查

你有自己习惯的既有诠释方式，因此你也会被某些诠释所吸引。为了对抗这种倾向，想象你所扮演的角色是要审查自己对状况的诠释，而不是热烈拥护自己的想法。为了进入这个角色，你可以在提出观点的时候尽可能投入你的想法，接着把你自己从那个角色抽离出来，注意听听其他成员对你的诠释有什么反馈。注意你的诠释所引发的反应。最近我们在一家公司的共识营与他们共事，这家公司在前一年有不成比例的女性员工离职，因此参与者想知道他们可以从这个状况当中学到什么。其中一位参与者提出了他的想法，他认为公司会有许多女性员工离职，是因为公司倾向以直接、富有侵略性的方式看待世界，而通常男性会有这种看待世界的方式。这是一个令人不安的想法，但是提出这个诠释的参与者发挥了自制力，允许团体以直接、富有攻击性的典型方式来回应他的解读，同时没有表现出防卫或是作出更多的辩解。直到几分钟后，他才邀请同事们去理解他们刚才的回应方式所代表的意义。如果他是以持续且激昂的辩解与防卫来回应同事们的反应，他就不可能产出那些信息来支持他的诠释！

维持诠释的多样性

调适性工作需要调配众多被人们热烈拥护的观点。在一个理想的世界里，人们不会因为看到与自己不同的观点而感到受到威胁。相反，他们会把这些不同的观点视为整体图像的不同部分，而每个人都需要看到全貌。如果有越多不同的拼图能够被放到桌上，你就能够知道自己真正在处理的是什么，你就更能产出有用的介入方案，让你能排序并且解决那些最迫切的共同难题。

我们在之前的章节，将调适性工作比拟为进化生物学。在进化论的领域里，有性生殖能够为一个物种产生最多的选项适应新的机会与挑战。复制可以让效率极大化，并且大量地制造相同个体，但是这种复制并不会产生多样性与创新，因此无法使生物以新的方式在充满挑战的环境里蓬勃发展。同样，对于组织所面临的挑战，如果人们能够调配不同的诠释方式，比起只依靠一个人的观点，人们将更有机会获得创新的洞见。

对一个处境有多样的诠释，的确会给人带来麻烦。相较于对齐彼此，创意显得更没有效率，不仅可能带来更多的摩擦，也会耗费更多时间。但它其实只有在处理技术性问题的时候才比较没有效率，因为在技术性问题的情境中，权威的知识以及跟随权威能够最有效率地产生解决方案，就如同在急诊室。但是当你在处理需要创意的调适性挑战的时候，你需要忍受流程带来的痛苦，因为这些流程能够让你更有机会产出新的想法，让你获得新的调适性能力。

为了让你的工作小组、组织或社群具备多样的诠释方式，你必须让锅子保持在适当炖煮的状态，让不同的想法能够相互切磋。当人们开始考虑以及理解彼此的观点，并且开始讨论大家都能够认同的可能解法的时候，你就会知道你做对了。

第9章 设计更为有效的介入

有效的介入能够动员人们直面调适性的挑战。它们可能会在处理调适性挑战进程上的任何时间点上被使用，带来向前推动的效果：例如揭示困难的议题、阻止人们转移注意力，或帮助人们度过艰难的时刻。有效的介入是根据人们对于现状的解读所设计的，而且这个解读是位于表8-1的右侧，也就是聚焦在挑战的调适性、冲突以及系统性特质的方面。

有时候你可能需要先在战术上暂时先靠向表8-1的左侧，借此处理某个人的利害关系或是他对其他人的诠释。即使你必须这么做，保持系统性的观点也能让你更能够帮助别人"对事不对人"。

不论你在整个过程的哪个阶段介入，我们列出了一系列能让你变得更有效的介入。这些介入可能会让人觉得需要依照它们在这里呈现的顺序进行，但其实也可以把它们视为可供单独使用的介入。

不论你在做怎样的介入，都必须有中途修正的准备。每一个介入都会带来新的信息，以及一些需要你作出修正的反应。你必须保持弹性，让你能够行动、反思，然后再行动。

第一步：站到看台上

这需要你把著名的"从一数到十"的策略用得更加淋漓尽致，来帮你往前迈一步；然而不要只是从一数到十，观察你周遭正在发生什么事；即使你在行动的时候也要同时保持在诊断的模式；作出不止一种诠释；观察一再出现的模式；当你所做的诠释开始有某种自圆其说的迹象或是很接近你的既有模式的时候，检验你的诠释的真实性；尽可能地经常与你的伙伴进行复盘，借此评估你的行动以及他人的介入所产出的信息，使你能够透彻地思考你的下一步。

第二步：判断该在什么时候出手

再次看看这本书第一部分所介绍的失衡曲线图（见图 2-2）。你认为你的团队或组织是在图上的什么位置？对于处理当前的议题，人们的韧性及准备程度有多高？当系统中的人们普遍有急迫感，并想要处理某个议题时，就表示这个议题已经"熟了"。如果只有一个小团体或派系热切地关心这个议题，然而其他团体却有优先级更高的事情在忙，则表示这个议题还没成熟。判别议题的成熟度是相当重要的，因为只有让系统的局部感到急迫的议题变得成熟，以及着手对付已经成熟的议题，两者所需要的介入策略是不一样的。

例如，在过去数十年，环境保护议题一直有一批狂热的支持者。然而直到近期，关心国家或国际环保议题的人却不多。多年来，许多环境组织都把重心放在使用吸引目光的策略来散播急迫感。这当中的某些策略，如绿色和平组织的公开对抗以及赛拉俱乐部的法律诉讼，两者皆属有意挑衅。但是经过数十年的潜移默化，加上全球变暖的显著影响以及美国前副总统戈尔等多人的努力，这个议题在全世界已经有相当的成熟度了。为了对公共政策以及企业界的实际做法促成广泛的改变，同时改变全世界数十亿人口的行为，许多环保组织已经意识到，他们的战略必须从敌对模式转变为多元的合作模式（甚至与过去的敌人合作）以及更温和地敦促。

因此，议题的成熟度往往是规划介入策略时需要考虑的关键因素。对议题的急迫感是否只落在某一个小团体上而未能传到更大的系统？又或者，人们是否在逃避处理眼前调适性挑战的困难工作，因为执行这些工作的痛苦会引发过度的失衡？系统中的主导力量把眼前的状况视为技术性问题还是调适性挑战？

你对于上述问题的回答将影响介入策略的设计及拿捏的行动时机。例如，假设一家公司的高层持续关注如何从单一大客户获取更多生意，而不是处理公司过度依赖单一客户，需要让客户与产品更多样化的议题；他们过去在那个大客户的陪伴下一路成长至今，而且他们不确定自己是否有能力对其他客户做好营销工作，也不确定是否有能力开发新的产品或服务。他们正处于经济危机之中，所以他们已经相当焦虑。你把当前的危机视为一个机会来催熟"因公司过度依赖单一客户，而需要新的业务发展战略"的议题，但是在每一场会议，讨论似乎总是围绕着那个大客户，偶尔会有一些关于缩减成本的讨论。在这种情境，你或许想要小心地设计你的介入策略、寻找盟友、用"肯定成本缩减的需要"来为自己争取一点时间，以及设计非正式的流程提出问题，借此逐渐把大家的目光吸引到调适的可能性，而不是单枪匹马参加会议并且直接挑战他们正在逃避调适性工作的行为。

当马蒂与马萨诸塞州的州长共事时，州政府的高层团队每天与州长开会讨论如何处理议题并规划方法。团队成员会围着一张椭圆大桌，坐在事先安排好的座位上，而州长每天都会用同样的顺序轮流向每个人提问。每个人都会被问到是否有需要讨论的议题，一旦有议题被提出来就会被处理，而马蒂是最后一个被询问的人。每天早上轮到他的时候，他必须感知团队的温度来评估他们那时处在失衡曲线图的哪个位置，借此在他有议题想要提出来的时候，判断哪一个议题是团队还能够承受且处理的。有时候他评估得很好，把团队推向极限而没有太过头；但是更多时候，尤其是当他特别在意某些事情的时候，他所提出的议题就没那么恰当，可能改天提出来会比较好。

第三步：问自己：在这个局里，我是谁？

在不同的群体及次群体中你是如何"被体验"的？你在他们当中扮演什么角色？对他们而言，你在调适性议题上的观点会帮助照顾哪些视角？因为他们已经适应了你平常的行为方式，他们可能深谙如何在你扮演的角色里搞定你，以确保你不会干扰到他们日常的平衡。

"保持一致"是管理上一个非常重要的价值观，但它却可能会对引领调适性变革带来严重的束缚。

你需要变得比平常更不容易被预测，借此获取他们的积极关注，并且在调适性议题上取得进展。假定你是那个总是会提出想法的人，当你提出介入方案时，团队成员可能会沉默以对，因为他们已经变得习惯依靠你来做所有的思考与发言。如果真是这么回事，试着停止发言。等待其他人贡献意见或是提出进一步的想法。如果你平常说话柔和、恭敬有礼，试着变得更热情或强势，反之亦然。如果你一直以来"常唱着某首歌"却没有获得重大的成功，试着去找大家意料之外的人来帮你"唱这首歌"。

第四步：好好思考该怎样框定你的陈述

深思熟虑的框定方式（framing），指的是用某种帮助团队成员了解你想法的方式来沟通你的介入方案，从而说明为什么这个介入很重要，以及他们如何帮助执行这个介入。一个被妥善理解的介入方案能够引起人们的共鸣、指向他们的希望与恐惧。关键是始于人们所处的位置，而非你所处的位置，此外也能启发人们往前迈进。正如我们提过的，马丁·路德·金把他的梦想深植于美国梦。这么做让他可以提醒美国人想起他们国家立国的初心，挑战人们为他们的梦想奉献生命，而非只是路德·金他自己的梦想。

有些人依赖头脑，有些人则是凭感觉，你需要想想如何在这两类人群之间取得平衡。有些人会先取数据，然后才动之以情，其他人则是相反。把你的语言与群体信奉的价值观与使命联结在一起。考虑以下两类语言的平衡：一类是能够抓住听众注意力的语言，另一类是会引起强烈情绪以致触发"要么打要么逃"的反应式（而不是促进人们参与的）语言。

第五步：稳住

当你作出介入，把它看成有自己的生命，不要死追着不放手。让你的想法用它自己的方式来渗透整个系统，人们需要时间消化、思考、讨论并且修改它。如果你把它视为"你的想法"，你很可能过度投入了自己的想象在其中。

你一旦作出介入，你的想法就变成大家的了。

你无法控制大家会对你的介入做什么反应。因此随着整个过程的开展，你必须拒绝那些总是想要跳进去介入的冲动，例如在提出想法之后又补上一句"不对，我指的是……"或是"你没有听见我说的吗？"或是"我想再说一次"或是"你误解我的意思了"。让系统中的人们自行处理你的想法，并且不要太执着于自己的想法。用心聆听不同的子群体如何回应你的想法，这样你就可以校准你的下一步。注意你的想法的哪些部分被人们所接受，以及是用什么方式被接受的。注意逃避面对挑战的机制——如过敏般地立马排斥或沉默不语等——是否出现。

你的沉默本身也是一种介入，它创造了一个"真空"让人们可以填进来。这当中的关键是专注于当下以及保持倾听。但是这种稳稳的沉默与忍着不说话是不同的。你的那种沉默既能够传达你的观点，也帮助人们关注你提出的观点。而且通过专注于当下，保持耐心，有时候甚至长达数周，你可以更多地倾听、搜集信息，并且创造空间思考你下一步该做什么。

保持稳住是一种伺机而动，并且处在聆听状态的沉默。人们会感谢这种沉默所展现的耐心与尊重，即使他们口头上从未这么说。相反，憋着话不说是抽离的一种形式，这或许是因为人们没有以你想要的形式或速度采纳你的观点，所以让你感到受挫或意兴阑珊。

憋着不说也会向人们传递另一种讯息。人们会看见你的不耐烦与挫败，并且把你的行为诠释成对他们以及他们的回应感到恼怒厌烦。你的恼怒厌烦会不经意地成为你的下一个介入，并且很可能会把众人的目光吸引到你自己身上，而不是你所传递的内容上。他们在咖啡时间相互讨论的不是"我们是不是误解他所说的？"他们更可能会说："他到底吃错了什么药？"

第六步：分析正在生成中的各路派系

当那些与你亲近的群体成员开始讨论你的介入时，注意谁看起来参与其中，谁开始使用你的语言或是你的部分想法，仿佛这些语言或想法是他们自己的。注意听听谁在抗拒你的想法。运用这些观察帮助你看见不同的人在这个议题所代表的派系轮廓。描绘与你亲近的群体的派系组成能够带给你宝贵的信息，让你知道在更大系统中的人们会用什么方式处理这个议题。这类信息极为重要，因为调整且执行你的变革方案通常需要许多来自组织系统中不同职能与部门的人的参与。

第七步：把调适性挑战维持在阳光下

逃避调适性挑战是人们预期可能遭受损失时的常态反应。哪怕几乎所有的文化、体制、政治与个人的基因都会在发展新的调适性能力的过程中受到尊崇并且保存下来，但当人们预见他们会在过程中需要经历某些失能、遭受某些背叛以及损失时，这些都会导致人们的退缩。

退缩并不可耻，这只是人的天性。

当你的团队在执行诊断工作或采取行动的时候，做好心理准备他们会寻求各种方式来避免聚焦在调适性挑战上。人们之所以会抗拒你的介入方案，跟你的想法本身好不好没有关系，而主要是因为害怕你的想法给他们造成的损失。通常这股抗拒是为了维护他们的支持群众，也就是那些虽然不在场，而他们却需要为这些群众负责的对象（或想法）："这听起来还不赖，但是这对我部门的人意味着什么？我如何能够把这个想法带回去给他们，同时确保他们不会迁怒于我？"

这是你、你的盟友以及其他系统中的领导者的责任，让调适性工作时刻保持在人们注意力的焦点上。通常人们想要把个人议题或是权术的操弄置于注意力的焦点上，借此也好让他们自己心有旁骛，然后问题就会变成

"首席执行官只是固执于他的旧有模式，他缺乏勇气"，或是"人们只是为了他们自己着想"，或是"这个团队没有好好运作"，而不是"我们正在失去市场占有率，我们最好去了解为什么会这样"，或是"科技快速发展，而我们没有跟上发展趋势"，或是"我们宣称我们支持创新，但是我们却并没有作出任何资源的投入"。

先试着了解新的方向对不同派系的冲击，也就是那些在你的工作小组成员背后的支持群众，以及这些支持群众的喜悦与不悦将如何反映在那位小组成员的行为上。当你发觉你的绝妙点子让你小组当中的某个成员感到头痛，这通常意味着你的点子也让某些位于那位成员背后、授予他委托权的关键人士感到头痛，而那位成员又会需要寻求那些关键人士的支持以维持他的公信力、声誉以及正式与非正式权力。所以，当小组成员拒绝展现更多勇气处理你所看到的问题时，虽然这可能与他的个人动机有关，但往往无法充分反映这些抗拒背后更大的脉络。

接着你要想想可以如何协助处理他们的问题，即使抗拒者们很可能不想承认问题的存在。根据对方的个性以及你所处环境的沟通文化，你可能想要用某种方式建议说："或许我可以与你的团队见面并且说明我们的新策略，这样你就不需要独自面对这件事。"或是"我知道过去一年多以来，你的团队成员一直在要求提升他们的技术。我想要确保大家能够知道，这件事能够在此时发生是你的功劳"。

第二个策略是针对那些担忧自己支持群众的抗拒者，帮助他们把支持群众的抗拒理解为受到威胁或担忧会有所损失，而不是不愿意妥协、怯懦或是缺乏创意。如果要处理这些对于潜在损失的担忧，你所采取的策略就需要把这些损失纳入考虑并且以尊重的态度处理。

最后，寻找你的盟友。对于把调适工作维持在人们注意力的焦点上，你必须把这个担子与其他人分摊。你绝对不想要被孤立。拥有盟友极为关键，他们可以帮助你保持在正轨上，并且在系统中的人们被推离舒适圈的时候，能够帮助你分散过程中所产生的不安。对于盟友的需求会连到我们下一章的内容。

站在看台上

- 上述七个步骤的每一步都可以被理解成一组技能。针对你这七步的技能进行评分，最低 1 分，最高 10 分。你的强项在哪里？你需要在哪里培养你的技能？

走在田野中的实践建议

- 下一次当你参加会议的时候，注意当别人说话时，你在想什么。你是在评断他们的想法或意见吗？预演一下，轮到你发言的时候，你会说什么？你以什么方式留在舞池中并且马上跳到行动？倾听他人并且试着思索他们是在为谁发声、他们在代表谁的观点，以及你如何能为你的观点提供与桌面上的担忧及讨论主题有关的脉络，这样做可以练习防止你的心思一下子就跳到行动上。

第 10 章　边行动边感知各方张力

我们之前用了"审时度势"这个词描述了解组织成员间的关系与顾虑的领导工作。能够审时度势的人，懂得在组织成员中识别以正式及非正式途径行使他们的权力与影响力。对于每一个带有利害关系或是可能会被变革所影响的人，他们会花时间去了解那些人的利益、效忠关系与恐惧，而且他们知道关系是很重要的。如果你在尝试带领调适性变革的时候忽略了人的复杂性，你的成功机会将大大地降低，更不用说能否存活下来。

我们所谓的**边行动边感知**，指的是通过觉察自身权力的限制、各个利益相关方的利益关系以及组织中的权力与影响力的脉络，与愿意支持你的人结盟、整合及化解敌对阵营，以及让你在调整你的观点与介入方案、进行调适性工作的时候，能够听见宝贵的反对声音。以下我们列出六个采取边行动边感知的原则，并且介绍了一些练习帮助你实践这些概念。

拓展你非正式权力的空间

有意识地拓展你的非正式影响力。如果你握有越多非正式影响力，你就越不需要在带领调适性变革的时候违背他人的期待，并且避免所有因此而衍生的风险（图 10-1 的 A 点）。"孤军奋战"提供了一个公共政策领域的例子，说明当你试图引领大规模变革，如果你没有提升非正式的影响力，有可能会发生什么事。

案例：孤军奋战

1971 年迈尔斯·马哈尼（Miles Mahoney）主政马萨诸塞州住房与经济发展署。他着手处理一个巨大的挑战，就是试图阻挡波士顿一个名为"公园广场"(Park Plaza)的大型开发计划，而当时这个计划在政治与财务上已经形成巨大的势头。马哈尼相信这个开发计划并不符合都市再开发计划政策的精神（可能也不合法）。然而，不论是对这个职位或是麻省而言，他都是个新人。他有一份亮丽的履历，但是他尚未在那个领域展现出他在管理、政治或技术上的能力。他的上司、同辈与下属都在观望而不是积极地支持他。

马哈尼其实可以采取一些做法提升他的非正式影响力。他原本可以先着手对付几个较小的挑战展现他的能力，平顺地带领部门一段时间，并且建立他的专业网络。这样做可以增强他的公信力、专业、关系与政治资本。而且在他的非正式影响力提升之后，他最终可能会在这个原本就有显著正式影响力的职位上更加得心应手，尽管在"公园广场"开发案的议题上，他可能还是得接受挫败。但非正式影响力的不足肯定是让马哈尼孤立无援的原因，而且已经形成的敌对阵营最终也令他辞职下台。

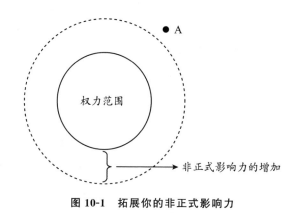

图 10-1　拓展你的非正式影响力

当你看到困难的调适性挑战逐渐浮现的时候，需要针对那个挑战发展计划提升你的非正式权威。以下是一些想法：

* **强化关系。**特别是与那些在挑战处境中有着巨大利害关系的人们建立强有力的联结，不论他们对这个挑战抱有什么观点。倾听他们以了解他们的利益与效忠关系。

- **先获取一些早期的胜利。** 解决调适性挑战当中所牵涉的一些技术性问题。例如：如果马哈尼的长期目标，是希望让麻省在都市更新过程中能够扮演更有力的角色，他其实可以先参与一些小型开发计划，而不是先着手处理规模前所未见、位于全州最大城市、在他接手前已经积累巨大政治势能的开发计划。通过取得早期胜利，你可以在你的下属、同事与上司前建立你的公信力。这样你就能比较有余裕地驱使他们跟随你，进入调适性挑战的未知领域。
- **先处理没有被调适性挑战牵绊着的利益。** 如果马哈尼想要阻止"公园广场"开发计划，其实他有很多机会来支持其他计划，尤其是拉拢那些他需要拉拢的对象（或是至少让他们不要站在他的对立面）。
- **逐步推销你的想法。** 用小步前行的方式、运用先导计划以及实验，测试你对于如何介入的想法，而不是一次就想说服他人接受大规模、会产生大量成本与损失的介入方案。如果这些小部分的想法被证实有效，你也许就能够获得更多授权执行你的完整想法。

站在看台上

- 你对谁有最多的非正式的权威或影响力：同辈？下属？上司？外部相关人士（如客户或供货商）？你对谁会需要更多的非正式影响力？为什么？你如何与这些人建立关系以拓展你的非正式影响力？
- 有很多方法可以用来拓展非正式影响力，所以你不需要重新发明。你用什么风格建立对他人的非正式影响力？你的风格在不同的社会情境下工作、家庭、小区会如何变化？例如，你会不会借由与他人坐在一起、聊聊有趣的话题，来建立亲密的联结？说笑话？超越他人的期待达成承诺？帮别人一把？倾听他人？引出他人的故事？你习惯用什么风格？你还可以熟练使用哪些其他风格？

在田野中的实践建议

- 找出一个你想要获取更多非正式影响力的对象。然后连续三周超出对方的期待来达成你答应他要做到的事。

- 成为举办活动的好手。设计新的活动把人们聚在一起，这可以是在一场困难的会议之后邀请大家一起喝一杯、举办午间聚餐，或是庆贺某人的成功，帮助大家和你、和彼此之间建立联系，借此建立你的关系资本，以备困难时刻所需。

- 试着在每一场会议前提早抵达并且晚点离开。在会议开始前花点时间与其他参与者建立联系，并且在会议之后和部分参与者反思会议。会议之后的空档提供了珍贵的机会，让你能够强化与他人的联结、知道大家对于会议中讨论的内容有什么想法，并且辨识潜在的联盟与派系。

寻找盟友

在没有盟友的情况下带领调适性介入方案，就像是在身上没有保暖大衣的情况下走在寒冬的美国纽约州水牛城中，尤其是当你想要引领变革的群体或组织有超过 20 名人员。在这样的条件下，政治情势的复杂程度已经不是任何人能独自应付的。

在你公开你的方案之前（不论是隆重地昭告天下，或是在一场会议中简单提起这个主题），你必须有足够的支持让你的介入方案（以及你自己）在行动展开后还能持续存活。你要在哪里开始建立联盟？回顾你在本书第二部分、第 6 章"审时度势"所填写的（见表 6-1）。找出最有可能支持你的利益相关方是哪些人。潜在的盟友会与你在调适性挑战当中有相近的利益以及观点，并且能够在你介入成功的时候获取最多好处。同时也找找那些虽然与你没有共同利益，彼此却也没有冲突，而且能够借由与你结成伙伴而获得某种好处的利益相关方。例如有些人即使在当下的议题没有什么特别的利害关系，却可能会认为与你结为伙伴，或是与你的某些伙伴结为伙伴，长期而言能够为他带来某些好处。此外，过去曾经受惠于你，或是与你有共同经历的利益相关方（例如曾经上同一所学校，或是在工作上面对相同的困难或个人经历）也可能是你的盟友，而那些认为你代表组织的某种正向事物（例如核心价值观、组织的未来、多样性）的利益相关方，也可能是你结盟的对象。再者，特别注意那些乍看不可能合作的盟友。例如过去曾经反对你的提案的人，或是他所属的部门与你的部门处于竞争关系，如果可以获得他们的支持，就会特别有说服力。与看似不可能的对象结为盟友，能够对你的反对方或是还没拿定主意的人带来强烈的影响。特别留意那些组织中不同部门的子派系（例如你们可能有过共同经验），他们可能提供机会，让你能够在不是特别支持你的方案的部门获得一些盟友。

因为盟友所在的圈子与你不同，所以除了对你以及你的观点保持效忠，他们也需要对其他对象保持效忠。他们可能是你个人或家族亲近的友人，但是因为他们在组织中的圈子与你不同，他们众多的效忠需求之间可能会相互竞争。理解他们的效忠需求能使你保护这些美好、有时可能是长期的关系。（见"哈利怎么了？"）

案例：哈利怎么了？

在一家汽车生产商的高层工程部门，杰克（Jack）与哈利（Harry）有着良好的关系。哈利是杰克的同事，而且他过去曾经与杰克在一个跨部门项目中有着不错的共事经验。某天杰克与哈利受到指示为一款新车设计底盘，让这个底盘能够很容易地被修改以符合欧洲与美国的标准以及市场的需求，而且他们需要与德国和美国底特律的工程师一起协作完成底盘的设计。然而，这两地的工程师从来没有一起共事的经验。哈利与杰克在底特律分别为不同的设计团队工作，而且在杰克看来，哈利很能理解他对于这项设计工作以及与德国团队共事的想法。他们花了很多时间讨论各种议题、如何有效协同，以及如何提升效率。此外，杰克也觉得不论是在理智上或情感上，他和哈利都是同一阵营的。

在筹备一系列重要设计会议的过程中，杰克与哈利碰面并且分享了他的想法，而哈利在杰克分享他的创新想法的时候也一直点头与微笑。杰克认为哈利的回应让他很有收获，也让他备受鼓励。一切看起来都很有希望，而且杰克也确信当他的方案执行时，哈利会全心支持。

一周之后，杰克、哈利以及多位底特律工程师进行了他们的第一场大规模重新设计会议。在会议中，哈利仿佛变成了另一个人。杰克的创新想法是议程中的高优先级讨论事项，而且每个人都有在会前收到一份书面简介。但是，当杰克请大家说说他们的反馈，以及他们在回到各自部门后会如何向他们的团队介绍这个创新想法时，哈利沉默不语，这个状况可让杰克糊涂了。杰克觉得哈利是一个不再值得信任的人，甚至是个骗子，或者至少是一个懦夫。杰克对此感到失望透顶，而且觉得被背叛，所以他也不再跟哈利说话了。

但是实情与杰克想的完全不同。也许哈利可以做得更好，让杰克知道他因为碰到了一些麻烦而无法支持他。但是平心而论，大部分的人并不擅长这种对话，尤其是当对方是他们喜欢的人或他们需要依靠的人的时候。事实上，杰克完全没有察觉哈利的内心挣扎。一方面，哈利同意他们需要改变，甚至对于提出整合且更为模块化的新车设计，他也和杰克一样感到兴致勃勃。另一方面，哈利在让他的团队接受杰克的想法时碰到了大麻烦。如果哈利要求他的团队在工作方式上作出大的改变，他与团队成员长久以来所建立的关系就会岌岌可危。对于杰克的创新想法可能会对哈利的团队造成的影响，杰克的提案并没有考虑到这一点，所以哈利退却了。当哈利点头微笑的时候，杰克只看到他想看的。但是杰克从未真正探询过他的提案可能会造成什么问题。

除了感到自己被欺骗以及撒手不管，其实杰克可以探询哈利的想法，但是他却没有这样做。他其实可以和哈利坐下来，并且问问对方："我相信你之所以会退缩一定是有重要的理由。有什么状况是我之前该注意却没有注意到的?"

与敌对阵营保持联结

再次看看表6-1,谁最可能反对你尝试要做的事情?潜在的敌对阵营指的是那些与你抱持不同的观点,并且可能会因为你的方案而遭受最大损失的利益相关方。

一旦你辨识出了敌对阵营,与他们保持密切接触,花时间与他们互动,多探询他们对你的方案的想法,密切倾听他们所看到的现实(尤其是那些与你所看的现实不一样的部分),并且根据他们的热度评估你正在对他们施加的压力,以及评估他们感到绝望的程度。定期与他们喝杯咖啡,邀请他们参与会议,并且让他们知道你重视他们对于你的方案的观点与洞见。当然,花时间与"敌人"共处并不是什么特别好玩的事。最近我们花了很大的力气,试图说服某个正在推行调适性变革的政府机构的首席执行官,希望他花时间与代表着许多蓝领阶层的工会干部互动,尽管这些工会代表在每个场合都会与他针锋相对。可想而知,他并不期待受到这些工会干部的辱骂,就像是这些干部在其他会议对待他的方式。但是,如果他希望可以赢得一些干部的支持,找出更具整合性的解决方案,或是至少不要让他们妨碍他的工作,那么花时间与这些代表互动就显得非常重要了。

反抗你方案的人,是那些觉得受到你的方案威胁的人。他们可能不认为他们有能力作出你所建议的改变,并且担心他们可能会失业,或是认为他们的处境会因为方案的执行而变得更糟糕。你或许会同意或反对他们的认知,然而正是他们的认知对于你能否达成目的有着重要影响。克制任何想要"纠正"这些人的冲动。我们的经验指出,这种做法可能徒劳无功,而且你也可能强化了他们的抵抗而倒打了自己一耙。(没有人喜欢被告知他们"不应该那样觉得"。)相反,你尝试在做的事情可能不符合他们的利益。慈悲心与同理心是关键的工具,能够帮助你更多地理解敌对阵营可能会遭受的潜在损失。

同时，真诚的同理是带有后果的。如果你真的理解你的方案可能会为敌对阵营带来的损失，你必须承担造成他们损失的责任。从你的立场看，眼前的调适性挑战不是你造成的，而你的目的只是想动员人们处理问题；你不是存心要让他们的人生受到煎熬。当你能对即将遭受损失的人们抱有慈悲心，你可能更加无法一股脑地去推动你的方案。

你的利益相关方会望向你，希望你可以告知他们某种确定性，从而让他们不会担忧自己即将付出的代价是没有价值的。同理你的敌对阵营可能会让你扪心自问："我是否真的在做正确的事情？"如果你开始怀疑自己的动机，你最后可能会修订甚至废止你的计划，或是损害某些盟友对你的信心。

但为什么要强迫自己花时间与反抗者相处呢？跟他们面对面相处，比起你在他们脑海中想象的样子，让你看起来比较没那么"邪恶"。纯粹地只是花时间出现在他们面前，可以多少削弱他们对你的敌意，并且因此软化他们想要阻止你方案的决心。基于这个理由，当马蒂就媒体关系向他的客户提供咨询时，他总是鼓励人们接受邀约去参加敌对的谈话性电台节目，或是在敌对阵营的听众前发表谈话。"福特的故事"提供了另一个例子。

案例：福特的故事

在杰拉德·福特（Gerald Ford）担任美国总统期间，他前往美国海外作战退伍军人协会（Veterans of Foreign Wars），宣布他将给予部分越南战争示威者有限度的特赦。他决意要平复美国人在"水门事件"及越南战争所受到的情绪创伤。

他知道如果能够对最有可能强烈反对的团体传达特赦的信息，他就能更有机会达到这个目标。他相信在协会当中有几类不同的人，有的极为重视勇气；有的成员则是因为有家人反对越南战争而与他们渐行渐远。福特相信如果他在向全国宣布特赦之前，先向这群人宣布并且在他们面前展示他的勇气与同情心，这些人就比较不会反对他的特赦计划。

你之所以要花时间与反抗者相处还有另一个原因：借由与他们会面，你可以认识到你正在要求对方所作出的牺牲，以及这些牺牲对他们而言有多么艰难和痛苦。对于某些人来说，这就是他们需要听到的。当他们听到这些，就可能会降低对你以及你的想法的敌意。有些人实际上可能会变成你的支持者，而其他人可能会降低他们的反对音量。

花时间与敌对阵营相处，可以让你第一手地评估他们从你的方案中感受到多大的压力，于是你就可以调整你的做法。例如，假定你与工会干部会面以商讨一项成本削减方案，这个方案会需要员工为他们优厚的医疗保险计划分担更高的费用。借由观察对方在非正式交谈时的肢体语言以及非言语式的暗示，你可能会获得一些在正式场合无法获得的信息，而这些信息可能会让你知道维持现有的福利——相较于砍去他们的其他费用——对他们有多重要。

向上影响

对于任何你想要引领的介入方案，你的上司以及其他资深权威是不可或缺的。为了维系他们对你的支持，你不能只是思考他们个人对于你试图处理的调适性议题会有什么感受。第一，你必须帮助他们准备面对你即将在组织内引发的失衡状态。第二，一旦失衡状态出现，你必须从他们身上来"读取"信号，以了解组织可以承受多高的热度。

在一些顾问项目，我们受邀和组织首席执行官及高层管理团队的下一层或下两层的成员一起共事。从过去的经验中，我们学到我们得先跟那些位于组织最高层的当权者会面。至少我们会告诉他们，在介入方案开始推展之后，他们可能会遭遇哪些抵制，然后我们会试着让他们稍微体验在最严重的情况下，他们会面对什么样的抵制（对于困惑的抱怨、冲突，或是在三天议程的第一天就要求把我们撵走）。这样一来，他们就能对他们的同事可能会有的经历感同身受。我们会使用高层对这些信息的反应，来对我们的工作作出更好的调整。"搞定北欧航空的董事会"提供了另一个例子来说明这个流程的作用。

当你在试图领导调适性变革的时候，搞定资深权威能够为你带来许多好处。比起基层成员，位居组织高层的成员更能看到全貌。一家上市公司的首席执行官会密切注意外部环境的需求与趋势，而组织大部分的其他成员则不会直接受到华尔街与媒体的压力。因此，首席执行官可以预见你的活动可能会在外部环境产生的后果。

但是组织高层对于组织内部也会有宽阔的视野。首席执行官会在组织内部获得来自广大成员的反馈与压力，因此他会是称职的压力计，能够让你知道整个组织对你的方案的反应。

此外，这也可以帮助你评估你的介入方案在组织内的进展。如果你留心去看，就会留意到所有的线索都有了：观察资深权威在私下与公开的场合如何与你互动、他对于你的方案有什么说法，以及这位资深权威如何运用他的政治资本。这些观察可以告诉你首席执行官因为你的工作而受到的压力。在具备这些知识的情况下，比起只是依赖你自己第一手获得的信息，你就能够更好地校准你的施力在组织中所产生的效果。

案例：搞定北欧航空的董事会

北欧航空的前首席执行官詹·卡尔森（Jan Carlzon）在他的经典著作《关键时刻》（*Moments of Truth*）中，叙述他如何在领导变革方案以提升顾客服务的过程中向上管理，也就是如何搞定北欧航空的董事会成员。[1] 为了保持公司的竞争力，卡尔森决定要给一线员工更大的自由度，使他们能够提供给顾客更好的服务，从而提升顾客忠诚度。为了发挥这样的自由度，票务人员、空服人员以及行李搬运人员需要有更大的权限，使他们能够做一些有时可能会在短期增加公司成本的决定（例如提供退费，或是把乘客转到其他航空公司的班机）。卡尔森深知如果这个方案要带来预期的效果，就需要组织发生广泛的文化变革（并且引起大规模的失衡）。

为了让董事会做好承受这种失衡的准备，并且让董事会愿意支持他的变革方案所需要承担的风险与投资，卡尔森与董事会进行了一系列的会议。在会议中，卡尔森促使董事会想象，他们想要阻止方案的推行可能会面临多大的压力。如果卡尔森没有采取这一步，反对这项重新分配权力的公司成员（这类人在公司有很多，尤其是在高阶管理层）可能就会到董事会，控诉卡尔森这位"异端"是通过某种"手段"才当上首席执行官，而董事会成员可能就会开始质疑是否该继续支持卡尔森的方案。

　　除了对这类可能的反抗采取先发制人的行动，卡尔森其实还想得更多。通过促进董事会的参与，他自己也能从董事会成员的知识中获益。当时卡尔森正要踏入未知的领域，而他为北欧航空所筹划的运作方式，与大部分航空公司的运作方式很不一样。许多董事会成员在商业与政治运作上有丰富的经验，并且也针对如何管理这场变革提供了许多有益的想法，这让卡尔森从董事会成员长期积累的智慧中获益匪浅。

承担伤亡的责任

　　调适性变革会造成伤亡损失：组织成员可能会因此失去他们所重视的东西，这些可能是他们熟悉的做事方式、地位、工作，或者如果是在军队中，失去的可能会是性命。如果你正在试图施展调适性的领导力，你将会需要为这些不可避免的伤亡损失承担责任。这意味着你需要关注那些遭受伤亡损失的人：花时间与他们互动、承认你在他们的困难处境中所扮演的角色，并且寻找方法帮助他们走过这个历程，或是以另一种方式延续他们的生涯。当你用这些方式为伤亡损失承担责任，他们当中的某些人甚至可能会在某些时机站出来支持你的方案，尽管这个方案把他们置于危险之中。

　　在策略上也相当重要的是，这么做也是在与那些受害者的盟友沟通：如果这些盟友看到你以有温度的方式对待他们的盟友，他们可能会对你以及你的方案怀有更多正面的观感。如果他们看到你用麻木不仁的方式对待他们的朋友，他们就会多一个理由不支持你的方案。

　　这么做也是在释放一个信号：你会为你的决策与行动所带来的后果承

担责任。而这可能会让组织其他成员也产生类似的责任感。

保护并且促进不同意见者的持续参与

不同意见者指的是那些唱反调、质疑的人，他们不仅质疑方案本身，也会质疑议程上的所有待讨论的事项。他们喜欢唱反调。但是，他们对于调适性变革方案的执行是相当重要的，因为他们就像矿坑里的金丝雀，或早期预警系统。很多时候这些人令人感觉恼火以及没有建设性，但他们具有超乎寻常的能力，提出真正困难的关键问题，这些问题可能是你长期以来不愿意面对，或是其他人不愿意提起的问题。在许多组织，不同意见者会被边缘化、禁言甚至开除，这会让组织失去这些不同意见者能够发挥的重要(尽管不受欢迎)功能。

你如何保护不同意见的人呢？如果你在组织内有正式的权力，当有人在某场会议或谈话中表达相反的观点或是提出敏感的问题，你必须记住在场每一个人都在观察你的回应，借此决定他们该如何反应。因此，对于那些看起来具有颠覆性或革命性的想法，展现开放的态度是相当重要的。

想象在一场会议当中，有人表示他担忧公司的新策略可能不符合公司的价值观。借由让这个担忧被提出来并且被公开探讨，你可能会发掘出许多原本不会被说出来的观点，而且你可以更深入地了解个别成员与团队集体的价值观。

如果你在组织内不具有权威角色，你还是可以借由一些方式来保护不同意见者，例如认真对待并倾听他们，试着从他们说的话当中找出有用的洞见，而未必要为他们的观点背书。仅仅是要求他人让不同意见者把话说完，或是问大家能否从不同意见者的观点中找出可供学习的地方，这不但可以保护这些人的观点，也可以让其他具有挑战性的观点能够发声。

除了上述提到的，以下是其他让组织内的少数观点可以被听到的要点：

- 在令人不安的意见被提出来之后，审慎地介入以避免那个意见被扼杀。

- 在会议议程上保留时段，让人们能脑力激荡、探索创新的想法，承认"房间里的大象"的存在，也就是团体中敏感且没有被承认的议题。
- 把高潜力的新进成员与资深成员配对，让资深成员引领新成员穿越组织的政治"地雷区"。
- 颁发年度奖励给最有帮助的不同观点。
- 举办外地论坛、午餐研讨会，利用僻静场所以及其他场合，让人们可以卸下平常的角色，并且让人们更安全地提出激进的想法。
- 在会议结束后到处溜达，这样你就可以支持人们进行非正式的回顾，让一些不好说的想法有机会发声。
- 设置匿名意见箱，并且在每一场员工大会把搜集到的意见读出来。

走在田野中的实践建议

- 想一个你正在考虑推动的调适性变革方案。填好表 10-1 的表格，借此发展策略来针对我们在这一章所提到的五种群体采取政治行动：盟友、敌对阵营、资深权威、伤亡人员以及不同意见的人。

表 10-1　助你边行动边感知的策略

你的调适性变革方案：

1. 盟友

谁可能成为你的盟友？	他们可能会是盟友的原因？	他们的主要目的是什么？（支持你？方案本身？组织?）	这位盟友如何能够为你方案的执行带来最大的帮助？

2. 敌对阵营

谁可能是你的敌对阵营？	他们可能会是敌对阵营的原因？	如果你的方案成功了，他们可能会失去什么？	你如何化解他们的反对，或是让他们站在你这一边？

3. 资深权威

对于你介入方案的成功，哪些人是最重要的资深权威？	他们重要的原因？	关于组织如何看待你的介入，他们释放了什么信号？	在你的方案执行过程中，你可以说些或做些什么来确保他们的支持？

4. 伤亡人员

谁可能会是你的介入方案的伤亡人员？	他们会失去什么？	什么样的新技能会帮助他们在变革中存活下来，并且在新的组织中蓬勃发展？	你如何帮助他们获得这些新技能？	有哪些伤亡人员需要离开组织？	你如何帮助他们在其他方面获得成功？

5. 不同意见者

谁是组织中的不同意见者——也就是那些经常发表激进想法或是提起禁忌话题的人？	他们提出了哪些对你的介入方案有价值的想法？	你如何促使他们的声音被听见？	你可以怎样保护他们，让他们不被排挤或禁言？

第 11 章　用冲突编出铿锵之声

把冲突视为演奏交响乐的过程是一门重要的修为。它需要我们将这个过程视为迈向更好未来的必要步骤，需要忍受人们无法好好共事的时刻，并且要相信走过困难处境后能够巩固人们的集体努力与承诺。

例如我们一直在一个大型学校体系的案子里工作，而这个体系里的中学老师希望学校大部分的毕业生能够进入大学就读。目前只有一小部分的毕业生能够进入大学，然而教师工会已经用尽了一切人们认为可用的方案，例如延长上学日的在校时间以及更少的自动升级（即使学生学业表现不佳，也让其继续升到下一个年级）。然而就老师的观点而言，他们已经过度工作且薪资过低，而且把太多时间花在处理学生纪律问题而非教学工作上。

为了缩小期望与现状的落差，学区的教育总监必须想办法将这些冲突浮上桌面，并且让老师们能够自行处理这些冲突，而不是她为老师们处理这些问题，以免最终反过来让她自己变成问题的焦点。要浮现这些价值观的冲突，并且在老师们处理问题的时候能够稳住自己，这是需要信念、勇气与自律的。老师们经过了大量激烈的意见交流，甚至到了嘶吼呐喊的地步，教育总监克制住自己不要出手介入，让老师们持续对话，结果老师们开始面对他们对学生的期望以及工会当前立场之间的落差，并且提出了他们自己对于变革的想法。

每个人都有各自忍受冲突的能耐。有些人对于经历冲突感到自在，但是大部分的人则会完全逃避，或是想要尽可能地快速搞定它。但是在组织表现不如期望的时候，浮现相关的冲突是不可或缺的。为了做到这件事，我们需要某种处理冲突的方法，厘清那些与组织运作问题有关而尚未被公开承认的观点差异，而这些组织运作的问题，可能就是让组织无法达到它所信奉的理想背后的原因。组织承诺当中存在着许多可能是相互打架的愿景、价值观与观点，即使它们从没有被清楚地说出来。

你也可以想象，用"用冲突来谱曲"绝不容易。对于要"编排"这些冲突的人而言，他需要能够忍受许多的敌意。对于许多人来说，处在冲突的泥泞与热度当中是极其难受的。这是为什么许多组织在回应冲突或潜在的冲突时，往往使用其他更简单但无效的方法。例如，他们会：

- **什么都不做。**这是最简单的回应方式。组织系统会奖励那些没有打乱平衡的人，以及那些没有借由把冲突公开化而让情况变得更混乱的人。但是当人们允许冲突处在未解决的状态，组织通常不会有任何改变。

- **以"要么打要么逃"的二元反应模式。**在前面提到的中学案例中，教育总监必须努力让那些偏好让一切保持在平稳且未解决状态的教师派系能留在当前的局面里，同时，她也必须与那些想要责备他人而自己却不承担责任、与他人争论而自己却不倾听的派系一起共事。

- **向权威求助。**组织成员偏好依赖拥有正式权力的人化解冲突。有影响力的权威往往被期待尽其所能地保持局面的平稳而不引发改变。如果前述中学案例的教育总监自行界定问题，并且以他人所期望的强力权威的姿态来处理问题，就可能会让她自己变成问题了，把老师们的注意力转移到她自己的行为与选择上，而不是聚焦在他们的实际工作上，包括让更多孩子待在学校、有好的学习表现，并且顺利上大学。

我们从音乐界借用了管弦乐编曲（orchestration）这个概念，是基于作曲家运用不协和音（dissonance）与协和音（consonance）来创作和声的方式。作曲家一般会把不协和音视为和声的必要成分。只有协和音的音乐或音乐类型是非常少见的［例如格里高利圣歌（Gregorian Chants）］。如果只用协和音，会让音乐有一种永恒、静止的感觉。不协和音能为音乐带来张力（tension），让听者自然地想要某种和解（resolution）。作曲家深谙此理，所以他们会把两个或多个不协和音符放在一起，让人听起来感觉不太对劲，然后他们会借由加入听起来比较对的协和音，来用不同的方式解决不协和音所形成的张力。对于作曲家而言，和音的艺术就是有创意地运用不协和音与协和音，把它们编织在一起来创造张力、一种前进感、和解，然后张力再次出现，通常直到最终的和解为止。

组织与社群向前推进也是来自于创造性张力的差异。通过适当的"乐章编排"，这些差异就会整合为一体。那些搭在一起听起来不对劲，而且可能永远听起来都不对劲的意见与观点，被编入了更大的整体，作为整体的一部分，它们就变得不可或缺。处理这些意见与观点的差异，能够带给我们希望，让新的融合浮现，这可能是一项新的实验或是新的能力。人们从接触不同的观点中学习，而不是揽镜自照或是只倾听那些跟自己和谐一致的观点。

如果你想要在调适性议题上取得进展，你必须寻找、浮现、酝酿，然后小心翼翼地处理并化解冲突，而不是把它们视为需要被抹杀或控制的对象。把组织的和谐看成经过巧妙运用冲突获得的新的解决方法。如果想要获得真正的铿锵之声，而不是肤浅的和声，冲突会是你必不可少的资源。

"编出铿锵之声七部曲"介绍了如何展开浮现并处理冲突的流程，进而在调适性议题的处理上取得进展。你可以把这些步骤视为单一活动的议程，例如连续数天的共识营，或是在一段较长的时间取得进展的流程策略，而这段时间可能会包含多次、短期的介入。

编出铿锵之声七部曲

1. **准备。**在把组织内的派系齐聚一堂并且浮现冲突之前，先把你的功课做好。每一个派系在冲突的关键节点上的立场是什么？他们最在意的是什么？他们害怕失去什么？事先与他们聊过能够让你获得非正式的影响力，使你能够在困难时刻来临的时候，维持他们对你的信任。

2. **设立基本规则。**提出让人们能够安全讨论冲突的规则，例如承诺保密、在会议期间把手机及电脑等关掉、在冲突面前对事不对人，以及集思广益。设定议程。运用总体使命与当前调适性挑战来构建议题。

告诉参与者，他们随时可以决定是否要把该议题置于讨论的焦点。为了帮助大家热身，你可能需要运用一些活动或其他情境的案例，来让大家以模拟的方式而非直接的方式处理议题。

3. **把每一个观点都放上桌面。**邀请每一个派系说明有哪些因素影响了他们如何看待这个调适性挑战与各种相关议题，这些因素包括他们的价值观、需要对某些对象保持效忠以及他们的能力。他们对于其他不在场的人有什么承诺，而那些不在场的人对于这个调适性挑战抱持什么观点？他们认为的潜在且没有协调余地的损失是什么？

4. **为冲突进行"编排"。**针对你所听到的相互冲突的主张与立场，进行直言不讳且公允的陈述。当人们开始看见那些相互冲突的价值观是如此地深植人心，以及每一个派系是如此极力避免承担任何损失，张力就会增加。留意人们寻求避免冲突的迹象，例如试图对彼此的差异轻描淡写或是转移话题等。作为一位善用冲突的编排者，你必须持续提醒大家对话的目的，也就是为什么他们要进行如此困难的对话。

5. **鼓励接受并处理损失。**给每个人或派系一个机会，让他们针对自己要求各个派系即将付出的损失及其本质，更彻底地反思。告诉他们有些损失是必须的，但让大家可以有时间与这些损失共处（也许是数小时，也可能是数日、数周或数月）。请他们考虑，他们将如何面对自己的支持群众，以及他们可能会如何重塑支持者的期待以及与支持者之间的效忠关系。请他们持续反思，并且对反思的内容保密。

6. **生成并承诺参与实验。**探讨个人要进行的实验以应对其背后的支持群众，以及面对这个调适性挑战集体要进行的实验。对于要进行的数个实验形成共识后，可以视情况依序进行或是同时进行。此外，让人们承诺在实验获得足够数据之后再次聚首总结习得的教训与心得，并且评估个人与集体实验的结果。

7. **设立同辈之间的领导力咨询机制。**要让个人或集体作出向前推进的承诺是相当不容易的，因为这些承诺需要人们作出若干艰难的决定，包括谁会承担什么损失，每一个人会如何把经过大家同意的后续工作带回到自己的支持群众面前，以及支持群众需要作出什么调适来执行集体的实验。为了把成功的可能性最大化，你需要设立同辈的咨询机制，使人们可以针对他们给彼此带来的领导难题展开系统性的相互咨询。对于预期会在自身支持群众中遭遇的阻抗，他们可以如何帮助彼此分析那些阻抗的源头？他们可以如何重新设计实验及其执行方式，借此把这些阻抗纳入考虑——例如针对跨界项目调整推进的步调、排序或框定的方式？位高权重的人一般会小心翼翼地把他们的领导难题藏起来，或者不会主动分享出来。所以要求他们相互咨询对他们来说是一种新的行为规范，而且有可能他们一开始会感到困难。你需要让你的团队为整体负起共同的责任，因此一位团队成员的难题也会是所有成员的难题。

利用冲突进行"编曲"需要勇气，而需要的程度也因人而异。借鉴人们通过编排冲突来领导调适性变革的经验，我们基于这些经验所观察到的特征，提供以下的建议：

- **拓展你个人对于冲突忍受的边际。**为冲突编曲需要你自己能够忍受高强度的冲突，而且可能会远超出你平常习惯的程度。
- **与对手周旋。**你将需要与不友善或是敌对的派系互动，并且依照他们的规矩（而不是你的）来让他们参与调适性变革，即使他们的规矩对你来说毫无道理可言。而且这也意味着你可能会需要承受一些人的不悦，包括那些被你视为核心的支持群众、你需要表示效忠的主要对象，或是你的所属派系。（"为什么你竟然会跟那些家伙坐在一块？"）
- **接受他人的支持，即使你不认同他们支持你的理由。**把敌对的群众聚在一起，往往意味着让他们发表可能会让你反感甚至厌恶的论述。不同派系之所以会同意参与或是同意某个特定的行动步骤，其动机与原因可能大不相同。你所要寻求的是在议题上取得进展，而人们会有他们自己的方式。我们其中一个提供专业服务的客户组织，他们的薪酬体系是持续地让他们信奉的价值观一直处于"讲一套做一套"之中。把薪酬体系与他们的价值观对齐是一个激烈而动荡的过程。这个调整会造成物质报酬上的赢家与输家，部分成员愿意采用新的薪酬体系的原因也让我们感到不安，例如采用新的体系可以贬低他们不重视的产品线。

- **调适你的沟通风格。**如果要成功为冲突编出铿锵之声，你可能需要改变你的沟通风格，帮助相互敌对的派系共同处理议题。例如你可能需要展现比你真实感受更强烈的自信与希望，借此避免大家起身走人、离开会议室。或是你可能需要变得强而有力甚至愤怒，即使你不喜欢自己变成那个样子。如果调适你的沟通风格或举止，会让你觉得自己在操弄他人或不真诚，你需要不断提醒自己是为了什么目的：帮助各个相关方变得更真诚，使他们可以辨识、检查并且穿越他们的冲突，进而迈向某种整合性的解决方案。

以下做法可以帮助你克服上述的困难，并且大大地提高你的成功机会。

创造一个能承载彼此的空间

一个能够承载彼此的空间是将所有人连接在一起并共同聚焦在他们尝试要做的事情上的"容器"。在"容器"内，各种人为因素的凝聚力抵消了分化与割裂的力量，并且提供了一种让人们能够在其中运作的空间。事实上，每一种群体——从家庭到国际组织——都有提供某种能承载彼此的环境，让群体成员可以有效地协作。我们会用"压力锅"比喻这种承载空间，任何使用过压力锅的人都知道，有的压力锅比其他的要强（例如家用压力锅相对于工业用压力锅），这取决于压力锅钢材与锅盖的强度。

"承载空间"（holding environment）这个词最初用来描述每个人生命中第一次"被托住"的感觉：一位妇女用手臂怀抱着新生儿并且提供食物与安全。[1]自从孩子出生，母亲与孩子之间的连接就是如此强壮，即使当孩子呕吐、哭个不停以及把母亲推开，母亲仍然会抱着孩子。如果母亲束手无策，她就会把孩子交给其他人照顾。有时候孩子被养育在非常脆弱的承载空间，当他们一闹事就会被推到一旁并且被遗弃。当这件事发生的时候，几乎每个社会都会有扮演承载空间的支持机制，例如几代同堂的大家庭、收养家庭、领养服务、社会服务机构，以及法庭系统。作为最后的手段，监狱也可以作为一种承载空间来收容人们，并且让他们有最后的机会接住他们自己，进而能够表现负责任的行为。

在组织从事调适性工作的时候，你必须创造或强化可以承载彼此的空间，来提供给人们安全性与结构，使他们能够浮现并讨论在挑战情境所面临的特定价值观、观点以及创意想法。在团体成员处理冲突的过程中，事情会变得棘手，人们可能会开始与彼此切割，到处四散并且退到他们各自的角落。如果调适性工作越困难，就需要有更强大的承载空间来容纳这些分裂的力量。

承载空间的构成元素可能会因国家、组织、种族与性别而异。对于热爱冲突的纽约客而言，他们所需要的强力承载环境，可能会与日本人需要的强力承载空间有所不同。但是不论在哪种文化，还是有些共同元素能够强化把人凝聚起来的联结，并且抵消被浮上台面的张力。一些共同元素包括：

- 共同语言。
- 共同的指引价值与使命。
- 过去一起共事的经历。
- 由爱、信任与友情所构成的横向连接。
- 对于权威与权力结构的信任所构成的纵向连接。
- 在工作团体这种微观层次，拥有舒适座椅、圆桌以及保密规则的会议室，还有能够鼓励人们表达想法的流程。

为了更具体地描述强有力的承载空间组成部分，我们再次使用共识营作为实际且带有比喻性质的例子。

共识营的目的，是要把人们从办公室带到不同的地方，使他们对于不会在日常工作中处理的议题，能够获得新的观点与焦点。共识营也常被用来处理冲突。这类的承载空间希望能创造一定程度的信任以及开放式讨论，而这些元素通常不存在于平日的工作场合。

许多因素经常会被纳入共识营的设计考虑：场地布置、行政支持、与报告及保密有关的行为规范、共识营一开始的"把脉"，以及确保大家遵循会议中形成的决策与承诺的问责机制。但是，当你在处理一些调适性工作时，以下我们所建议的做法就显得特别重要。

在共识营之前

- **协助资深权威为扮演不同角色做好准备。** 在共识营里，所有人的目光都会集中在资深权威身上，借此搜寻线索决定自己要多认真地看待这个活动。资深权威是否出现在会议开始之后，为了接电话而离开场地，或是在某人说话时打起瞌睡？如果资深权威持续发号施令或是提供答案，这会让其他人觉得他们完全没有离开办公室。大家很快就会停止提供他们自己的想法与意见，变成只是等着老板发言。所以在共识营开始之前，提供资深权威所需的辅导，以阻止他表现上述以及其他会让对话中止的行为。有时候我们会使用一种标准来判断资深权威是否有扮演不同的角色，也就是如果有人能够看到整个共识营的影像记录，他将无法分辨团体中哪个才是资深权威。

- **在共识营前的调研要辨识出隐藏的视角与冲突。** 借着与部分或是所有参与者进行一对一的谈话，询问他们认为是什么问题促成了这次的共识营？他们认为这个问题对于组织有多重要？（如果他们对于"问题是什么"没有一致的看法，或是不认为那个问题很重要，那么这个状况本身就会变成当下团体的问题。）他们有什么期待？他们担心这场共识营会忽略什么关键议题？成功的共识营看起来会是什么样子？

在共识营进行期间

- **建立新的流程。**比起人们经常在办公室产出的具体成果如销售、策略、报告，为了帮助人们获得比较不同、无形的"结果"（例如化解某个冲突），他们需要一个不一样的流程来帮助彼此之间的互动，才能产出这类结果。新的行为规范要能够释放信号，让人们知道这场共识营的目标与人们平常在公司处理的工作完全不同。如果人们在平日工作中不常用名字来称呼彼此，你可能会在这里请大家这么做。在流程当中分别设计个人与集体反思的时间。说明调适性工作要比技术性工作棘手，并且把冲突"正当化"。请大家在局面变得困难的时候还是继续待着。雇用外部引导师或是由参与者轮流引导，借此确保大家不会落入熟悉的角色当中。

- **注意序幕是怎样被拉开的。**密切注意活动开始时发生的状况。一个笑话、一个轻松的评论、索取资讯，不论活动一开始发生了什么，都可能会透露一些重要的信息，包括团体的情绪状态或是存在于现场的议题。如果有人对于资深权威没有坐在主位而被开了个玩笑，那可能意味着团体当中的一个议题是关于大家与权威的关系，而且也意味着当局面变得困难时，人们会因为老板没有来掌控局面而感到讶异。

选择与会者：谁应该参与其中？

如同你会在烹饪之前已经选好把哪些材料丢进炖锅，对于你试图处理的议题，你必须针对你想要协调的冲突进行对话，小心选择参与共识会的成员。

决定要让哪些相关方参与是一个策略性的决定：谁必须参与审议，并且以何种顺序？让太多相关方参与会超出人们学习以及相处的能力。但是如果你在参与者的选择上不够包容和多样，你则会面临另一些风险（例如会产出考虑不够完善的解法）、针对错误的问题设计，或是更糟地把一些重要的相关方排除在外，阻碍了持续变革的动力。或最起码，要是你选择了比较少数的群体参与共识会，你必须持续注意有哪些视角在过程中有可能会被忽视。

以下是你可以考虑的关键问题：

- 为了在这个挑战取得进展，谁必须学到些什么？
- 某个相关方是否代表了某些重要的支持群众，而这个群体的改变对于更大社群的进展是否扮演着关键的角色？
- 是否有任何一方的视角引发过多的压力，包容这个视角将会破坏建立任何形式同盟的努力？
- 有哪些相关方的存在，对于中长期的发展很重要，但在短期之内却不重要，因此他们的视角也可能在早期被排除在外？

挑选参与的成员是一件不容易的任务。为了效率与秩序，你可能倾向把代表各种功能与群众的参与人数降到最低。但是为了推进调适性变革，你可能想要拓展对于"谁需要被纳入"的定义。政治考虑也是重要的。对于谁被纳入以及谁没有被纳入，办公室里总是会有许多流言蜚语及解读。

在《并不容易的领导艺术》里我们讨论过这种两难，并且提供了一个框架帮助你在选择参与成员的时候能够判断你要把网子撒到多宽多远。[2]

如果冲突需要一个临时解，这意味着你可能因为当下的需要而选择较少数的利益相关方参与其中。但必须注意的是，如果需要化解的冲突占用越多调适性领导的工作量，你则越需要重新定义谁该参与以求纳入更多必须参与的人。但是，如果参与对话的人数越多，参与者对于讨论主题带有强烈主观意见的机会就越大，而对话现场也越可能被这些个人的偏颇所绑架。疾言厉色、攻击性的主张，还有个别的视角与利害关系，可能会让其他成员抽离、离开现场，或是拒绝为对话作出贡献，借此损害你承载这个冲突的所有努力。当然，所有这一切都是有用的资料，帮助你辨识深层、不同视角之间的冲突，但是你可能也会为了把各方整合成一个可以"交响"

的团体而伤透脑筋。

同时，排除或是纳入相关方的好处与成本也是起伏不定的。在战术层面，你必须决定要在什么时候让哪些相关方参与进来以调整工作的步调。然而，能够纳入多一些相关方对建立长期的调适性能力会有所帮助。更多相关方的纳入强调关系网络中的成员愿意相互尊重，与大家共患难建立更稳固的协作关系，在面对未来的危机时，你也能够有更多反应的可能性。纳入不同相关方不仅是完成当前调适性工作的手段，同时也是为未来打下基础的一种方式。

调温

人类是对温度很敏感的物种。想想每天你为了让自己感到舒适一点而做了多少事：冷的时候穿上毛衣，热的时候打开空调，以及在运动后来罐冷饮让自己冷却下来。

人们也会采取一些步骤降低组织中的"热度"（heat）。你可能会用安慰的口吻对一位被激怒的同事说话，借此帮助他冷静下来；或是在走廊上向朋友提出一个特别敏感的议题，而不是在会议中提出来，因为你知道他可能会变得非常不安并且不想让别人看到。这些技巧在某些情境是非常重要的。但在处理与调适性变革相关的冲突时，这些技巧就会失效，因为它们的作用往往是被用作"维持现状"（maintain the status quo）。

为了让冲突有效地"编奏"起来，想象你把手放在温控设备的开关上，并且随时注意环境中的信号以判断是否需要提高或降低室内的温度。你的目标是把温度（也就是因为讨论冲突时所引起的失衡程度）维持得足够高，让成员有动机去形成有创意的下一步以及可能有用的解决方案，但是你也不会想要让温度变得太高，以免赶跑大家或是让他们无法运作。

不同团体的合适温度范围，会因为若干因素而有所不同（例如团体的向心力以及成员对于调适工作的熟悉程度）。如果团体成员因为有着共同的历史与价值观而比较有向心力，比起其他刚形成、成员来自五湖四海的团体，他们就相对可以承受比较高的热度，并且不会因此溃散。如果团体成员因为过去从未共事，或是在价值观上有着深层的冲突，因而比较没有向心力，他们就可能会在热度变高的时候溃散。表 11-1 提供了一些例子，让你知道有哪些行动可以提升或降低组织与社群的热度。

表 11-1 调控团队的温度

为了提升温度	为了降低温度
• 把大家的注意力带到困难的议题上。 • 赋予成员多于他们习惯承担的责任。 • 把冲突浮上桌面。 • 容忍具有挑衅性的评论。 • 指出当下的一些互动，并且运用这些互动作为例子说明团体正在面临的议题（例如把工作推给权势者，把某人当作替罪羔羊、形塑外部的谴责对象，以及对于当前情境使用技术性解决方法）。	• 处理冲突当中最显而易见、可以运用技术性解决方法的面向。 • 把问题拆解成小部分，并且提供时间表、决策规则与角色的分配，借此提供某种结构。 • 暂时性地担起对于困难议题的责任。 • 有意识地避重就轻，例如让大家休息一下，讲个笑话或故事，或是做做运动。 • 把挑战行为规范与期待的流程速度慢下来。

站在看台上

• 培养感知温度的能力。下一次当你参加会议的时候，靠后坐并且试着追踪全场的温度。当会议中任何一位成员发言之后，注意现场的温度是上升还是下降。注意整个群体的失衡程度，在何时看起来是在让有效学习发生的区域以下、何时在区域中央，或是在逼近学习区域的上限。

走在田野中的实践建议

• 如果你注意到团体想要降低热度，好让局面变得比较舒服而不去处理冲突，试着在你注意到的时候马上把这个行为指出来。你可以这么说："我感觉我们好像正在偏离某个困难的议题；我们能不能在那个议题多待一会儿呢?"试着指出被逃避的议题:"如果我们不能讨论上周失去那个客户的原因以及大家的感受,我们如何能够前进呢?""我认为我们都在逃避面对乔已经在上周被解雇的事实。我们难道不需要处理这件事,并且探讨这件事对我们意味着什么吗?""据我所知,贾迈尔与玛丽自从在上周五的会议吵架之后,几乎就再也没有说过话了。作为一个团队,我们是不是应该要进一步了解这个情况,并且思考如何继续走下去?"

- 试着了解资深权威提升热度的意愿与能力,你可以在他们做了某一个评论或决定之后,观察室内温度的变化。温度是否维持在舒适的范围?还是高到让人痛苦?

将挑战交还给员工

当权者要极力避免把调适性的冲突,从其他人那里揽到自己的身上,而抵抗这个诱惑本身就是为冲突谱曲最为困难的一个面向。将他人的工作揽在自己身上的压力不仅来自于他人,也来自于你自己。毫无疑问,过去你就是因为这种行为而受到奖励。人们之所以会被提拔,通常是因为他们愿意把问题揽在自己身上,并且提出解决方案。而你的上级与下属都期待你会继续这么做。他们想要你做一个权威的决定来化解当下正要面对的冲突。

当卡莉·费奥莉娜(Carly Fiorina)成为"惠普"的首席执行官时,她发现公司正在面临巨大的调适性挑战,这包括公司过去对于医疗科技的依赖,以及在打印机与计算机科技业务端所受到的挑战。她相信收购"康柏电脑"能够帮助解决惠普的问题;然而,她看起来是一肩扛起了大部分的决定。如果她可以在董事会以及惠普的所有关键利益相关方之间,针对收购"康柏电脑"的好处、风险、投资回报的时间表"编排"一场借探讨"收购案本身如何成为公司当前挑战"的交响式辩论,她其实可以作出一个更充分知情、更广受人们理解的决定。如果她可以让多种不同的观点参与在对话中，不论最终作出来的决定是什么，她都能够让大家更多地共同承担风险，并且认可有关的时间表，尽管这么做可能需要她放下某些她认为正确的行动步骤。更重要的是，对于公司发展方向的冲突是活生生地存在于董事会中以及利益相关方之间的，化解这些冲突是需要交还给他们来共同承担的，好使他们在作出决定之后还能够继续一起走下去。然而费奥莉娜掉进了过度承担为惠普解决问题的责任陷阱，并且成为特定解决方法的大旗手，她不仅让人们无须领回他们需要承担的责任，同时她也把自己的未来与那个解决方案的成败绑在一起。她让自己成为了议题的焦点。当收购案并没有在预期的时间内发生时，她付出了巨大的代价并且葬送了她的工作。

在组织内想要试着将挑战交还给员工，往往需要对质员工对领导者的惯性期待，因为他们会期待你来维持这个平衡，或是在人们失衡的时候，你能迅速地让他们恢复到平衡的状态。当你拥有权势，群众期待你提供方向、保护与秩序，包括划分他们的角色与责任。如果你越能够让情况变得清楚明了，群众就会越舒服。他们没有期待的，恰恰是你把平常会为他们所要做的所有承担交还给他们。然而，为了培养你团队的调适性领导力，你必须把他们推出舒适圈。"把挑战交还给员工"提供了一个例子，来说明这种"交还"工作在组织中是如何作用的。

案例：把挑战交还给员工

我们过去曾经与纽约一家快速成长的广告与销售公司共事。公司的创办人兼首席执行官有着出色的客户提案技巧。他的技巧是如此出色，以至于设计团队的其他人都不会在他也在场的时候发言。公司的一位重要员工就是因为非常沉默寡言，使得客户对他的作品缺乏信心。首席执行官意识到他自己出众的能力正在阻碍公司的成长，因为他让其他人能够回避主导对客户的提案，独立地面对客户是让他们感到不舒服、不熟悉且害怕的调适性水域。他知道如果他强迫其他人在客户简报时担任主导角色，他就会引发灾难（因为其他员工还没有发展必要的技能），而且他也会忍不住插手。这样一来，他就会进一步破坏客户的信心，同时也会伤害其他员工对于自身简报能力的信心。于是，第一，他告诉大家，他将不再为他们做这个工作，借此调高了组织的热度。第二，为了帮助营造一个承载空间，他聘请了一位简报专家，来为他的整个团队（包括他自己）上了几场为期两天的客户简报工作坊。第三，他承诺在大家做简报的时候克制自己，不论他认为自己可以帮上多少忙。

首席执行官调节了自己工作的步调，让大家有时间负起新的责任，并且发展新的能力。整个改变历时超过一年。几乎每一个人，包括部分客户，都反对这个改变。他学会如何辨识出他的下属最喜欢在简报过程中的哪个时候向他求救。他使出了每一分勇气与自制力来强迫自己袖手旁观。最后，他的下属变得能够主导大部分的客户简报，让他可以把时间花在只有他可以做的事情上。

站在看台上

- 回想过去数周，你在什么时候主动从别人那边接过他们的调适性挑战？这些人是你的下属、同辈还是你的老板？这么做的负面结果是什么？除了接过他们的问题以外，你在那个时候可以有哪些其他做法？你当时或许可以采取什么步骤，来把挑战交还给这些人？

走在田野中的实践建议

- 下一次当你在主导一场会议，并且你察觉到其他人期待你可以承担一部分大家正在讨论的调适性工作时，试试我们的"坐下"技巧。在没有事先声明的情况下，拿一张椅子坐在简报架或讲台旁边，或是坐在会议室前方的任何一处，或是坐在会议室后面。注意人们对于你突然放弃领导员工有什么反应。有人会离开现场吗？有人跑到前面来接手主持会议吗？有人很快地形成更亲近、安全的小团体吗？员工能否在没有明确授予另一人权威的情况下恢复秩序？在观察一阵后，与大家谈谈这段经验：解释为什么你从领导职位退下来。接着鼓励大家探讨：当人们陷入依赖模式，并且期待有权威为团队或组织扛起调适性工作的时候，这会造成什么后果？

第 12 章　打造一个调适性文化

在这个年代里，几乎可以肯定在走向未来的路上，我们会持续面临新的挑战。积极孕育一种所谓的调适性文化，可以帮助你的组织或社群在走向未来的过程中面对接踵而至的调适性挑战。虽然培养这种能力是一个中长期的目标，只能经由日积月累地培养。然而目前你所面临的每一个调适性挑战，事实上都是在给你提供另一种机会让你可于处理眼前问题的同时，也建立新的运作方式。这种运作方式将会成为新的行为规范，并影响着人们如何面对接下来发生的一切。

在第 7 章里，我们讨论了辨识调适性文化的五个重要特征，这是基于我们过去与世界各地不同类型组织共事的经验：

- "房间里的大象"能够被指认出来。
- 组织成员共同为组织的未来承担责任。
- 组织成员能够作出独立的判断。
- 组织成员的领导力获得发展。
- 组织有相关的机制来保障反思以及持续学习。

在第 7 章里，你已评估了你的组织在上述五个方面的表现。在接下来的章节，我们会探讨你可以做些什么来提升你的组织在每一个方面的表现。

让指认出"房间里的大象"成为一种文化氛围

能够指认出"房间里的大象"，也就是没有人提及的困难议题，是所有卓越的调适性组织共有的决定性特征。正如我们提过的丰田公司，它的生产线上的任何一个人都可以针对生产流程提出批评与改进建议。在丰田公司发起勇敢谈话所需要调动的勇气，比起在其他公司要少得多，这是因为提出批评的想法已经成为一种氛围，而在其他公司这样做的话却完全是另一回事。

诚然，在任何组织指出困难议题都是极其困难的。"对并购的'大象'视而不见"的案例说明了这一点。

案例：对并购的"大象"视而不见

几年前我们花了一段时间与一家全球能源企业商谈。这家企业的总部位于南美洲，在合并了一家非常不同且规模相仿的公司之后才过了一年。我们最后一次与领导团队的会议进行了两小时，而首席执行官在后面的一小时加入了我们的谈话。

在前面一小时的谈话中，领导团队的两位成员坦诚且激烈地谈论因为合并案所引发的文化冲突。这个文化冲突不仅还没解决，也让整个企业无法继续往前进。团队的其余成员同意文化差异造成了严重的问题。接着首席执行官进来了。我们问他对于合并案的感觉，他说合并案并没有残留任何问题。我们环顾四周，发现团队成员纷纷低头往下看。我们看着刚才两位说得最多的成员，问大家除了首席执行官刚才所说的以外，是否还有其他看法。现场一片沉默。在几周之后，我们决定在向那家企业提交的顾问提案书当中详述这个状况，结果遭到该企业强烈的抗拒。

如何增强组织指出"大象"的能力？以下是一些技巧。

以身作则

位居组织最顶层的领导经常会对自己的成员释放信号，让大家知道什么行为在组织当中是可以接受的，而这对于组织成员能否指出"房间里的大象"具有最重要的影响。

在不久之前，我们为一家跨国银行提供了咨询服务。在与对方的十人领导团队的早期会议中，一位资历最浅的成员隐隐约约提到一个在场最资深的成员所负责的项目。尽管我们已经做了一连串的深入访谈，然而这个项目从未在访谈中被提及。次日的一场会议，团队的另一位资历相对较浅的成员再次提及那个项目，并且也是用一种隐晦的方式提及。后来我们发现这个项目就是"房间里巨大的大象"。许多团队成员认为那个项目正在以惊人的速度消耗公司的资源，令资源无法被用于与公司未来发展相关的关键投资。更重要的是，团队每一个成员（包括负责那个项目的团队成员）都知道那个项目将不可能产出原本预期的成果。那个项目在最佳情况下可能带来微薄的收益（这与投入的成本相比是不成比例的），在最差的情况下则会是彻底的失败。但是该项目的负责人是首席执行官的接班候选人，而首席执行官不仅害怕面对冲突，他也想要相信项目的成果能够像那位负责人保证的那样，带来很好的收益。因此没有人愿意把那头大象指出来，除非首席执行官清楚地释放他想要讨论这个项目的信号。

从童年开始，人们就会注意具有权势的人所释放的信号。因此，如果你是一个权威，你必须作为众人的榜样，指出桌面下的敏感议题，因为如果你不这么做，其他人很可能也不会这么做。

保护扰动系统的人

正如我们提过的，几乎每个我们共事过的组织都会有几个挑事的人，也就是我们称的不同意见者，让其他人觉得麻烦的家伙。他们会在组织中唱反调，常常在大家看似要往某一个方向前进的时候，提出一个完全不同的观点或意见。他们会提出看似不实际或者不现实的想法。他们所提出的建议，可能会让其他人觉得牛头不对马嘴。他们会提出一些看似离题的问题。当几乎所有人都只是想要解决日常的问题时，他们会把问题上纲上线。但是有时候，只有他们会提出需要被问的问题，并且提出其他人不敢说或是不想涉及的议题。你的任务是保护他们发出声音和介入的意愿。

这绝不是一件容易的事。如果你位高权重，你一定会面临要让那些挑事的人闭嘴的压力。但是，如果你想要释放某种信号，让大家知道你认为不受欢迎的想法还是值得被听见，你就得要顶住这种压力。

如果你没有权势，那么你还是可以确保那些挑事的人有被邀请参加会议，借此保护他们的声音。当他们提及某些会引起失衡的话题时，你可以选择保持好奇：请他们多说一点，而不是让在场的其他人无视他们所说的话。

培育对组织的共同责任感

在你工作的组织中，相较于大家各自所属的单位（例如团队、部门、事业部或分支），大家觉得对整个组织有一份担当的程度如何？以下的迹象可以表明人们对于组织整体是否有共享的责任感：

- 至少有一部分奖励（财物或其他形式）是基于整个组织的绩效表现，而不只是根据个别员工或单位的绩效。
- 人们愿意把一部分自己的资源（人力、时间、预算、设备、办公空间）借给组织中有需要的人。
- 人们会跨越组织的职能与界限分享新的想法、洞见与教训。
- 晋升至当权者位置的成员曾经在组织的不同部门或分支历练过。
- 人们会花时间进行不同工作之间的随访（job shadow），也就是跟着同事到处走，借此了解组织其他部分的成员在做什么，看看他们在处理什么样的挑战，并且找出能够帮助自身所属部门的做法与行为规范。

鼓励组织成员作出独立自主的判断

在具有调适性文化的组织里，握有权力的成员会做只有他们可以做的事，以及做只有他们可以做的决定。其他的工作与决定则是交由其他有能力的人来处理。当权的人还会持续思考，他们要做的工作与决定能否被其他人接手，如果可以，他们会思考如何把那些工作与决定委托给那些人。这不是为了把不喜欢的工作推给下属，而是为了在人们的技术能力以外，培养他们的独立判断与智谋。

有太多位高权重的人喜欢下属依赖他们。如果追随者越依赖，他们就会变得越不可或缺。行使调适性领导力，你的工作就是要让自己变得不被依赖。要做到这点的唯一方法，就是持续地把领导的工作交还给他人，并且衡量追随者当前的才能与未来的可塑性，使你可以发展他们如批判思考与做精明决策的能力。无论短期内是如何地让人感觉良好，但你始终不会被追随者的热情所动。你要的是分布式的领导，让所有人都能够作为一起承担组织责任的公民，主动抓住机会在他们的位置上推动调适性的工作。换句话说，调适性领导力能够创造领导的机会，让人们可以经常跨出他们职责范畴的界线，一起面对调适性的挑战。

因此你必须帮助大家做好准备，使他们更能够忍受某种模糊性，这个模糊性来自于理解即使是有权威的人也不会拥有所有的答案，以及理解简单的答案未必就是正确的答案。

在鼓励人们进行独立判断的组织中，人们在做决定前会先问："怎么做才能真正实现组织的使命呢？"而不是："到底老板想要我做什么？"

站在看台上

- 在你的组织当中，人们在多大程度上觉得自己被重视是因为他们自主地判断并据此行动，而非纯粹因为技术性专业身份？

走在田野中的实践建议

- 大部分的人都不喜欢待在模糊中，而且偏好清晰、可预测以及确定性高的任务。而这种倾向容易让人们在时机还不成熟的情况下草草处理一些调适性挑战，并且在诊断还不完全时就急着提出解决方案。你可以借由注意草草了事的迹象，帮助大家提升他们对于

模糊性的忍耐度，例如抱怨还没开始行动、跳过基本的诊断性提问并马上聚焦于解决方案，或是想要启动逃避挑战的防卫机制（将责任滑转或是支开人们需要面对困难议题的注意力）。下一次当你在开会时，特别注意这些迹象。如果你看到它们，试着向大家提问，例如"如果我们不在今天作出决定，可能会发生什么坏事？""如果我们再多等一天（或是一周或是一个月），我们会有什么其他的做法？"

发展人的领导力

培养领导人才是业务经理分内的工作。尽管来自人力资源与外部的培训、辅导与支持的价值难以估量，但都无法取代高品质的日常管理中蕴藏的待开发潜能。建立领导梯队对于组织的长期调适能力是必要的，因为组织中领导者的数量与品质往往是组织成长最关键的瓶颈。人们往往是在工作中学习如何领导。一个真正承诺在领导力发展上做到因材施教的主管，能够让他们的员工清楚地看到在组织中发展领导力的可能性，检查员工的工作情形以及他们如何在每一周超越自我，并且帮助他们规划自己的发展计划以达到更高的成就。

要培养业务经理对于发展领导人才的责任感，其中一个方式是建立发展接班人计划的规范。一位有着优秀接班计划的主管，常常会从身边的人才着手，寻找继任人选并且加以培养。

站在看台上

- 你有规划你的接班人吗？
- 你以及你的老板，是否对于你在组织中的发展可能性有共同的认知，并且有清楚的策略来给你最大程度的帮助？

建立反思与持续学习的保障机制

有数个不同的做法能够帮助你在组织或团队中，建立反思与持续学习的机制。以下是我们介绍的部分做法。

提出困难的反思性问题

为了建立组织更具调适性的文化，你也许可以定期探讨以下的问题：

- 我们的外部环境（包括政府的管理、竞争对手的活动，以及顾客的偏好）正在如何变化？
- 哪些内部挑战反映了这些外部变化的存在？
- 我们的现况（例如获利、永续性或是员工的多元化程度）与我们想要成就的目标，两者之间有哪些落差？
- 我们如何知道我们成功了？
- 有什么挑战是我们可能应付不了的？

上述问题都不容易回答。但是我们相信，如果你的组织想要在持续变化且充满挑战的世界里蓬勃发展，那就需要回答这些问题。当人们能够在组织中（不管是在董事会会议、员工会议、绩效面谈，或是其他场合）讨论这些问题，并且把它当作平常工作的一部分，他们就能增进组织确保长期成功的能力，深化员工、顾客以及其他利益相关方的承诺，并且激发创新。相较于忽略这些问题的组织，这样做的组织更有可能存活超过 60 年。这是因为他们强化了人们找出并处理新出现的挑战的能力与意愿，不论这些挑战有多令人烦恼。

保留固定的时间让组织进行反思与持续学习，对许多组织来说都是极其困难的。对于很多行动导向、任务驱动、专注于成果的成功人士来说，要求他们拨出时间来反思，会让他们感觉在浪费时间，他们会说："我要做的事情太多，而能够用的时间太少。"但是根据我们的经验，创造并保留时间来了解大家的近况、从近期的经验中吸取教训，以及把这些教训在组织中广泛地分享，对于培养在变动世界中的调适性能力是极为关键的。

表扬冒险与实验

除了进行实验，另一个培养反思与持续学习的方法，是奖励人们从实验中学习，尤其是当实验失败的时候。当你做了足够多的实验，你就能够提升获取绝佳点子的概率。例如，在杰克·韦尔奇一开始担任通用电气公司的首席执行官时，他并不知道通用电气金融集团将成为公司的主要获利来源。电气金融集团只是在韦尔奇担任首席执行官期间，众多尝试新服务与管理流程的实验之一。

为了生存及成长，经济体、社会与组织都需要依赖众多的冒险者：把毕生积蓄投入新发明的民营创业家、为了解决社会问题而在没有稳定资金的情况下创立非营利组织的人们、创立另类教育平台的家长与教师、对于新的种子与农业技术孤注一掷的农民，以及为了让众人注意到严重社会不公而妨害公众利益的政治运动者。

比起少数几个巨大风险，冒着许多小型的风险所需要承担的风险较低。因此，鼓励多方冒险，尤其是可以从小步快走中提取学习的小型实验，就中期而言这是比较安全的策略。问题是大部分的人并不喜欢冒险。这并非没有理由，因为就定义而言，风险是危险的，而且通常会失败。在组织或政坛，失败甚少会被奖励。"规避风险的零售商"提供了一个案例。

案例：规避风险的零售商

在一家跨国的零售企业，高层主管与门店经理梦想着公司能够成为整个产业以及各个主要市场的龙头。但是他们同时也背负着达成每季目标的巨大压力。某一年，由于预见圣诞购物季的到来，门店经理面临了两难：

他们是否应该做他们过去总是在做的事情以达成业绩目标？还是，他们是否应该在门店做一些新尝试，例如提供更积极的服务与招待，借此看看公司的排名是否能够往前？他们知道尝试这些改变能够帮助他们学到很多，让他们知道在公司持续发展的过程中，要怎么做才可能带来真正的改变。但是如果这场实验可能会让他无法达成短期业绩目标，他们的工作可能就会不保。公司总部当然两者都想要："试着去做你的实验，但是不能以伤害目前的营收为代价。"毫不意外，大部分的门店经理选择打安全牌，因为这在过去的效果一向不错。他们知道，固守行之有效的方法并不会让他们追上最大的竞争对手；尽管如此，他们还是把关于实验的想法束之高阁。

向你的下属传递正确的信号

对于"精明冒险"的一种态度是，人们因为承担了风险而愿意从中学习，并且因而变得更精明。基于之前的努力，跟着下一步的实验能够以更充分的信息为基础，人们因而变得更聪明。试试以下的一些技巧来向你的下属传递一种让他们可以多做"精明冒险"的信号：

- 请下属构思几个小规模的实验，用新的做事方式实现组织的使命。
- 当你批准了一个能够带来新知识的实验，为那些负责执行实验的人减少一些他们待办清单上的工作，借此为这个实验提供时间与资源。
- 当人们在为了实验而碰上一些挫折时，承认从失败中学习是非常困难的。提供资源让他们能够从中汲取一些经验。
- 在定期的绩效面谈中，评估员工"精明冒险"（低成本、高学习）的能力。在设定来年目标的时候，增加"精明冒险"的部分，并且鼓励员工进行某些他们可以做的实验。
- 让你自己也试着去冒险，并且向你的下属报告你失败与成功的教训。

奖励"精明地冒险"

你如何奖励冒险呢？你必须根据可衡量成果以外的判断标准来给予奖励，例如大家有多愿意投入实验，他们进行了多少次小规模的实验，以及他们如何从他们的努力、风险评估与犯下的错误当中吸取教训。如果不这么做，那么只有成功的实验能够获得奖励，而人们将会掩盖那些没有成功的实验，并且更不愿意冒险。

这些奖励的做法需要勇气与深思熟虑：你是否会晋升那些曾经实验失败，却从经验中获得宝贵教训并且分享给他人的人？你给予这些人的奖励，是否会多于那些靠着打安全牌而获得成功的人（例如达成每季销售目标）？如果你没有奖励那些作出"精明冒险"的团队成员，他们可能就会跳槽到其他更重视他们的勇气与创意的组织。事实上，你的竞争对手可能就在寻找这样的人才。

就像乌龟一样，人们需要把头从"乌龟壳"里伸出来才能向前移动。我们知道有一家公司每年都会颁发所谓的"乌龟奖"（Turtle Award），这个奖项是颁给那些给公司带来最多经验的项目，即使那个可能是一个彻底失败的项目。

培养采取尝试性行动的偏好

任何人在构思具有风险的实验时，可能想要减轻风险，然后花太多时间对实验进行周密的规划。然而，不论事前规划得多好，实验的成果往往是不可预期的，因为这些实验都是以新的方式与复杂的世界互动。所以行动是唯一前行的方法。人们只需要进行实验来看看成果如何。因此，比较好的方法是避开规划时的过度分析（analysis paralysis），小步地往前推进并从中提取教训。当然，这个原则需要与前面提到的想法相互搭配，也就是进行多个低风险、小规模的实验。比起进行少数高风险、大规模的实验，这些低风险、小规模实验的损失可能更低。

进行平行实验

为了把从冒险中获得的知识最大化，你可以进行平行实验（parallel experiments）。例如，假定你有一个关于新的营销策略的主意，而且你认为这个营销策略能够给公司的强大竞争对手来个迎头重击。比起在一次实验中测试那个策略，你可以同时尝试不同的营销策略，可能是在不同的区域或针对不同的目标市场，而你想尝试的营销策略在这些区域及目标市场都有一些潜力与短处。比起一次只实验一个想法，同时测试数个策略可以产出更多的资料。然而更重要的是，这也能让你展现对于持续调适的承诺，并且说明今天所拟出的计划永远只是当天的一个最佳猜想而已。

站在看台上

- 环顾你的团队，想想哪位成员已经加入团队超过三年了。想想已经离开的那些人。多数的冒险者还留在团队里，还是他们已经在其他地方工作了？对于你的团队文化在组织中培养"精明冒险"的能力，上述问题的答案意味着什么？你之所以还待在这个团队，是因为你是精明的冒险者，还是因为你讨厌冒险？

第四部分
把自己视为一个系统

我们在生活与工作中常常会面临各种拉扯，这其实就是一种真实的人生境遇，我们都竭尽全力地耗在各种斗争之中：认识到自身具有的复杂且相互冲突的效忠需求，并认识到这些需求会在某些时刻带来内心的拉扯。例如，一个人内在希望赢得团队的信任，同时，他还要面对与之对抗的另外一种力量：就是认可上司出于绩效的考虑，而采用的对于下属严苛的手段。但他希望团结一致的需求，又让他屈从于讨好自己的上司。

你可能跟大多数人一样，并不是一台干净利落的机器。就像是你试图领导的组织，你是个复杂的个体，并且有着相互竞争的价值观与利益、偏好与倾向、抱负与恐惧。

不论你在何时试图带领一个团体或组织度过某个调适性挑战，你都有可能体验到你与众多需要效忠"单位"之间的冲突。这是因为你本身是一个存在于另一个更大系统（组织）中的子系统（个体）。在你的个人系统中，你所在意的事物、你的恐惧、你的各种效忠需求都会相互作用，并且会影响你的行为与决策。因此，更好地理解你的个人系统，可以帮助你作出个人需要作出的改变，让你可以在组织中成功引领调适性的变革任务。第四部分将会告诉你如何获得这样的理解。我们会请你思考一些问题，比如"到底有哪些复杂的作用力影响着我的行为与选择？""我在这个更大的组织里扮演了怎样的角色？""我正在试图服务于怎样的使命？"以及"我自己需要作出哪些改变才能更有效地领导？"

认识你的固有模式

就像其他人一样，你会有自己的固有模式：影响你如何诠释及回应周遭事件的习惯。为了获得更大的空间与自由度，使你能够以崭新且有用的方式作出回应，你必须了解你的固有模式。

你可以借由认识你个人系统中的三类固有模式，来获得更大的自由度：

- **你的效忠需求(往往多于一个)**。当你在处理调适性挑战时，你对于你的同事、社群以及过去的重要人物负有某种情义的感受可能会是相互冲突的。

- **你的"心弦"最容易对什么"调性"的挑战与机遇有反应**。这包括那些最容易产生过度反应的事情：例如你那些没有被满足的个人需求、容易背负他人希望与期待的习性，以及你能够容忍伴随着调适性变革而来的混乱、冲突及困惑的程度。

- **你的带宽**(bandwidth)。这包括你用来领导调适性变革的所有的技巧组合，以及那些由于想多待在舒适区而对资源范围的自我设限。

我们会在接下来的章节依次探讨每一种固有模式。

第 13 章　把自己视为一个系统

你自己就是一个系统。而且与你试图想要推动其前进的系统一样复杂。为了认识自己作为一个系统，你必须事先检查自己不同的面向：你的个性、人生经验、认知能力与其他技能，甚至你的情绪组成（emotional makeup）。你也需要认识到，你的行为与决策不只是源于你的个人系统内的作用力，你同时也会受限于外在组织加在你身上的作用力。借由了解你在组织中所扮演的角色，让你辨识出那些可能是影响你实现目标的资源与限制。

当你把从处境中所得到的洞见，与"把自己视为一个系统"的那些洞见相结合，你就可以回应组织所面临的调适性挑战，评估自己有多合适（或多不合适）采取行动。你也可以判断哪种介入最能帮助你，让你采取对组织最有帮助的行动。此外，你也可以判断自己有哪些个人倾向可能会绊你一脚，或是让别人把你晾在一旁。

你为什么不干脆凭借过去的经验、运用直觉引领调适性变革呢？毕竟你过去也可能在不同场合成功地这么做过。虽然你的直觉曾经在许多情境奏效，但是我们猜想你的直觉也有让你迷失的时候。这是因为它也可能限制你，让你无法看到某些信息、无法对某些诠释保持开放，也无法作出超越你的经验范畴以及帮助你离开舒适圈的介入。基于这些原因，我们建议在进行调适性变革领导时，采取更有纪律的做法来了解你的个人系统。

你可以借由站在看台上把自己视为一个系统所获得的前所未有的清晰度，为你带来勇气、启发与聚焦。这些都将会是你在与组织奋力搏斗时（例如注意力分散、逃避责任，以及不同效忠关系同时对你提出相互冲突的需求时）可以使用的关键资源。"把目光集中在球上"介绍了一位父亲的亲身案例，说明认识个人系统以及自身在更大系统中的角色，如何能够处理多个效忠关系对你提出相互竞争的忠诚需求问题。

案例：把目光集中在球上

马蒂的儿子麦斯在高中参加篮球队。在他一年级的时候，他是队上的第六人，也就是比赛时的头号替补。当赛季进行到一半时，他因为优秀的表现而被提升到先发的位置。当然，麦斯知道这会让他的父母在球场旁观赛的时候非常骄傲。然而，麦斯只有在三场比赛以先发五人的角色上场，因为原本被麦斯取代的球员表现进步了。于是，麦斯回到了板凳区，再次成了队上第六人。

当然，这让马蒂感到失望。但是当他问麦斯是否也因为不再先发而感到失望的时候，麦斯却报以有趣的回答："我宁可担任头号替补。"麦斯如此说道："这样一来，我就可以观察整个局势，看看球队需要什么，并且在知道自己可以做些什么来为比赛作出贡献的时候，才加入战局。"他让他的目光聚焦在更高的目标上，同时将他自己多重的能力以及他在系统中的角色都一并考虑进来，并且不太担心他会让他的父亲失望。不错哦！

你的多重身份

利用"把自己视为一个系统"的视角来认识自己，挑战了我们"每个人只有一个自己"的想法。你是否曾经听人说过"那就是我，要么接受要么滚"？或许你也曾经对他人说过类似的话。然而，事实上你是由许多身份所组成，包括多个需要扮演的角色、多重但往往是不清晰或是不一致的价值观、信念、活法以及行事方式。调适性领导力的施展，是关于你（作为一个系统）如何介入所属的社会系统。你需要了解的不只是你走进的大系统（第二部分的主题），也包括你个人的复杂性、多重性以及不一致性。然后你需要思考这两个系统到底是怎样互动的。

看见这两个系统之间的关系，能够让你知道在怎样的处境脉络中，你的哪个身份在哪些最需要调适性领导力的时刻是最合时宜的。

若你能够接受你有多重身份，是多于一个"你"（yous）的这个事实，这对于你可以施展调适性领导力的自由度是非常关键的。然而这也可能让你感到不安。你所身处的系统（自己、朋友、家庭以及同事）都希望你可以说清楚你是谁、你代表什么事物，以及你可以服务些什么。这样你就可以自信地、清晰地带着这样的"一个我"徜徉于世界，同时你周遭的其他人也知道可以从你这里期待些什么。这种自我定义的方式可以释放有用的驱动力与能量，但是这有两个缺点：第一，这种清晰感会让你看不见自己原有的复杂性，并且让你难以抵挡自身固有反应模式的影响。第二，当你对自身抱有狭隘且明确的自我认知时，这会让组织中的其他人获得一些线索，让他们知道他们可以如何对付你，使你可以待在他们想要你待的位置上（而不是组织需要你待的位置）。例如，如果你总是表现出回避冲突的样子，而你的公司中如果有主管反对你所主张的提案，他们可能就会为了阻碍你而凸显你的提案中冲突的面向。

当你知道你可以拥有多重身份，你就开始看见过去看不到的可能性。"不只是'残废之人'"提供了一个案例。

案例：不只是"残废之人"

海菲兹曾经与一位需要倚靠拐杖行走的女士共事。她过去的人生都与"残废之人"这个身份相伴，而这个角色让她以及她的兄长深深地感到羞愧。虽然她坚定地偏好"失能"（disabled）这个标签，然而"残废"这个身份依然影响她的自我认知，并且以某种方式让她整个人生蒙上阴影。然而，最终在经过大量的反思之后，她开始扩展她对自己的定义，开始纳入一些无关"残废"的特质，例如"有力的女性""美丽的女性""同理的观察者""极具能力的"。当这个定义被扩展，她开始意识到她兄长的羞愧感，其实是属于她兄长的问题，而不再是她的问题。运用这种更复杂的方式看待她自己，她开始改变她的工作，并且开始为她自己思考一系列新的可能性。

你要扮演的那个"你"也会根据情况而改变。你在配偶、孩子、朋友与同事身旁时，你的行为也不会完全一样的。而且即使是对于上述任何一个对象，你每次与他们待在一起时的行为也可能不一样。身为一位家长，你必须视情况需要而变成非常不同的人：慈爱的母亲、奋力保护孩子的守卫者，以及严厉的管教者。

我们曾经与一家跨国财务服务公司的主管共事，他那时觉得当他在组织担任不同角色时变成了不同的人，并且需要克服因为这种感觉而产生的焦虑。他是从专业管理者起步，之后成为了一名业务主管，这个时候他需要管理在专业上知道的比他多的下属。他新担任的其他角色包括辅导不向他直接汇报的年轻人、成为首席执行官的心腹，以及成为高层主管团队的一员。这些角色当中的每一个，都会需要他的不同面向，使他能够有效扮演这些角色，而他为此感到不安。

相对于"处在某个时间、某个条件，所面对最重要的效忠关系下所呈现的那个我（以及我的需求与价值观）"，坚持着"这就是我！"对你（以及你正在介入的系统）而言肯定是一种更简单容易的存在方式。然而，认识到构成你整个人背后所带有的复杂性以及丰富性（不仅仅思考此刻的你是谁，还包括你如何随着时间变化），可以让你在组织中引领变革时有更多选项，也可以让你变得更加有效。

那些领导调适性变革最成功的人士，他们对于自己以及所面对的处境，时刻抱持着一种站在看台上的诊断性思维，持续努力地理解自己的内在发生了怎样的变化，如何随着时间变化，以及自己作为一个系统如何与组织系统互动着。

但是要维持诊断性思维并不是件容易的事。我们已经遇见过许多人，尤其是那些处在资深位置上的权威，他们认为自己以及其角色已经被彻底定义与定型，而不再是在大系统里可以持续演化的变动部分了。"是医疗的专家还是事业的经营者？"提供了一个现成的案例。

案例：是医疗的专家还是事业的经营者？

海伦是一位内科医师，她所创立的医疗事业发展得很快。她创立这个医疗事业是为了服务病人，而不是为了经营一个事业。在变动的医疗保健环境中，为了确保她的医疗事业能够持续运作，她的角色必须转变为一位医疗事业的经营者；尽管这个角色的转变已经发生好一段时间了，但她仍然坚持把自己定义为医疗专业人士。她依然相信自己可以继续只像一位医疗专业人士来思考与行动，就能够让她的医疗事业成长，并且启发那些为她工作的人，就像是她对我们说的："这就是我。"但是她的医疗事业几乎破产了。直到她开始担心费用、作出困难的决定、聘请愿意投入相关工作以确保组织持续成长的职员，她才能够让她的医疗事业恢复到财务健康的状态。上述的每一步都会挑战她对自我身份狭隘的理解，而她对这个身份的坚持几乎让她处于危险的境地。

但如何能让自己可以更多地站在看台上，提醒自己自身也是一个系统呢？你必须接受你有多个不同且真实的自己，而且你所担任的每一个角色，都有可能需要用上不同的自己才能有效地完成任务。再者，你也必须提醒自己，你与昨日的你已经不一样了。你、你所需要担当的角色，以及你所隶属的组织，会回应挑战而产生彼此间的持续演化与成长。

在这个部分的剩余章节里，我们会提供一些想法与工具，帮助你把自己的个人身份拆解成多个组成部分，并且运用你从这个拆解过程中所获得的洞见，让你更成功地进行领导工作。

站在看台上

- 想想当你与不同的人在一起，以及身处不同情境的时候，你的行为、情绪与决策模式会有怎样的变化。你对这些变化感觉如何？这些变化是否会让你感觉自己是不真诚的？是正常的？是在操控？还是具有生产力的？

走在田野中的实践建议

- 我们每个人都会因为周遭的人或身处的情境而有不同的行为表现，针对这一点与一位你信任的同辈或顾问讨论。询问对方在不同的时间点、与不同的人相处的时候，会如何展现不同的自己。探讨一下这种调整帮助还是伤害了你的人际关系与生产力。对于"人有许多方面"这个概念，注意你是感到更自在还是更不自在。

第 14 章　辨识不同的效忠需求

为了更好理解你的个人系统，你可以检查你对下列三个圈子的效忠
需求：

- **同事**。那些与你在工作上有直接关系的人们，例如老板、同辈、下
  属，以及与你在同一个委员会的成员。
- **社群**。当前的家庭成员、朋友，以及你在工作场域以外所认可的群
  体，而这些群体是位于你当前社会、政治及宗教的关系脉络当中。
- **先辈们**。你所认可的过往的人，这些人形塑了你看待世界的方式，例
  如你尊敬的祖父母、一位特别的老师，还有形塑你的性别、宗教、种
  族或民族根源的群体。

为了在你每一个需要效忠的圈子里把他们的派系辨识出来，依顺序先
从你的同事开始，接着是你所在的社群，然后是你的先辈们。整个辨识不
同派系的过程会变得越来越困难。很多时候，这些圈子的效忠需求会把你
往多个不同方向拉扯。

当出生于美国犹太家庭的亚历山大决定与一位日本信仰神道教的女性
结婚时，他来自社群与先辈们不同的效忠需求就把他往两个不同的方向拉
扯。他可以听见祖父母的声音，催促他忠于信仰并且延续犹太血统。与此
同时，他也收到了来自家庭与朋友的支持，催促他忠于他所找到的爱情与
幸福。幸运的是，亚历山大的犹太祖母在临终前准许他与非犹太人结婚，
使他这一生免于受到在他的先辈与社群之间的拉扯与罪恶感（虽然他偶尔
还是会有罪恶感）。

图 14-1 示范一种描绘你的效忠关系的方法。在这张图中，位于中心的
人看起来正在被同样大小的派系往不同的方向拉扯。

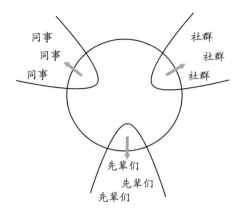

图 14-1　描绘你的效忠需求

站在看台上

- 挑选一个让你觉得被不同方向的力量拉扯的议题。试试看你能否画出把你往多个方向拉扯的效忠需求。画出类似图 14-1 的图，描绘你需要表示效忠的群体，以及那些群体内的主要派系。

走在田野中的实践建议

- 找出对于先辈的效忠需求可能会很困难。我们有许多效忠需求是很难被辨识的，而且往往是无意识的。与其被这些无意识的锚固定在原地，你可以主动地把握机会把它们指认出来，这样你就可以理解它们，并且可能作出新的选择。要浮现对于先辈们的效忠需求，其中一个最好的方法是与和你有共同先辈的人交谈。理论上，你的父母或其他直系血亲的长辈，以及你的兄弟姐妹及堂表兄弟姐妹，都会是很好的信息来源。你也可以接触与你相同信仰或种族的人。许多人在思考的时候不会使用"效忠需求"或是"锚"这类的语言，所以你可能会需要用其他说法，像是"你所传承下来的事物如何形塑了你？""什么样的概念或价值观可以定义我们的家族/社群？"或是"要在你祖母的年代作为一个女性，那会是什么样子？"

为你的效忠需求排定优先顺序

上述每一个需要效忠的圈子都有许多人在其中，而且这些效忠的需求也不是对等的。当需求发生冲突时，你可能会选择优先满足其中一部分的效忠需求。为了帮助你自己在每一个圈子辨识出最主要的效忠需求，你可以这么问：我觉得自己最需要对谁负责？当我做了脱离常规的事情，谁的反应会最激烈？我对谁倾注了最多精力，想要取悦谁或让我可以在对方心里留下良好印象？谁对我最感到失望？我最需要谁的支持？

认知到你如何为你的效忠需求排序，是行使调适性领导力的必要步骤。然后你就可以开始辨识在这些效忠需求当中，哪些正在掌控你、妨碍你发挥领导力，而不是被你掌控。

要诊断你如何为自己的效忠需求排出优先顺序，其中一个最好的方法是尽量减少倚重于你跟自己或是他人说的那些话，并仔细审视你自己做了什么。当马蒂还是一位年轻、具有雄心壮志的马萨诸塞州州议员的时候，他惯性地从州议会赶回家，在家中起居室的沙发上为他的两个小孩读书，然后赶着出门度过排满会议的夜晚。每次在赶往会议的路上，他一直跟自己说自己是多棒的顾家好男人。当然，他的孩子们所体验到的与他对自己说的相去甚远，而他的妻子所体验到的也和他大不相同（他的妻子在整个白天都没有机会和四岁以上的人说话）。马蒂从未错过任何会议。如果马蒂有机会站在看台观察自己，看看他做了什么而不是听他跟自己说了什么，他就会面临一个难堪的事实：比起他的妻子与小孩，他觉得自己更需要对自己政治上的支持者保持效忠。就像许多人一样，在马蒂的背景中，也有一群人有着绝对的重要性；对马蒂而言，事业上的成功指的就是在那群人的心目中获得成功。

回到你基于图 14-1 为自己所画的图。现在重新画一次，调整每个圈子的大小，用圈子的大小来代表他们在你身上施加拉力的强弱，圈子的重叠可以用来表达他们对你效忠的需求是部分一致的，以及运用箭号来呈现各派系作用力的方向，通过以上方法描绘派系对你的各种影响。

站在看台上

- 你认为哪一个是让你感到有效忠需求的群体(同事、社群、先辈们),以及每一个群体当中的哪个派系对你有最强的掌控力?用两周的时间记下你如何投入你的资源。在上述三个群体当中,哪一个占据了你大量的时间、资源、金钱及注意力?诚实地记录下来。在两周之后,看看哪个群体实际上显示了你的最高优先级?

- 放大并且仔细审视你的同事中的派系:你的老板、与你平行的经理、员工、顾客及客户。你认为哪一个派系对你有最高的优先级?再另外做两周的记录,来追踪你如何在工作场域中,对不同的派系投注你的能量、注意力、金钱等资源。你的记录显示哪个派系实际上在你的工作场域有最高的优先级?

走在田野中的实践建议

- 开始系统性地注意你所做的事情,而不是听你自己对于你的效忠需求说了什么。对于你所宣称效忠单位的优先级以及你实际的优先级,邀请某人透过观察你的行为,协助你辨识这两者之间的落差。这些行为包括:你如何使用你的时间,以及你对谁投注你的时间与能量。

- 通过下列流程为你自己创造一个真人版的效忠需求圈子。集合一群你所信任的朋友与顾问。想一个目前在工作上让你感到困难的情境。站在房间的中心并且问自己:"在这个情境中,我效忠于谁?"请自愿者一个接一个站起来,让他们代表你心中不同的声音:老板、事业、竞争对手、顾客、导师、配偶、父母、性别或种族群体的伙伴成员等。让每一个人所站的位置与你的距离,能够反映他所代表的群体对你的影响程度。接着请这些代表同时说出他们对这个情境的感受与想法。而他们同时说话所发出的声音,能够让你一尝在试图调解相互冲突的效忠需求时,所必须面对的嘈杂之声。

为你不可言说的效忠需求进行命名

在任何一个你身处其中的组织或社群，你所要面对的调适性问题，都得要把自己也算进去。如果你是组织系统的一部分，你就必定会是问题的一部分。但这并不是说你必须为整个烂摊子负责，也不意味着你没有努力尝试处理这个问题。这只是想说明问题当中的某个成分（不论有多小），是源自你的信念与行为，或源自那些掌控你的效忠需求。例如你可能觉得别人会因为知道你赚了多少钱而对你生气，而且你可能不喜欢别人对你生气，因此你选择不向别人分享关于你薪资的信息，但是如果你的组织正在努力变得更透明，你的行为反而会促成不透明。

阻碍你达成目标的，通常不是你能跟所有人说的那些效忠需求。它们不会像你的个人简历可以被人清楚看到。我们认为有些效忠需求往往是不可言说的。它们就跟你整天挂在嘴上说的人物与价值观一样有力，只是没那么显眼。通常这些不可言说的效忠需求来自于某种需要、保护或不安全感。它们是人性的一部分，并且和我们那些高尚的价值观一样，会强有力地影响我们与这个世界互动的方式。

辨识你哪部分是问题的一部分（也就是我们所谓的"你搞砸的那部分"）具有两个重要好处。第一，这么做可以让你有机会修补一部分的问题，也就是或多或少受你掌控的那部分。第二，当你为了处理当前的调适性挑战而要求他人行使更多的担当时，辨识你自己那部分的问题可以帮助你在他们面前树立一个榜样，让他们同样可以面对他们不愿面对的效忠需求，并且为他们自己那部分的问题负起责任。

发现你搞砸的那部分绝不是一个让人舒服的过程，此乃人之常情。这个过程要求你探究并指认出哪些你扮演的角色正在阻碍你试图达成的任务，并愿意接受自己搞砸了任务的责任。以下一些练习会对你有帮助。

站在看台上

- 想一想一个你的团体或组织正在经历的调适性挑战。想出三个你可能有意无意促成这个问题的方式。对于每一个回答，想想你或许可以做些什么来处理你搞砸的部分。

走在田野中的实践建议

- 表 14-1 的练习源自我们在哈佛大学的同事罗伯特·凯根（Robert Kegan）与莉萨·莱希（Lisa Lahey）领导的成人学习与变革阻力的研究。我们为了自己的目的修改了他们所设计的练习。你可以在他们的著作《我们思考的方式如何改变我们工作的方式》（*How the Way We Talk Can Change the Way We Work*），找到更多关于原始版本的练习以及他们研究内容的介绍。[1]

表 14-1　将调适性挑战化为对自身的挑战

第一栏	第二栏	第三栏	第四栏	第五栏
有什么事情如果可以更频繁地发生，或是更少地发生，能够帮助我在处理调适性挑战上取得更大的进展？	在你第一栏的回答之下有哪些效忠需求或价值观？对于第一栏的每一个回答，试着用这个句子"这个回答显示我效忠于……"来开始。	从第二栏的回答中，挑出两个对你最重要的效忠需求或承诺。对每一个挑出来的回答，回答这个问题："我目前做了什么，或是没有做什么，使我无法更全面地服务于这个承诺？"	对于每一个你列在第三栏的行为，找出驱动那个行为背后的承诺，你可以用这个句子"我可能也效忠于……"来开始。	借由表现你列在第三栏的行为，你想要保护自己免于什么不良的后果？试问自己："如果我没有做〔第三栏的行为〕，则〔哪些可怕的事情可能会发生〕。"

第一栏	第二栏	第三栏	第四栏	第五栏
范例：				
我们在工作时能够对彼此更开放。	我效忠于"透明化"这个价值观，同时我也忠于我的工作伙伴。	我一向反对分享有关薪资的信息。	我可能也效忠于"不要让人们对我生气"，并且可能也效忠于"金钱相关的事是很隐私的事"的想法。这两者也是我的配偶所相信的。	如果别人得悉我的薪资信息，人们可能会对我生气，还有我的配偶会感到难堪，并且对我失望。

附注：第二栏的回答是你可以向世人宣称的承诺。第四栏是你所隐藏、不方便说的承诺，因为它们的同时存在阻碍了你达成宣称想要成就的事情。如果把第二栏与第四栏之间的价值观冲突放着不管，你就是在助长这种现状。但是化解冲突意味着你需要冒第五栏那个灾难性的后果可能会发生的风险，或是降低你在第二栏高尚的自我期许。这都不是一个愉快的抉择，也难怪许多人会想要与这个抉择保持距离。你可以试着进行一个低风险的实验，来把你在第五栏的恐惧当作假设而非事实。在此处的示范里，一个低风险的实验或许是揭露薪资的大概范围，或者只揭露高层管理团队的薪资。

试着与两三位团队成员做这个练习，这样你们就可以听到彼此的回答，帮助彼此澄清与反思，并且把你所学到的应用在自己的处境中。然而，如果你想要马上找你的上司或是下属一起做这个练习，这可能就不是一个很好的主意了。

以下是这个练习的进行方式：你与团队成员一起找一个团队正在处理的调适性挑战。每一个人花几分钟回答第一栏的问题。分享你们每个人都写了些什么。然后换到下一栏并且再次进行同样的分享，其余栏位也这样做，直到完成所有的栏位为止。读一下表 14-1 末端的附注。

第 15 章　认识你的心弦调性

　　你的调性(tuning)是"你作为一个系统"的另一个原有设定。人就如一把弦乐器，每个人的"心弦"都跟其他人有微小的差别而带有不同的调性。当你走在人生路上，心弦会回应你的调性而与环境发生某种共振。你的调性是由你的童年经验、遗传基因的倾向性(genetic predispositions)、文化背景、性别，以及对于各种当前或过去群体的效忠认同等形塑而成的。你在职场的调性可能也会因为私人生活里发生的事情而受到短暂或长期的影响。

　　你的心弦会持续地振动着，它会无间断地向你周遭的人传达你是谁、什么是你觉得重要的、哪里是你会特别敏感的，以及你会在怎样的情况下变得脆弱。当你的周遭环境发生变化时，你的心弦可能或多或少地产生某种反应，这取决于那些事是否激起你某些记忆或者期望。然而当你每天都被日常的事情纠缠住的时候，你可能不会留意自己的心弦在每一个特定时刻到底是如何被激发的。但是，如果你希望能够在自己的领导工作中作出更多有意识的回应(response)而非无意识的反应(reaction)，那么知道你的环境正在如何扰动你的心弦就变得相当关键了。"心弦间的相互扰动"提供了一个案例。

案例：心弦间的相互扰动

　　在我们的一门有关领导力发展的课程中，我们为一群来自不同国家、大约由 40 多位男女组成的团体引导了一场对话。每一位参与者都是在某个领域(公共部门、私人企业或非营利组织)占有一席之地的权威人士。在这些参与者当中，米格尔(Miguel)是一位来自西班牙的中年男性，是一位极为成功的创业家。而玛莉亚(Maria)是一位年轻、拥有远大抱负的哥伦比亚的女性，而且她也走在创业的路上。在两天中，每当米格尔或玛莉亚其中一位发言时，另外一位就会跟着发言，虽然所说的话未必是在直接回应对方，但是他们所说的话都不是具有支持性的发言。在我们点出了这个模式之后，团体试图理解他们两人之间的动态。在他们的合作之下，并且经过一段高强度且个人的交谈之后，大家明白米格尔的反应是在针对一段让他感到挫折的回忆。在那个回忆中，米格尔与一位年轻人对抗，而那位年轻人有着与他相异的价值观。在他看来，年轻一辈不愿意像他一样吃苦，或是不愿意向像他这样有经验的人学习。对玛莉亚而言，米格尔的发言听起来就像她那位要她结婚成家、不要她追求事业发展的父亲。

米格尔和玛莉亚的心弦都被不同经验"调校"过，使得他们刚好以对方不和谐的方式来进行共振。为了停止这种模式并且弄清问题所在，我们运用了全声道立体排列练习（human diorama exercise），请米格尔和玛莉亚分别指出脑中五到六个被对方所引发最有反应的声音。接着我们请团体成员分别代表这些声音，并且请他们分别站在米格尔和玛莉亚的后方。我们请米格尔和玛莉亚与对方说话，并且在他们说话的时候也同时聆听背后的说话声，而这些声音是在指示他们应该要如何回应对方。在这些嘈杂声中，他们的互动会被卡住实在是不足为奇，因为他们双方都没有空间去倾听对方。一旦他们明白他们的心弦是如何被扰动，他们都开始笑了，这是一个好的迹象，显示他们有了新的"看见"，并且找到了方法让自己可以站上看台。他们能够看见彼此间的共同点，并且能够在剩下的时间，在团体中一起探讨他们双方都特别关心的议题。

对很多人来说，"周遭环境与过往历史会强而有力地影响着我们"的说法挑战了我们所珍惜的自由意志。然而，如果你可以站上看台并且观察施加在你身上的作用力，你实际上就是在行使你的自由意志。你知道自己身在一张关系的网络中，并且也受到这些关系的影响。因为你认识到了这个现实，你就可以为你自己争取更大的自由空间，让你的行动基于对这些影响的理解作出知情的回应，而非只是在对它们一无所知的情况下作出反应。

对所有人而言，每个人的调性都可能为他们在领导的时刻带来风险与机会。了解自身的调性，能够让你看见自己的脆弱面与敏感面并且可以为这些短板进行弥补。

例如，你身处一场争论中，而且争论中的冲突让状况失控了。讨论很快就变得无效。为了有效地领导，你可能需要采取行动为大家"降温"，比如让大家休息一下。但是，如果你有喜欢冲突的倾向，那么你可能甚至不会注意到"压力锅"快要炸开了。对你来说，越来越强烈的冲突会让你感到兴奋，但是对于在场的其他人而言，这可能会让他们忍受不了，很多人的脑袋都开始"死机"了。如果你能觉察到你是如何与冲突发生共振，你就有可能注意到一些迹象，让你知道在什么时候该降低热度，并且能够真的采取必要步骤做到这点。

假定你的调性是强烈排斥冲突。这可能是因为在你的原生家庭曾经遇上过酗酒或疾病而乱成一团，或是曾被非常严厉的父母牢牢掌控，你可能就会有这样的调性。在这个情况下，当"压力锅"的温度快要上升到接近可以让人们学习及有效运作的边界时，你可能会发现自己变得不安，并且会反射性地采取行动让场面"降温"。这样一来，你就会过早终止这次可以让彼此学习的过程。

不论你的调性在过去为你带来多少帮助，你的每一个调性都会通过两种方式让你变得脆弱：第一，你对于自身调性的反应让你容易被预测，并且也让你容易受到那些不希望被你引领变革的人们操纵。第二，你的每一个强项都会有它的阴暗面。

例如，你的调性非常容易对成功完成任务的满足感与自豪感发生共振。可以确定的是，这种"担责"确实是一种美德。但是当你在引领调适性的变革时，你是无法独自承担所有工作的。你必须把一部分的工作交还给合适的群众，例如会与你共同承担的盟友，或是需要承担一部分问题的团体成员。某些不想要承担工作的人们可能会赞美你负责任的特质来"操纵"你，借此让你更难于把工作放手。总是由你来担责的阴暗面，是渴望被视为不可或缺，也就是希望别人没有你就无法完成任务。这会让你更不愿意把工作交给其他人。

就像是个人一样，伴侣、团队、派系与组织也会有自己的调性。有时候你可以看到这些反应的具体显现。在你的下一场员工会议，你可以注意看看哪些员工会在首席执行官发表某些意见的时候正襟危坐，哪些员工向后退缩。哪些发言或是事件让每个人深感共鸣，几乎就像是在体育赛事中的波浪舞那样，穿透群众并且遍及整个体育场。"总裁团队的调性"为我们提供了一个例子。

案例：总裁团队的调性

我们曾经观察过一家跨国公司高管团队的会议。这些公司有着矩阵式的组织架构(a matrix organization)，因此其高管团队包含了不同产品线及不同地理区域的代表。这家公司最近合并了两家规模相仿且位于不同国家的公司。此外，其中一条产品线的收入不成比例且没有增长。在会议中，当谈话背后的主题持续转移的时候，例如从实务的做法转换到地理区域，从投资于公司的未来转换到维持目前的市场，再从创业精神及自主转换到共同承担及合作等，会议室中不同的派系都会对与自己调性有共鸣的主题积极参与讨论，或是没有共鸣的就背靠椅子一动也不动。

就如同其他惯性的设定，你独特的调性同时是你的资源，也是你的局限。当你细致地调试你的心弦于正在发生的事时，你就会比任何人更快注意到这些调性想要起作用。当其他人可能对他们那些调性只有肤浅的理解，甚至想要忽略它们的时候，你却可以对它很敏感并且作出回应。长期下来，这种对自己调性共振的敏锐反应就会变成你有别于同辈的独特能力。但同样危险的是，当那些与你产生共振的东西根本不在的时候，你也可能"看见"它们。

以下的例子说明了我们的调性如何能够同时是资源与局限。在先前提过的高管团队会议的案例当中所提到的合并案，是发生在合伙公司（partnership）以及公众持股公司（publicly held firm）之间。合伙公司一方的成员对于合并案感到兴致勃勃，并且积极地帮助他们的新同事了解内部关系议题的重要性，例如共享信息与服务，并且形成协调统一的发展策略。来自公众持股公司一方的成员对于外部环境比较敏感，例如竞争压力与股价。由于过去他们双方有不同的经验，这个经验的差异导致他们会对不同的议题特别敏感，而他们双方都认为他们特别敏感的议题是迈向成功的关键。他们会对不同的议题特别敏感，是受到他们自身经验的影响，而非只是因为原公司的组织文化与经验让他们各自有不同的偏好。要让他们任何一方看见这一点，是非常困难的。

当你的心弦不自觉地产生共振，你的反应可能会让你无法更完整地看清情势，而且可能会让你无法有效地回应。在那家新合并的公司，原本属于合伙公司的成员对于内部关系的议题特别敏感，而这种敏感性让他们难以理解为什么对数千位姓名不详的股东负责是同样重要的。

更进一步地说，如果你的心弦随着时间被重复地、精确地调试对于某些事情的反应时，你就有可能在所处的环境中"看见"你所敏感的事物，有时候也会冒太快得出结论的风险，甚至那些事物实际上并不存在。你可能会马上就下了错误的结论，并且对其他试图针对复杂动态或一系列事件作出解释的说法听而不闻。在先前提到的合并案中，对于来自合伙公司一方的成员而言，每一个问题看起来都像是内部关系上的问题，而对于来自公众持股公司一方的成员而言，他们在看待每一问题时，都会倾向用那个问题可能会影响股价的观点来切入。

当其他人知道你心弦的调性，他们就更有可能诱惑你成为他们的伙伴，进而支持他们的利益或是阻挠你的计划。你会变得容易上钩。比方说，如果你对于吼叫所带来的不适非常敏感，你的同事可能只需要对你大吼大叫，就能够让你放弃你打算提出的介入方案。如果你对他人情绪上的痛苦很敏感，你的同事可以借由表现出痛苦的情绪，就能劝阻你进行所需的介入。

调适性领导力往往要求我们以临场即兴的能力，回应当下处境最需要的变革，而不是将过去的经验强行套用在当前的情境，这就像是在套用一块不完美的模板。[1]

当你被当前的处境强烈地扰动这些心弦时，以上所谈论的应对只会变得更加困难，因为那时你容易冲动地作出反应，使你作出错误的诊断并且采取错误的行动。你那些扰动心弦的经历会唤起你的回忆，或是与目前所面对的议题毫不相干，但你却完全被这些经历主宰了。为了描述这些情境对你的影响，接下来我们要讨论一下你的"触发点"（trigger）。

认知你的触发点

"被触发"是一种普遍的经验。你是否经常被别人"碰了你的按钮"或是"踩到你的痛处"？一句来自同事简短的点评，或是你配偶的一个动作，只要一个微小的刺激就能够把你惹怒或让你抓狂，或是至少会让你短暂地失控。你的防卫机制会受到恐惧以及肾上腺素的作用而被撬动。你那个精明、高瞻远瞩、优雅且敏锐的自我一瞬间消失得无影无踪，并且短暂地被那个更原始、更具防卫性的自我所取代。

更糟的是，一旦你被"触发"了，你可能也会触发你周遭的其他人。杂音随之出现，生产力也会跟着下滑。你握有越多权势（不论是正式或非正式的），你就会对手头的工作造成更大的破坏。有时候这些后果甚至会在公共场域也看得见。

然而，你的触发点也会在较小尺度的场景中发挥作用。例如亚历山大从小就被他的父亲教诲："运气是自己创造的。"这个信念有时对他很有帮助。但是有时候当事情发展没那么顺利，并且他的焦虑上升的时候，他的脑中会响起那句教诲，然后他就会当下被触发，仿佛他的父亲就在他的耳边喊叫一样。接着他就会奋力地尝试"创造"他的运气，这会让他承担过多的工作，或是试图处理属于他人的问题。通常到最后他也会让局面变得更乱。

如果你擅长走上看台，你可能就会注意到别人什么时候被触发。如果你非常擅长走上看台，你可能也会注意到自己被触发的那一刻。当一个人被触发，往往会出现行为上的变化：说话的声音变得异常大声或微弱、原本在会议中沉默不语的人突然变得疾言厉色，或是能言善道的人在会议中离开。当一个人被触发的时候，也可能出现生理上的症状，例如心跳加速、呼吸急促，以及手心出汗。

要能够控制自己的触发点，而不是被它控制或是陷入低效的模式，你必须辨识自己会被触发的当下。

站在看台上

- 回想近期一次让你产生强烈反应的事件，而且你的反应强烈到连你自己都被吓了一跳。是什么刺激了那个反应的发生？那个事件在什么方面与你过去经历的某事物相联结？为什么那次的经验对你这么重要，或是仍然让你耿耿于怀？持续检视你的回答，直到你对自己的敏感性有更深刻的认识。接着把你的想法记录下来，这样你就可以开始预判你的触发点何时会被触发，并且可以防止这些触发点对你造成损害。

走在田野中的实践建议

- 下一次你在一场对话或是会议中，当你觉得自己被触发的时候，练习采取一些步骤让情境处于你可驾驭的范围内。例如先等到两三个可以介入的机会过去之后，才出手介入，而不是立马就抓住第一个介入机会出手。如果你注意到其他人被触发了，采取一些做法帮助他们驾驭情况，例如只是单纯地针对那个过度反应作出评判。当这些做法被使用之后，注意你自身以及他人的变化。注意这些做法对整个谈话或会议造成的影响。

渴求与过度承担

根据我们的经验，有两类触发点特别重要，并且需要特别关注："饥渴于某些需求"以及过度为他人承担。

你的渴求会特别容易让你变得脆弱。在《火线领导》里面，我们谈到了有关人的三组密切相关的基本需求：（1）权力与掌控；（2）被公开肯定与感觉重要；（3）亲密与愉悦。而如果这些需求一直没有被满足的话，它们就会变得越来越难以驾驭。[2]

当你感觉自己开始失去控制、可有可无或是不被爱戴，如果有人在这个时候能够满足你的这些渴求，不论他们这么做是无心还是有意，你就会成为别人的"猎物"，借此让你无法引领他们本来不支持的调适性变革方案。比如说，如果一位担任经理的同事可能会因为你的方案而失去地位，他可能会对你说你很重要，借此让你分心而无法推进你的介入方案。

当这些渴求没有被满足，人们可能会使用不恰当的手段满足这些需要。与同事发生关系就是一个众所周知的例子，来满足那些渴望得到亲密与愉悦的人在这方面的需求；当然还有其他戏剧性及破坏性相对少但仍属于有损害性的做法，例如以自己的声誉为代价，坚持要求更响亮的职称或是更大的办公室。

另外就是责任陷阱。我们常常会遇到许多人已经过劳或不堪重负，特别是在非营利部门，尽管这个状况也可以在政府部门及私人企业看到。在许多时候，过劳的重要原因之一是过度为他人承担（肩负了他人的希望、需求、期待与恐惧），也就是试图为他人背负一切。

从我们出生开始，其他人就会把他们的期待、希望、心愿、恐惧与挫折加在我们身上。当你还是年轻人的时候，你毫无疑问地可以从中获益，因为在你变得成熟并且迈向成功的过程中，许多来自于父母、长辈及导师的期待会变成你的智慧、鼓舞及指引的源泉。然而当你长大成人之后，别人的期待也可能是某种他们自己尚未解决的问题的投射，而你可能会不知不觉地把那些问题视为自己的问题；当你对别人的期望报以简单的回答时，会让你暴露于脆弱中。在这方面，也许没有比美国总统选举的竞选活动更好的例子。为了获取选票，总统候选人会欢迎数以百万计的人们把希望与恐惧加在他的身上，后来却发现他不可能实现所有的期望。

倾向于过度为他人承担可能是形塑你心弦调性的重要途径。例如你的父母一直都是没什么钱的人，并且以这种穷困为耻，你可能也会内化这份耻辱，并且希望努力赚钱孝敬他们来为他们了却这个心结。然而那份耻辱感从来就不是因你而起的，它是来自你的父母的，况且你也永远无法为他们了却这个结。他们的耻辱感已经以各种方式渗入他们看待自身的观点，并且影响他们看待以及回应世界的方式，而你所孝敬的金钱可能永远无法驱散他们的耻辱感。你或许能让他们以你为傲并且感到舒坦些，但是那些自豪感会如何填补他们的伤口已经超出你能够控制的范围。你可能还是会持续致力于对付那个问题，希望这样能够减轻他们的负荷。你为他们承担，他们也可能会让你一直这样做下去。

我们常常也会在工作的场合过度为他人承担。比如说，你可能会认识几个工作狂，他们背负了整个家族与祖先的飞黄腾达、功成名就的心愿。

当然，想要减轻你所关心对象的肩头重担，这是令人钦佩的。但是当你承接他人太多的负担，或是承接了太多人的负担，你最后只会觉得再也无法承受。这是因为比起解决自己的问题，"解决他人的问题"更不是你能掌控的。当你长时间处于这种过度承担的状态，你就会变得失去效能，不论是带领调适性变革，或是处理职场、家庭或社群生活中的简单工作。要能够放下肩膀上的重担，并且把它交还给别人或是群众，你可以做的第一步是了解有哪些事情正在对你造成损耗。

站在看台上

- 下一次当你注意到自己不堪重负时，问问自己："我正在肩负谁的担子？为什么我会觉得自己需要承担它？我可以做些什么，来把这个担子归还原主？"与其只是从你的待办清单上挑出一件工作，你可以先暂缓想要开始行动的冲动，并且先想想这应该是谁的工作，接着发展策略把工作以对方能够承受的速度交还给他们。

走在田野中的实践建议

- 先假设在你目前承担的工作中，当中有四分之一是可以或是必须由他人所承担的。把你未来两周在办公室要做的事情都列出来，并且加注每一件事情所需的时间。从清单上选出那四分之一的事情移交给其他人，并且真的这么做。这样一来，在一天结束前你就会多出不少的时间，让你可以把它花在最重要的事情上。

第 16 章　拓展你的"带宽"

除了你的效忠需求以及你的心弦调性，你的"带宽"（bandwidth）——也就是你用来在组织中推进调适性变革的整套技能——也是"视自己为一个系统"的关键元素。这些技能构成了一个光谱，包括从容优雅、带来鼓舞且辞藻华丽的一端，以及能作出当面对质的另一端。根据实际情况以及牵涉其中的人，你必须有能力混合搭配不同的技能以符合你的需要，而这就需要你有足够的"带宽"。正如同约翰·伍登（John Wooden）、鲍伯·奈特（Bobby Knight）以及其他大学及职业运动优秀教练所说的，你必须用不同的方式训练每一位运动员。有些运动员可能只需要稍微提点一下，有些运动员则需要大量手把手地带领和照顾，而有些则需要当头棒喝。

为了拓展你的带宽，你可以先从了解你手上现有的技能开始。哪些技能是你已经擅长使用的？哪些则是你的"反手"？回想到目前为止你在本书所学到的技能，例如提升热度、走上看台，或是区分问题当中的技术性与调适性成分。了解你的强项与弱项，能够帮助你判断某个特定情况是否会因为你的介入而获益，以及什么时候你会需要帮助。一个简单的例子是，如果你擅长让大家专注于工作，那么你可能需要找其他人来帮你主持头脑风暴会议，借此为下一步的实验发展各种可能性。

发掘你的忍耐力

要更有效地施展调适性领导力，你需要有踏进未知领域的意愿与能力，并且有能力扰动当前的情境。比起混乱、困惑与冲突，大部分的人更偏好稳定、清晰以及有序的状况。然而，如果你想要实践调适性领导，你必须能接受自己会引起混乱、困惑与冲突，你所引起的混乱不仅是为了你自己，也是为了你周遭的其他人。

这意味着在带领调适性变革的时候，提升你自己对于失序、模糊不清及紧张的忍耐力是非常重要的。要明白你当前的忍耐力也是你的另一条"心弦"，并且也构成了你今天调性的一部分。即使你不确定自己是否在做正确的事，或是用正确的方法做事，你是否还能让自己留在局中？"我不知道这是不是正确的推进方式，但是我知道我们必须试着做些事情。还有，不论我们做了什么，我们都必须把它视为一场实验"，你是否能够跟自己说出这样的话？如果你是一位严谨的规划者，在度假的时候你需要事先知道每一个晚上住在哪里，或者如果你是一位缜密的计划召集人，你会把要做的每一件事情都列成清单，并且在完成这些事情时逐项打钩，那么你可能会因调适性变革伴随的高度模糊性感到一定的适应难度。

与上述情况类似的是，对于观看或是帮助他人为了彼此深信的价值观而展开斗争（这里指的是有建设性的斗争），你会感到多自在呢？你是否善于压抑冲突、在场面快要崩掉的时候将彼此冷却下来，或是善于找出"短期的双赢"来避免派系在组织或社群中形成？如果你擅长做这些事，那么当那些棘手的、引发分歧的议题需要被浮现的时候，你可能就会感到不容易处理。（如果你在一个具有权势的位置领导这些调适性变革，浮现那些困难议题对你来说就会特别困难，因为每个人都会期待你能让场面冷静下来并且维持秩序。）

同样，拓展带宽不是一件容易的事。它意味着你需要离开舒适区，并且愿意踏入一个可能会让你显得失效失能的领域。然而从我们的经验来看，拓展带宽至少同时取决于你的意志与技能。以下是一些试图努力拓展带宽的实践案例。

弗莱德（Fred）是一位具有魅力、卓越不凡的首席执行官。他所领导的专业服务公司的规模虽然很小，但是却很成功。最初弗莱德依照他心中的图景建立了这家公司，并且运用了他的洞察力、人格特质以及客户关系，让公司快速成长。弗莱德喜爱吸引并争取客户，并且提出创新的解决方案为客户解决问题。他也同样喜欢扮演解决客户问题的关键角色，也就是每当客户公司内部出现了什么创意挑战的时候，客户都会去寻求弗莱德的协助。他知道他不想要处理公司的运营，所以他聘请了一位首席行政官（chief administrative officer，CAO）来负责所有行政工作的细节。然而，他也不想扮演首席人才官（chief personnel officer）的角色，尽管这其实是每位首席执行官都会被期待要扮演的角色。他不喜欢冲突，也不喜欢处理员工的个人问题、怪癖与需求，而且他的确也不擅长做这些事情。做这些事情会让他觉得自己被榨干，并且让工作的乐趣消失。然而，他最终还是被说服了，因为如果他想要公司变成市场的首选，就得担起那些工作，因此他知道自己必须变得善于管理员工，并且必须懂得抽身，好让员工能够学习如何与客户对接。他花了一年才建立起这些方面的能力与自信。当大家走进他的办公室、请他为他们解决争端的时候，他必须要求他们自行解决那些争端并且汇报他们的解决方案。我们还记得弗莱德跟我们说，要做到这些对他是多么的困难。他实在是作出了很大的调适。

还有另一个类似的案例，茱蒂（Judy）是一位才华横溢的平面设计师，她希望可以在出版物领域有更大的影响力，而非只是设计部门的普通设计师。相较于她大部分的设计师同事，她对于编辑出版物的内容有更强烈的兴趣。但是她知道，如果想要实现她对自己的期许，并且还要能兼顾她所关心的那些出版物的设计，她就会变成一位"令人畏惧的管理者"。当她一开始担任管理者的时候，充其量只是个半吊子。她偏好坐在电脑前提交杰出的设计。培养出优秀的部属并不在她的关心范围内。相较于前面例子中的弗莱德，茱蒂花了更多的时间训练自己成为管理者。她最后还是成功了，这当中绝大部分是依靠她的意志力，并且伴随几次初期的失败以及中途的修正，最后她成了业界的典范。弗莱德与茱蒂所需要的带宽都不算是超出了他们固有的能力范围，但是他们所需的带宽的确是远在他们的舒适圈之外。

站在看台上

- 回想你最近经历的一场艰难的对话。那场对话持续了多久？你的回答有多少反映了你对于失衡的忍耐力。例如，如果那场对话持续的时间超过 30 分钟，你可能有很好的忍耐力。如果那场对话只持续了 3 分钟或几秒钟，你的忍耐力可能就非常有限。

- 当你觉得自己已经被混乱、困惑或冲突压得喘不过气，或是当你发现别人被压得喘不过气的时候，你做了什么事？你会说笑话吗？或是中止对话？把工作分配给某个人？压抑情绪？这些做法反映了哪些关于你的忍耐力的现状？如果你对混乱、困惑与冲突只有低度的忍耐力，你可以做些什么来提升忍耐力？

走在田野的实践建议

- 当你处在一场艰难的对话中，而且发现自己想要找退路的时候，不许自己这么做。看看你能否先放下马上就逃离现场的第一次机会，并且让自己留在那场对话中，直到下一个机会出现的时候。接着重新评估那个情境并且再次试试看。通过逐步拓展你对于冲突及混乱的带宽，你可能发现自己原来已经具备这些技能，或是你就从现在起开始锻炼这一组"肌肉"。如果你关心那个情境，并且也有一些利害关系在其中，让你自己留在那个处境中就相对比较容易。

- 请一位同事在一场会议中观察你，并且请他记下你用来回应冲突或复杂情境的各种方式。在会后检视那些同事记下的笔记，并且试着从中看出一些模式。例如为了让其他人作出你认为需要的改变，你是否倾向几乎只依赖"直来直往"或是"婉转说服"？讨论你可以怎么做来拓展带宽，让你可以具备更多处理紧张局面的能力。

第17章　理解你要扮演的角色

情境脉络（context）是很重要的。除了你自己的价值观、优先级与敏锐性，你同样也在体现自己所在的组织的价值观、优先级与敏锐性，组织当中的每个团队或群体也是如此。每一个人以及群体都是组织系统整体的一部分。根据实际的情况，系统中的不同元素会在不同的时刻变得活跃。而它们可能会是一群人共同关心某个问题，或是采取一系列经过计划的行动。比如说，两个来自不同部门、过去有很长一段时间没有一起共事的人，当他们针对一个问题协商解决方案，而且这个解决方案可能会影响各自部门的时候，他们可能会不信任对方。但是，如果某位坐在他们谈判桌上的参与者，突然因为心脏病而倒下，当他们双方试图合作抢救那个人的时候，他们彼此之间的不信任就会烟消云散。两个部门没有在现在或过去有过利益冲突，则没有什么因素会加剧双方部门成员之间的猜疑。你所扮演的角色，以及你在扮演这些角色时的行为表现，取决于该处境所蕴含的价值观与脉络。

同样，在某些处境下，你可能会表现公平的价值观——例如主张男女同工同酬。但是在其他处境下，你可能会表现勇气与冒险的价值观，而其他人也会以类似的方式展现组织的其他价值观。当你和其他人对于当前挑战抱持相同的价值观或观点时，你就会与这些人形成"派系"。派系可以是很有用的，因为如果你想要独自领导调适性变革，你会遭遇极大的困难。此外，你的派系中的每位成员都有自己的关系网络、效忠对象以及政治资本，因此他们可以帮助你影响其他派系的成员，而你可能刚好需要那些派系成员的支持。

站在看台上

- 想想你所属的群体，包括你的家庭、社群、工作团队、部门以及组织。你为这些群体展现了哪些价值？对于不同的群体，你为他们展现的价值观彼此之间可能会有矛盾。例如有些人在某个处境（例如工作）中想要把一切事物置于他的掌控之下，但是在家庭中他们所呈现的态度反而会比较随意（或者刚好相反）。要看见自己在某个群体所展现的价值观可能会有难度，但是如果你仔细去看，你还是可以看到一些蛛丝马迹。例如，如果你注意到群体其他成员常常在场面很紧张的时候望向你、希望你可以说个笑话，这可能意味着你为他们体现了中和冲突的价值观，进而让人们可以不用那么严肃地看待自己。

走在田野中的实践建议

- 当你的团队在处理某个议题的时候，每个人所扮演的角色会很快地浮现。与其让人们扮演他们平常扮演的角色，你可以指出某个角色所代表的价值观，并且看看还有哪些人也属于那个派系。然后邀请那些代表相反价值观的成员找出与他们自己属于同一派系的伙伴。这么做的目的，是要让不同的价值观与观点都能投入议题的处理中，而不只是让人们平常扮演的角色影响整个过程。

你扮演了哪些角色?

任何类型的群体（家庭、团队、部门、派系、公司）都会通过对其成员的角色分配——尽管这个分配过程通常是隐秘的——实现某种秩序。例如你在家庭被"分配"到的角色，可能是要在冲突爆发时扮演一名调解员，而大家也会期待你能够解决冲突；你也可能被"分配"咨询者的角色，也就是当任何家庭成员在需要的时候会寻求你的建议；或是你会被"分配"到照顾者的角色，当人们受伤时会寻求你的照顾。在你的组织，当你从财务负责人的位置被升为副总裁时，你被"分配"到的角色，可能是要让人们为他们所背负的财务底线负起责任。但是，你不仅仅是你被分配到的角色，你也有一定的自由度选择是否要扮演以及如何扮演那个角色，尽管这个自由不算是完全的自由。

比起你被分配到的角色，你也可以决定扮演更多角色。比如，你除了扮演顽强务实的经理角色，当有一位员工在经历个人的某种艰难时刻的时候，大家可能也会望向你，期待你可以采取合适的行动；又或许大家会把你视为派对狂热者，期待你可以在员工共识营的时候张罗一些娱乐节目。事实上，如果你可以扮演更多角色，你就可以更有效。就像是有更宽广的带宽一样，你将会有更多的方法可供选择，回应不同的情境，因此你就会变得没那么容易预测，并且也不会受到某一特定角色的限制。当你尝试在困难的议题中取得进展时，如果扮演的角色越多，你就会是越多派系的一员，而且就会与更多人有联结。

图 17-1 的饼状分布图呈现了一个人可能扮演的基本角色。想想你在个人生活中所扮演的角色：配偶、情人、员工、老板、父母、孩子、朋友、任务负责人、宽恕者、顾问、咨询者、义工、会员、选民、同辈、竞争对手、同事、推销员，等等。你在这些不同的角色里不会有完全一样的行为表现，但是这当中的每一个你都是真实的你，只是它们都不是你的全貌。图中每一块扇形的大小分别代表了你花在扮演每个角色上的时间百分比。但是你也可以画另一个饼图，让每一块扇形的大小代表你在扮演这些角色时所获得的满意度，然后你就可以对比所花的时间以及满意度。

有许多角色是你扮演的，也有许多角色是你能够扮演却不常扮演的，还有许多其他角色是你可以试着扮演的。这里的重点是，你要能够允许自己用不同的方式扮演不同的角色，借此让你自己在任何情况都可以有更多的选项，使你在身处不同的情境脉络时，能够从不同的位置进行有效的领导。

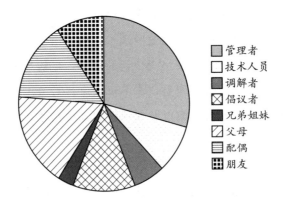

图 17-1　用饼图呈现一个人扮演的基本角色

　　不论你在何时扮演了什么角色，那个角色都不代表你的全部，即使你可能会有那种感觉。例如你可能会把你的全副身心投入某个角色，就像许多人在扮演父母角色的时候一样。然而，那个角色还是与你自己不太一样，它只是为了让你的家庭、组织或社群变得更好，因而在某个时刻做了某事。如果你在扮演那个角色的时候所使用的方式不奏效（例，你的调解技巧不是当前的处境所需要的，所以你并没有取得成功），这不代表你本人没有派上用场，而仅仅是那个角色的表现没能发挥效用而已。

　　如果你能够用这样的方式看待你所扮演的角色，当那个角色的表现没能发挥效用时（不论是一时或是长期），你就不会因此感到受伤或是觉得自己没有用。这是件好事，因为如果你觉得自己没有用（例如，你完全接下了一位同辈经理对你的能力所给出的攻击性批评，并且认为自己很无能），你所有的注意力就会转而向内了。你会把视线从当前的组织问题移开，并且降低了解决那个问题的机会。"在政治上的人身攻击"这则案例，能够给那些在任何组织引领变革的领导者带来一些启发。

案例：在政治上的人身攻击

　　在 1972 年美国总统大选期间，参议员埃德蒙·马斯基（Edmund Muskie）争取代表民主党参选总统，并且在民调中领先现任总统尼克松

（Richard Nixon）。尼克松阵营攻击马斯基的方式，并不是评论他在公共政策与越南战争上的立场与观点，而是攻击他的妻子有酗酒及说粗话的行为。马斯基所犯的错误，是他接下了这个对他妻子的人格攻击，并且在媒体上为他的妻子辩护，这正是尼克松阵营所期望的。马斯基在电视上落泪，而媒体也对此大肆报道。至今人们仍然不确定马斯基当时是否真的哭了，但是借由把马斯基的炮火吸引到别处并且让他看起来"没有总统样"，尼克松阵营成功终结了马斯基的总统梦。

如果你可以把你所扮演的角色与你自己区隔开来，你就可以获得更多的情商，使你可以无视对手为了阻挠你的变革方案而加诸你的人身攻击。人们对你进行人身攻击的目的，是为了把你的注意力从你想传达的信息上移开。下一次当你在针对一个困难的观点发言时，或是在主张一个困难的变革方案时，如果有人说你"太激进"或是"没心没肺"，你可以提醒自己（作为一个人）并不等同于你所扮演的角色（作为变革的引领者）。虽然你所遭受的攻击可能会让自己很受伤（而别人也可能就是想要达到这种效果），但是那个攻击无关乎你的人格或是你作为一个人的价值。那只是一个想要操纵你的策略。你可以试着说这类的话："我确信我还可以变成一个更好的人。让我们回到眼前的议题上吧！"

把你的角色以及自身区隔开来，也能帮助你远离他人的过度夸赞。这些毫无根据的夸赞往往是用来让你感到舒服而停止行动，不论这些夸赞你的人是不是有意为之。如同我们先前提过的，当有人说你是多么不可或缺，或是说在某场会议中简直棒极了，你可以听听脑中的小声音。这个小声音是在警告你那可能是过度的夸赞。在分散注意力方面，过度夸赞与人身攻击一样有力量。如果你能理解这些夸赞所针对的是你在他人的工作与生活当中所扮演的角色（也就是你的观点是多么让他们感到高兴），而不是针对你本身，你就可以专注于你想要传达的事情。

如果别人对你的夸赞变成了某种的理想化（idealization）现象，也就是人们开始真的相信你是不可或缺的，那你就开始走下坡路了。即使是对那些最强大的人，理想化也会有诱惑人的效果。为了对抗人们的这种依赖心态，你可以提醒自己，这是人们用来把责任转移给他人的方式，是为了回应当前的挑战令他们感到难以负荷的状况。理想化背后隐含的信息是"你有魔法，而他们没有"。所以，这时你的任务就是专注于培养他人共同承担责任，让他们能够提出新的实验或解决方案。调适性领导要发展的是人们的能力与能耐，而不是人们对领导者的依赖。

站在看台上

- 你的团体或组织分派了什么角色给你？他们是怎么分派那些角色的？除了扮演这些分派到你的角色以外，你想扮演哪些其他角色？如果有的话，在这些角色当中，哪些是你已经有能力扮演的？哪些是你必须学习如何扮演的？
- 为你自己画下两个像图 17-1 那样的饼图。在其中一个饼图画出你在某个团体或是你在生活中所扮演的角色，以及你扮演这些角色所花的时间。在第二张饼图画下你在扮演这些角色时获得的满意度。比较这两张图。

走在田野中的实践建议

- 在团队分派给你的角色范围之外，可能还有某个角色是需要有人去扮演的。试试看你能否发现你的团队缺少了什么角色，而你的团队正需要那个角色才能够取得更大的进展（不论那个角色是倡议者、调解者或是专案管理者），然后把那个角色分派给你自己。看看这与你之前所扮演的角色是不是必要的，或是现在可以移交给其他人去做，或是可以与你的新角色结合。
- 在你做完了前述"站在看台上"的分析练习之后，看看你所扮演的角色当中，哪一个让你感到最满意？试着在不同的处境状况下转换角色，看看这么做能否带给你更好的成果，并且带给你更大的满足。

识别你的权力范围

不论是在你的专业场域、个人生活或是公民生活，在你所扮演的每一个角色当中，你都会有正式与非正式的权力范围。你的正式权力范围包括正式权力的授予者（通常是位阶比你高的人）授权你去做的事情、他们期望你去做的事情，以及他们期待你在做那些事情的时候所使用的方法。这个正式权力的范围可能会明确地写在职务说明书、规则条例、组织章程以及组织架构图当中。在选举政治中，这些权力范围则会写在宪法、法律以及先例当中。

除了那些授予你正式权力的人之外，还有一些授予你非正式权力的人。他们可能是在组织架构图中与你平行或是在你之下的人、那些虽然在你之上却对你没有正式管辖权的人，以及组织外部人士。这些人都会以某种方式，期盼你能够满足他们的需求，而你可能也需要他们的支持完成工作。对于一位上司而言，他的直接下属们可能对他有非常大的非正式影响力。在最极端的情况下，许多被开除的管理者其实是被他们的下属开除的。尽管那些下属没有"扣下扳机"的正式权力，他们却可以创造出开除他们的管理者的环境或条件。例如他们可以让主管表现得差强人意，或是他们可以向有权力炒掉他们管理者的上级打小报告。

你的非正式权力不会有明文说明你的权限，而你的正式权力往往也不会与你的非正式权力范围完全相符。如果职务说明书授权你去创造某种改变，你的非正式权力（可能来自于你与他人的私人关系或个人的经历）可能会让这个改变的实际规模比职务说明书所写的更大或更小。识别自己的权力范围之所以困难，其中一个原因是你的权力边际通常是很模糊的，并且总是在变动当中，而你的正式权力、职务说明或是你在求职面试时被告知的内容，很多时候具有这种模糊变动的特质。你是否曾经有过这样的经验：当你应聘担任某个职位的时候，你被告知将来需要做哪些事情，但是当你一上任开始执行职务时就撞到了墙，才渐渐地搞明白那些没有写在职务说明书上的真实工作内容？在我们的经验中，当人们被聘请去促成某种改变的时候，他们往往很快发现，那些聘请他们的人通常也是问题的一部分，但是"改变这些人"却没有写在他们的职务范围之内。

当你开始梳理出你各种各样被授予权力的场域（authorizing environment），并且列出你的各类权力授予者以及他们对你不同的期待的时候，你可能就会觉得职场人生变得更复杂了，尤其是当这些群体对于你的权力范围的看法有冲突时。你可能曾经看过因为相互冲突的期待造成的焦虑，例如当你打电话到航空公司，希望客服人员能够因为你是他们的忠实顾客而给予你特别待遇，而对方请你稍候并与他的上级商讨，但是那位上级却认为公司的规则不能被打破。也就是说，当你的上级、下属以及你的顾客对你的角色有相异且不可调和的期待，而你正面临这些互斥的期待时，你必须想办法改变这些期待，或是决定要让哪些权力授予者失望。如果你选择采取可能会让某些人失望的做法，你就必须想办法让你在采取那个做法的时候，不要让他们把所有的失望都发泄在你身上。图 17-2 呈现了授权发生冲突的概念。

每一个圆圈代表个别人士对你的期待。圆圈重叠的部分，
代表那些人对你的共同期待。

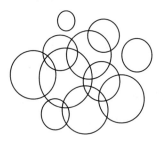

图 17-2　重叠与互斥的授权

如果你的任何角色的非正式权力的范围越大，就能够取得越有利的位置达成目标，因为这时图 17-2 的圆圈更有可能相互重叠。当这些圆圈的重叠度越大，你就越能够找出办法来达成目标，同时又不会让某些权力授予者失望。有非常多的方法能够拓宽你的非正式权力。如同我们在第十章提

到的，最常见的方法包括累积战功、建立互利关系、展现你的可靠度，并且与他人相互帮助与支持。

诊断权力范围能够帮助你区分大家对你的期待、评估你对于被授权去做的事情到底有多少资源与空间，并且回答许多重要且实际的问题，例如你是不是介入某个情况的最佳人选、你需要哪些盟友、时机是否正确、什么议题要优先处理、哪里可能有"地雷"，以及什么战术最有机会取得成功。例如，罗伯特·摩斯（Robert Moses）在为政府效力的60年中，在纽约市建构了一个由公园、桥梁与公园道路所组成的庞大网络。他最初进行的大型专案，要把纽约长岛的一处滨水区转变为公共海滩，而当时那里有一些私人住宅。当然，这项专案非常受欢迎，除了那些房屋被征收的几户人家是例外，不过这项专案的成功也大大地提升了摩斯的非正式权力，而这也正是他所需要的资源，让他可以打那些更靠近纽约市中心、有更多人聚居的区域的主意。要执行位于这些区域的专案，在政治上相当困难，但是如果没有那些从早期成功所累积的非正式权力，这些后来的专案就会更加困难重重。

诊断你能使用权力的场域也能够让你想到一些方法来强化你的非正式权力。例如如果你被授权安排会议并且决定邀请谁来出席会议，而你想要解决的问题却在你的正式权力范围之外，但你还是可以运用那个权力，策略性地邀请能够帮助你解决那个问题的人出席会议。

当你在应对权威的时候，如果你能够先了解你的权力场域，你也会比较容易处理情绪包袱。我们当中许多人都会有这种包袱。当你25岁或30岁的时候，你可能已经对有权势者累积了某些正向与负向的经验：给你机会或是羞辱你的师长、让你发挥最大潜能或是小看你的教练、在你低潮时对你不离不弃或是抛下你的资助者。

我们过去与有权势者互动的负面经验会在我们心中留下疤痕，而这个疤痕会影响我们如何应对当前面对的权威。例如有些人就是忍不住要违抗所有他遇到的权威。有些人则会觉得挺身面对有权势者并且主张自己的立场是件不可能的事。还有些人决定完全不要与有权势者一起共事，例如他们会选择变成自雇者而不是在公司担任职员。对于许多人而言，扩展自己的成长边际是要从依赖（dependence）与反依赖（counterdependency），转变为独立（independence）与相互依存（interdependence）。

通过描绘你的权力范围，你可以不把那些权威视为障碍或威胁，而是把他们视为整个大系统的一部分，并且认识到他们也承担了各式各样的期待。看见他们处境的复杂性，或许你带着同情心就能在应对他们或是一起共事的时候能够有更多选项。与其与他们唱反调、向他们屈服，或是彻底逃避他们，你可以挑战他们、与他们协商，并且运用他们的权力推进调适性的变革工作。

站在看台上

- 使用表 17-1 列出在你的工作场域授予你权力的人。对于第一栏中的每一位权力授予者，分别在第二栏及第三栏写下你从他们那里获得的任何正式与非正式的授权。在第四栏写下他们对你的授权的潜在边界可能在哪里，也就是在你为了关心的事物而想要做的事情中，哪些可能位于他们对你的期待范围之外？在第五栏，想想你在什么时候曾经在扮演你的角色时遇到什么阻抗（被动的或是主动的），而这些阻抗可能指出了他们对你的授权范围的边界所在。

- 列出过去你和有权势者有过的负面经验。这些经验如何影响你应对现在碰到的有权势者？确切地说，你现在倾向与有权势者建立什么样的关系？你是否常常违抗他们？会束缚于他们的期待？完全逃避他们？对于你在组织内引发所需变革的能力，那些与在位的有权势者建立关系的倾向造成了什么样的影响？

调适性领导力：与复杂世界共变的实践与技艺

表 17-1　授权图

第一栏	第二栏	第三栏	第四栏	第五栏
权力授予者	正式授权	非正式授权	他们对你的授权的潜在边界	碰触到授权边界的迹象
老板				
同辈（可能是来自不同派系同辈的多重权力场域）				
下属				
配偶				
外部人士（例如顾客或供货商）				
朋友				
其他人				

走在田野中的实践建议

- 在你的组织或社群当中，挑选一个过去你没能有效应对（违抗、臣服或逃避）的权威。在你下一次与这个人互动的时候，试着采取新的方式与对方产生联结。例如试着带着敬意而非违抗的态度，挑战那个人对你的角色的假设，你可以和对方针对你一直接收到的混杂信息进行谈话，而你先前为应对他而产生的无效回应方式也可以是这个谈话的主题。

第18章 清楚说出自己的使命

心之所向，身之所往。

——鲁米（Rumi）

面对调适性挑战是件困难且危险的工作，我们能够想象你之所以想做这类工作的唯一原因，就是这份工作能够服务你一直深度关怀的使命。对于认识"视自己为一个系统"而言，找出你更高的且具有指引作用的使命，也就是推动你去思考是什么重要原因让你愿意把自己置于险境。这是整个"视自己为一个系统"过程中的关键部分。一旦你明白是什么更大的使命指引着你，将可以在更大的背景脉络下进行理解并作出日常的决策，而且也能够作出艰难的决定，把其他的重要目标置于那个具指引性的大使命（orienting purpose）之下。当你碰上棘手难缠的时刻，你的大使命就能帮助提醒你（与他人）想要引领变革的原因。"持续聚焦在使命"提供了一个案例。

你的使命也会帮助你分配时间。在每一天结束前，你可以问问自己："今天我做了什么事让我的使命有所进展？"希望你在许多时候会觉得这个问题是容易回答的。

案例：持续聚焦在使命

一家美国工程公司的首席运营官（工程师出身，并且是未来首席执行官的预定人选）屡屡让自己身陷日常的危机处理当中，而且这些日常的危机不断分散了他的注意力，让他无法聚焦于想要引领的那个艰难的变革。他乐于为他人解决问题以及摆平各种疑难杂症。但是他知道，如果他屈服于那股压力而把时间都花在解决问题上，公司将永远无法作出必要且艰难的调适。他必须每天提醒自己，他的使命是要把公司从一家以领域划分组织架构、有数个自主运作办公室的传统工程公司，转型为一家有着跨领域团队，并且承诺在与客户协作上领先同业，进而能够持续推动大型工程专案的公司。

他明白能够为公司做到最好的事，就是维持与同事们以及下属们的某种张力，并且让同事们知道他们必须在他给出的条件范围内创造未来的公司；此外，他也必须鞭策大家，时时让他们意识到他们的抱负与公司当前表现之间的落差。为了引领这场变革，首席运营官必须以一种崭新但会让他不舒服的方式行事：他必须让大家持续处在失衡的状态，而不是让自己因为担忧日常的事务而分散心力。

他使用了一切他能够调度的资源，时时不忘他的使命：指派公司的一位资深成员负责这个变革并且每天向他汇报；找一位教练，并且留出时间读书与反思。他试着让这些日常的"小火"维持在适度范围内，并且留意不被分心。对他而言，这不是件容易的事，因为他喜欢泡在日常的运作中。他不仅能够把这些日常事务处理得很好，而且大家也喜欢他一直扮演这个角色。

然而使命并非永远不变。当环境发生变化，指引你的大使命也可能会跟着改变。例如，有时候你宁愿在工作上承担某些风险，让自己有更多空闲时间照顾个人与家庭生活。在其他时候，你可能觉得把私人关系的优先性往后放一点，使你能够回应工作上极为重要的使命。

你如何能知道自己在某个时刻的使命是什么呢？前面提及的策略是相当管用的，也就是观察你实际做了什么，而不是去听你说了什么。回想近期你做的决定，不仅是那些重大的决定，也包括那些乍看微小、但长期来看透露某种模式的日常决定。一个简单的例子是，当你在度假，甚至是当你已经告诉自己这次度假的目的是放松并且暂时逃离工作的时候，你是否频繁地查看电子邮件以及因为公事而通电话？你的行为反映了你真正的使命。如果你认为自己所信奉的使命与你在行动中所透露的那个使命有落差，你可能会体验到一种不和谐感。如果你允许自己与这种不协调的感觉多待一会，并且反思自己，就能够厘清、改变，并且接受执行任务的真正优先级，同时怀有较少的内在矛盾。此时你可能会发现，用一句话把你的使命写下来会很有帮助。有些人觉得大声说出来，先是对他们自己，然后再对他们的朋友、爱人，甚至在会议或演讲中公开说出来，这么做对他们也很有帮助。有些人会创造某种象征或图像提醒自己记得使命，像是符号、图画，或是摆在桌上的迷你雕塑。有人会在小卡片上写下一句话并且放在皮夹里。还有些人会用一句经文、歌词或诗句，并且把它们牢记在心中。这些象征物之所以会有帮助，是因为日常工作的纷扰让我们太容易忘记初心，甚至使我们无法发现我们的人生到底是为了什么。

人生方向的设定有不同的抽象程度，可以是笼统的，也可以是具体的。如果你能够在这个抽象程度的阶梯上下游走，就能够厘清所从事的日常活动与指引你的使命之间的联结。例如，如果你觉得每天在做的事情都与更高的使命没有关系，你可能需要重新思考你在做的事情。

但是在你爬上人生方向的阶梯之前，可以先只是保持意识，内心不需要有什么特定方向。例如你正在参加如何提升销售额的会议，而且大家逐渐陷入关于"要开多少场共识会"的细节讨论里。显然，大家已经失去方向了。此时你可以简单问一句："我们在这里想要做什么？"这样就可以作出重要的修正，并且把大家拉回到会议目的上。你并不需要收到什么回答，这个问句本身就已经很有价值了。

比起那些被明确定义的使命，有一种所谓"使命感"（a sense of purpose）显得更宝贵，因为它让你能够后退一步审视某个特定的使命、策略、目标或任务，并且提出一些灵魂拷问："这是我们想要拥护的吗？这是我们想要做的吗？这是我们想要成为的样子吗？"

诸如"终结世界饥荒"或是"成为世界顶尖的会计事务所"的抽象使命，能够在你评估策略时起到指引的作用，但是却无法指引你思考如何最好地执行那些策略。终结世界饥荒或是成为世界顶尖的会计事务所有很多条路径，但是当你开始用比较明确的词汇表达使命时，就会开始浮现冲突并造成阻抗。例如，在我们与一家国际会计事务所共事时，当首席执行官开始谈到通过深化与客户的关系，来为他们的口号"成为最好"赋予意义时，张力就开始加剧了。对于那些想进一步运用他们技术性的能力推动业绩增长的人而言，这个使命看起来让他们感到受到威胁。

在定义方向的时候，你可以随意选择在不同的组织高度——从最抽象地指引组织的价值观、使命，一直到日常工作以及实际的运作文化——测试它的一致性。然后你可以在组织中找到你的位置，并且看看这个角色是否合理。在更高的维度上，会计事务所的成员在谈到抽象的"成为世界顶尖的事务所"的时候，指的是提供让客户高度认可的服务。如果移到较实际的维度上，这个使命就变成从策略面来定义："在变动及充满挑战的商业环境中，我们必须与客户有更密切的个人互动，让公司从产品的供货商，变成能够帮助客户回应最复杂的财务挑战，并且深受客户信赖的咨询服务提供商。"在这个层级上，公司里的每个人就能够开始用这个使命评估每天做的工作，并且评估这些工作有多符合那个使命。

调适性领导力的施展，其核心是要超越个人的雄心壮志来为你的人生赋予意义。拥有最高的使命能够帮助这份意义聚焦。然而，如果要把这份意义实现、化作实际行动并为其赋予生命力，你首先要进行两个并不容易的诊断步骤。第一，因为大部分的人都有多个重要的使命，所以如果要让领导工作有焦点，你就必须厘清那些重要使命的优先顺序。厘清优先顺序意味着，你必须把某些重要使命的优先性，至少是暂时性地置于其他使命之后，而且这不是件容易的事。第二，人们在理解现实的时候，是通过建构某个故事来解释他们是谁、为何事情会是那样、为何事情会以那种方式发生，或为何它们不是以另一种方式发生。然而一旦建构了，人们就会倾向把这些故事视为事实而非假设。因此，如果要在行使领导力的时候尽可能避免失误，诊断工作其中一个必要的部分，就是要弄清楚你在对自己说的故事（至少是对你自己这么做），然后把那些故事视为需要检验的假设，而不是事实。

站在看台上

- 在你所认识的人当中，想想谁看起来对他们的更高使命最有意识，并且最能够在日常行为与抉择中忠于自己的使命。是什么让他们能够觉察并且忠于他们的使命呢？他们对你有什么影响？他们对其他人有什么影响？

- 写下一句话表达你最重要的使命感是什么。你这一生是为了要做什么？是什么带给你难以言喻的喜悦或意义感？持续修改这句话，直到你的身体（而不仅仅是你的大脑）也能够与之共鸣。

- 想一件你为了帮助组织处理某个调适性挑战，而正在带领的介入任务。写下一句话表达驱动你担任这一领导角色的使命。

走在田野中的实践建议

- 与你的朋友与爱人，可能还有你的同事，分享驱动你的使命。借由与他人分享你的使命，你就越有机会获取他们的支持，让你在状况好的时候能够与他们一起庆祝，并且在困难的时候能够让你不放弃。

为你所有的使命排出优先顺序

或许你有多个使命，而且每一个使命对你来说可能都很重要。可以理解的是，你或许会时刻都想彰显所有的使命。然而就像是我们的效忠需求一样，我们的使命并不是对等的：在某些时刻，有些使命对我们而言比其他使命更有意义。而且为这些使命排序也会让人难受。

然而，冒险把某个使命的优先性置于其他使命之前，你就是向自己与全世界透露其他使命对你来说不重要，至少在那一刻正是如此。马蒂记得当他的儿子麦斯为了与他的女友一起待在美国西岸而放弃了很好的工作，而且当时他无法在西岸找到他想要的工作。但是当麦斯在东岸获得一个绝佳的工作机会时，他的女友就离开了她所喜爱的教职，让她可以回到东岸和麦斯待在一起。我们大多曾经历这类在重要使命之间取舍的关键时刻，也就是当这个取舍的痛苦意味着在获取重要事物的过程中，对一些你认为重要性较低的事物放手。

在我们的工作场域，不同使命之间也会发生冲突。例如，你可能曾经必须在受人喜欢及受人尊敬之间做选择，而这两者对你都很重要。不论你做了什么选择，都得付出代价。马蒂回想起他工作上的一个艰难时刻，那是 20 世纪 70 年代他在美国波士顿一家另类周报里担任编辑的时候。当时那家周报的新闻写手对一位知名房地产开发商的行动与计划有很多批评，然而那位开发商却又同时是马蒂的朋友。他们持续撰写关于那位开发商的负面文章，而马蒂的朋友告诉他必须在新闻与友谊之间做选择。两者都对马蒂很重要，而且在两者之间作出选择也是非常困难的。所以他开始编修文章，让文章不要那么负面。到最后，他弄臭了他在报社的名声，而且也失去了友谊。在两者之间作出选择是痛苦的，而且可能会让他以失去其中一方为代价。但是无法作出选择则让他失去了全部。"国际法律事务所中相互冲突的使命"提供了另一个例子。

案例：国际法律事务所中相互冲突的使命

本案例的主角是一位成功的律师，他在一家大型国际法律事务所的一个主要部门担任负责人。他对于公司的未来发展热切地怀抱几个使命。第一，他希望找出并且培育新一代的律师，以此让他的部门在其领域成为世界顶尖。第二，他希望提升公司的生产力，因此他想要鼓励律师彼此协作，而不是以追求个人事业发展为主。第三，他想要让他的合伙人理解，如果他们想要让公司在这个快速变化且高度竞争的环境中生存，就必须改变公司的治理文化及奖励制度。以上三个使命彼此都相互关联，但是追求三个使命当中的任何一个，都会挑战组织许多不同且深植人心的价值。例如，公司高度重视自主性，而这份重视以不同的方式显现，包括针对律师们所营造的"最适者生存"的文化、不支持个人成长的环境，以及部门之间少有交叉销售的情况。如果我们的主角要同等地追求这三个使命，他就得冒着激发人们组成联盟来对抗这些使命的风险，因为这些使命威胁了他们的价值观，而我们的主角可能会把这三个使命都置于险境。他决定要把其中一个使命"打造业界的最佳部门"作为首要的使命。这是个困难的选择，但是一旦他作出了决定，比起同时对三个使命施力，他能够在他所选择的使命取得更多进展。

站在看台上

- 这是我们常常与团体一起进行的练习活动。你可以自己或与你的团队一起进行以下的活动。对于你所有可能的使命（职业上的成功、家庭、灵性上的追求、阻止全球变暖、财务成功等），进行以下分析。

- 列出十个让你最有共鸣的使命。

- 当你列出清单之后，你可以把这些使命从最重要到最不重要重新排列。

- 在前五个使命与后五个使命之间画一条线。在我们的经验中，大多数的人只会在前面少数几个使命施力。这只是个概括性的经验，但是你也可以看看自己对前五个和后五个使命作出什么样的诠释。

- 在每一个使命旁边，写下至少在过去三周你曾经为了这些使命做过什么事。对于那些你主动（proactive）去做的事情，你可以标注一个P，对于那些你被动（reactive）去做的事情，你可以标注一个R。

- 现在是最后一步。对于每一个你之前没办法或没有意愿做些什么的使命，写下一些你可以做的事情。

- 看着所有写下来的资料，想想在接下来的三周你可能会想要尝试什么。

对自己说的故事

故事是用来告诉自己并且常常用来告诉别人的说法，这些说法是用来解释为什么事情会那样发生，以及传递那些事情所代表的意义。例如，一位软件开发专案的总监参加一场会议，会议中突然决定要搁置一个他已经执行了好几个月的方案。后来他告诉自己，一些同事之所以会抛弃他，是因为如果那个方案执行顺利，他就能够大出风头，而那些同事因此而嫉妒他。在说这个故事的时候，他选择了那些能够支持这个诠释的细节（方案的一位支持者把她和另一位同事的谈话告诉他，而那段对话生动地透露了那位同事的敌意），并且排除了其他无法支持他的故事的细节（从他开始发展方案的初步概念，到公司对方案进行同意审查的这段时间，公司推行了紧缩政策，这使整个公司的文化变得更加排斥风险）。

人们所编造的故事能够帮助过滤他们接收到的多样信息，并且从中提取意义。我们发现采取"人们并非活在现实中，而是活在自己针对现实所编造的故事当中"的观点对我们很有帮助。当你向别人诉说你的故事，例如你的同事、家人以及社群成员，故事会让你向这些你想保持效忠的群体解释自己的行动，而且你会采取某种解释方式，让自己显得有理、可接受或是让他们感到印象深刻，或是至少对当前情况以及你在其中的角色提供合理的解释。

人们的故事往往与客观现实还是有着某种相关性的。它们包含一些毋庸置疑的事实，但它们同时也是主观的诠释。这是因为你选择了放进故事里的细节（基于你对世界的假设），而把其他细节排除在外，然后对那些被你放进去的细节赋予意义。因此，那些故事比较像主观的诠释，是现实中一个可能的版本。因为故事包含大量的主观成分，所以它们可能会妨碍你在组织中引领的调适性变革。你的故事也可能是错误的。你的故事可能会和别人说的故事非常不一样。你的故事可能会让你过度依赖昨日的成功策略，因为你假定"如果过去这个策略有效，未来它也会奏效"。而且你的故事可能会让你变得盲目，让你忽略可能很有价值的变革方案，例如你可能会说那些变革方案不符合公司的价值观或做事方式，并且没有真正检验你的说法是否正确。

为了有效地领导，你必须把你的故事弄清楚，然后检验故事背后的假设是否符合现实。对于当前的情境，还有哪些可能的解释？你的解释以什么方式满足了你的部分需要？你可以如何检验假设然后改写它，并且对自己说一个不一样的故事？当你对检验及改写故事背后的假设有足够多的练习，对于那些针对周遭动态与事件的多种诠释，你就会变得保持开放。于是，你就能够看见许多可能的行动。

同样重要的是，你所编造的故事可以不只是把困难的处境合理化。你可以说出诚实的故事，因为那些故事表达了你想要彰显的价值。那些故事指出了某些效忠情结，而你和他人可能会需要针对那些需求重新协商，借此让你们可以更充分地面对事实，并且发展新的能力。而且那些故事也可以作为罗盘指引你去采取必要的行动，借此让你能进行调适工作。

站在看台上

- 如果你想要让自己对于试图解释某个处境的多种故事保持开放，而不是只说你经常说的故事，那是需要练习的。以下是一个练习方法：看看你是否能够给出十个不同的诠释或故事，解释为什么你会做目前的这份工作。不要只写出五个，也不要只是写出那些你熟悉且好听的故事（例如因为你很勇敢而其他人都很害怕）。写出十个故事。这十个故事当中的每一个都可能说出了一部分的真相。写出一些你可能不想告诉别人的故事。例如，"我之所以会做这份工作，是因为即使我很讨厌它，我却太害怕而无法离职去寻找新工作"。

走在田野中的实践建议

- 以下是另一个说出新故事的练习。回想一个你的团队或组织最近在面临的调适性挑战，并且回想一个你为了处理那个挑战而想要采取的介入方案。试着针对这个挑战以及你提出的介入方案说出不同的故事。你可以先说明是什么使命让你如此在乎，以至于想要冒险扮演领导的角色。接着针对你所主张的介入方案，为决定背后的假设给出解释。（例如你的介入方案牵涉以全新的方式划分顾客，你的假设可能包括"顾客的偏好正在以新的方式改变，而且我们对顾客的划分必须能够反映这个现况"。）现在试着以其他相关人士的观点来说这个故事。你的老板可能会说什么故事？你的下属呢？你的同事呢？那些认为你的提案很烂的人，他们的故事可能会是什么？想想如果你的故事变换成这些版本，你可能会让谁感到失望？在你需要保持效忠的群体当中，哪些版本的故事会让这些群体的成员指控你背叛了他们？

- 运用观察、诠释及介入的框架回溯你的故事的源头。回想一个你所采取的行动（介入）。问自己为什么你所采取的行动是正确的（诠释）。然后审视你选择了哪些资料支持这个诠释（观察）。除了你所选取的资料，看看是否能找出其他可能相关却被你排除的资料。现在试着从这些资料建构新的故事或诠释，解释为什么你所碰到的情境会发生。这些新的故事是否向你提供了任何可能采取的新行动？

第五部分
调整与装备自己

　　调适性的领导工作会让你脱离日常习惯并踏入未知的领域，它一方面要求你展现能力范围以外的行为，但另一方面还不保证你能够提升能力或获得成功。它之所以会把你置于风险中，是因为你已经不能依赖那些用来对付技术性问题且行之有效的专业与方法。因此，你无法在自己不作出任何改变或调适的情况下面对调适性挑战。而本书的第五部分就是关于你需要作出调适的新样态。

　　这听上去好像一个悖论。一方面，你在试图为了某种你相信且超越你个人利益的事物而领导。另一方面，为了能够最有效地领导，你必须关注自己是如何管理、使用、满足及调整与装备你自己。你必须认识到你正在往未知的空间前行，并且据此采取行动。这不是自我放纵，而是更聪明地行使领导工作。你想要改变的社群本身就是促成现状的原因之一，这个现状会以阻止你的方式显现，并且触及你的脆弱面而不是你的强项。

　　从我们在客户及学生那里获得的众多经验当中，我们发现若能以聪明的方式调整与装备自己，往往是意志多于技巧。我们怀疑这部分介绍的内容都在你的能力范围之内。但是我们所建议的做法当中，可能有很多都是超出你自身的行为习惯。如果你想要在需要这些做法的时候能够真的做到，就需要对你的能耐进一步深挖，这往往超出工作或生活场域对你的期待程度。这样你的团队、组织或社群就会注意到你的不一样，而这本身就是你在领导时的资产，因为当你周遭的人们感到你跨出了自己的舒适圈，他们就会变得更关注你。

我们在第五部分的讨论会聚焦在领导调适性变革的情绪元素上。当你把人们从他们熟悉的地方挪动（不论是字面上或是比喻上的挪动）到较不熟悉的地方，你其实是在他们的情绪、身体感觉与内心上，而不只是在理性上开工。为了与人们建立真诚且有力的联结，作用于他们的全身心，你自己也必须从心出发。因此，接下来三章将聚焦在运用你的情绪或是情感资源来进行领导，以及这么做可能会带来的风险与脆弱面。

最后两章会探索各种保护自己的方式，以避免因为全心投入领导而可能带来的过劳风险。例如，我们曾经与新奥尔良的小区社会工作者共事，他们之前曾经不眠不休地投入卡特里娜飓风的灾后重建工作。在我们看来，他们都相当了不起，但是他们也都身心俱疲，让他们在领导上的判断受到负面影响。这种状况并非只发生在非营利部门的从业人员或义工身上。我们曾经与许多承担巨大压力的企业及政治高层领导者共事，而我们发现当他们过劳程度越高，他们的决策判断及健康状况恶化的情形也越严重。我们也发现，许多具有良好意图的人在做正确的事情，然而他们却过度陷入他们的使命，使他们忘记关注在这个过程中发生在自己身上的变化。

在第五部分，我们会提出一系列的做法，帮助你在领导调适性变革的过程中部署自己。

- 不忘初心、牢记使命
- 躬身入局
- 鼓舞众人前行
- 实验、实验、实验
- 蓬勃发展

第 19 章　不忘初心、牢记使命

无论是拯救世界、组织变革，或是帮助你的社群面对长期的挑战并且度过艰难时期，如果你没有激励人心、高远的使命要达成，你也不会有任何理由去承担艰难的领导任务。你的使命能够鼓舞以及指引你的行动。接下来，我们会介绍五种做法帮助你在领导调适性变革的过程中，让你的使命保持活力。

进行领导力与使命的伦理性谈判

本书从始至终贯串一个提问："为了你最深信的东西，有哪些新的思考与行动方式是你愿意采用的？"这个提问必然导向另一个提问："为了你最深信的东西，有哪些事情是你不会去做的？"例如，如果为了激起人们的热情与努力而夸大对某个方案的信心，这么做符合道德吗？你如何适当地拿捏那条界线呢？如果你做了这种程度的欺瞒而你的同事却没有，这表示他们比你"更有道德感"吗？还是只是他们没有你那么灵活？我们建议从三方面来思考这个议题。

第一，计算一下你的介入方案可能会对他人带来怎样的损害。许多调适性变革即使不会造成人员的伤亡，也会带来损失，而损害的程度会引发道德议题。你愿意承担多大的损害？即使为了某个崇高的使命，也很少人会喜欢造成别人的痛苦。然而对于实践调适性领导力的人而言，他们必须理解自己做的好事正在为他人带来压力甚至更糟的影响，而且他们必须愿意让这份理解所带来的不安走进他们的生命。

第二，评估你的自我形象以及你所信奉的价值观会受到怎样的损害。如果要以某种方式领导调适性变革方案，这么做多大程度违背你的效忠需求，以及多大程度违背长久以来指引你如何行动及对待他人的价值观？为了成功地领导，你可能需要采取一些让你感觉不太对的行动（即使你有能力可以做到）。

举一个简单的例子，对别人发脾气是你完全可以做到的事，但你可能会觉得这是错的，而且对于作出任何看似情绪失控的行为感到极为厌恶，所以你从来不会想过要发火。多年来，我们曾经听过许多人不愿为了他们的使命而踏出舒适圈，因为这么做会违背他们一直所拥护的价值（诸如"有礼貌""诚实"或是"安静"）。当然，人们的处境也会影响他们的选择。例如大部分的父母可能会愿意违背某些价值观来保护他们的孩子，如果这是唯一能够保护他们孩子的方法。

马蒂通常要他在哈佛大学肯尼迪学院的学生研究罗伯特·摩斯（Robert Moses）这个人。摩斯是 20 世纪美国纽约的建筑大师，他在纽约构筑了由许多公园、海滩及道路所组成的网络，如今每年都有数百万的纽约居民及游客使用它们。然而，摩斯用了一些争议手段达到他的目标。在美国新闻记者及作家罗伯特·卡罗（Robert Caro）为摩斯所写的标志性传记《成为官僚》（*The Power Broker*）当中，他记录了摩斯为了达成目标而多次欺骗、破坏他人声誉以及恐吓他的同事。[1] 摩斯案例的困难之处在于，他个人并没有从中获取任何利益。他辛勤工作、生活俭朴，直到离世时都没有累积任何财富。正是他的使命，驱使他以这些争议的方式行事。

你或许在组织中遇见过摩斯的现代版，也就是那些为了达到目的而愿意不择手段的人。但是我们假设你在读这本书的原因之一，是你对于为了实现更高的使命而需要做的一些事情感到内心挣扎。不幸的是，此处并没有最佳的方法。对于一个让你感到不安、会伤害他人以及你的道德感的战术，要评估它的潜在价值是否值得你这么做，我们没听说过有任何的魔法可以帮助你做判断。

第三，从各种角度持续思考这个问题。在这个例子中，手段可以把结果合理化吗？我正在用什么资料评估结果？我可以依靠谁，或是依靠什么流程进行现实检验，以确保我不会自我欺骗及自我合理化？这些短期的决定会带来哪些长期后果？持续让你的内心与思维对这些问句保持开放，你就更有机会承担经过深思后的风险，并且较少作出后悔的决定。

站在看台上

- 回想过去你曾走出舒适圈并且成功行使领导力的经验。对于当前你试图要处理的调适性挑战，那次的经验暗示你应该要如何面对当前的处境？如果你比较像是摩斯那一类型的，回想你在什么时候曾经为了达到目标，而采取超出组织或文化常规的战术。不论你有没有成功都可以问问自己，你之所以使用那些战术，是因为那些战术是必要的，还是因为那些是你当时可以想到的战术？同样，这些从过去经验获得的心得，暗示你可以如何处理当前的处境？

- 对于你当前试图领导的调适性变革方案，在表19-1的第一列写下你的使命。在第一栏写下你目前为了达成使命而在采取的行动。在第三栏写下那些可以支持你达成使命，而你却觉得自己不会采取的行动；你之所以觉得自己不会去做，是因为那些行动让你难以接受。现在，在第二栏写下比你现在所做的行动还要大胆，但是没有像第三栏那样难以接受的行动。暂且把这张表搁置几天，然后回顾你在第二栏所列下的行动，看看这些行动当中有哪些看起来是可行的，并且看看在什么情况下你会愿意做第三栏中的任何行动。

表 19-1 使命实践工作表

我的使命：

第一栏	第二栏	第三栏
我正在采取的行动：	我可能会采取的新行动：	我绝对不会采取的行动：

- 想出一个对你来说很重要的使命。接着除了你自己以外，列出十个同样也拥抱这个使命的人的名字。问问他们曾经做过什么事情来完成这个使命，而且除了他们已经做过的事情之外，他们还愿意做些什么？

- 许多人在喊叫的时候会感到不舒服。如果你也有这种感觉，你可以练习喊叫帮助你体验一下，在领导调适性变革的时候采取不熟悉却可能有用的行为会是什么感觉。想象你是"猫女"或是职业摔跤手霍克·霍肯(Hulk Hogan)。当你对某事物感到热忱或是当你生气的时候，你可以试试喊叫。你可以做到觉得血液冲到你的面部的程度(即使你可能只是把音量提升到超过平常的大小而已)，但是不要做到想要抓别人的脸的程度。

让你的使命保持活力

我们的使命往往会消逝在日常工作、危机以及同事的请求当中。当你与使命失去联系，你就会失去在人生中发现意义的能力。所以，在日常生活中把你和使命感联结是极为重要的。你可以运用具有提醒作用的物件以及仪式来维持这个联结。

- **具有提醒作用的实物对象。**你每天都能看到的对象可以帮助提醒你，让你想起在众多困难的情况下还想要领导调适性变革的初心是什么。如果这个物件放在公开的地方，你的朋友、家人与同事就能够帮忙提醒你，让你的使命能保持活力。以下是我们常看到的一些例子：(1)把一本带给你启发的书放在床边的桌上，以供阅览或者作为一种标志性象征；(2)在办公桌上放上一张对你来说是特别重要的英雄或是导师的照片；（3）把一句启发性的话或是一段文字装裱起来，并且把它挂在墙上；（4）一件在与好友或家人分别时收到的纪念品，而且你曾经向他们承诺你会忠于某个使命或者某个优先顺序。我们曾经与一群在美国某一州推动教育改革的利益相关者一起共事，他们会在会议中穿同样的 T 恤，上面写着"我们为了孩子而努力"。我们知道一位民选首长会在他的皮夹内放一张卡片，上面印着第 26 任美国总统西奥多·罗斯福（Theodore Roosevelt）著名的"站在竞技场的人"（"Man in the Arena"）演讲词，借此让他在陷入日常政治角力的时候，仍然能够保持聚焦、时时牢记使命以及保持勇气。在我们提供咨询服务时，我们偶尔会送给客户一个乌龟模型，来提醒对方要活出来、不要老是把头"缩在龟壳里"，才能够取得进展。

- **仪式。**每一个组织都有仪式，这是将一种一再被重复的行为变成规范，并且成为了该组织文化"DNA"的一部分；例如人们开始进行员工大会的方式、如何与新人互动、中午与同一群人一起吃饭、在会议结束后聚在茶水间聊天。由于仪式出现在每一天，它提供了一个机会提醒人们与他们的指引性价值观相连接。比如，新当选的美国州议员通常会参加"新人培训"，这个活动会教他们如何在州议会上提出法案，以及如何找到厕所，但是没有提醒他们之所以要参选及服务人民的崇高使命是什么。我们曾经在美国华盛顿州及堪萨斯州参与一项实验，这项实验在新任州议员的训练活动当中设计了关于使命与感召的环节，而这个安排把一个具有重要技术性与世俗目的的仪式，与民主政治的价值观相连接。我们知道有组织会在他们的日常会议的尾声，保留一段时间反思他们的会议是否有助于推进他们的使命。

上述例子介绍了如何在既有的仪式当中增添一些能用来强化使命的元素，但是你也可以创造新的仪式。亚历山大在人生的某个时期（他曾经有很多这样的时期，而这是其中一个），试着想要让身材变得更好。他创造了一个仪式，每当电视出现推销保健产品的广告时，他就必须做俯卧撑。

他确实因此做了更多俯卧撑（也开始比较少看电视）。在大自然中走走、写日记，或是与你的导师或能够启发你的人定期共进午餐，这些都可能是帮助你与使命保持联结的仪式。在我们所熟识的组织中，也有些组织尽管平日会议已经排得很满了，却还是会定期举办反思性质的共识营，借此让他们的使命保持活力。

站在看台上

- 在过去三个月中，什么时候让你感觉到最能与自己的使命联结？描述那个时刻，包括当时你在哪里、有哪些人和你在一起、那时候你在做什么。在那个时刻，是什么让你感到如此强力的联结？你可以重现那次经验的什么要素，进而把它作为帮助你想起使命的象征或仪式？

- 为了帮助你在日常生活中与使命保持联结，列出你可以使用的对象，或是列出你每日或每周可以做的活动。

走在田野中的实践建议

- 如果你常跟拥有强烈使命感的人或社群待在一起，他们就能够启发你，让你能更频繁地针对个人使命进行反思。你可以为期两周，每天花点时间与那些定期与使命保持联结的人们待在一起。例如你可以去参加某个志愿者活动、参加阅读活动或讲座、和一位小学老师坐在一起、在急诊候诊室待一段时间，或是在施膳处（soup kitchen，为流浪者而设的流动厨房）工作。

- 当你为下一场会议安排议程时，在每一项议案的旁边写下该议案与组织使命的联结。

- 发展能帮你在领导时专注的"咒声"（mantra），也就是用一句话来包含你之所以愿意领导调适性变革的核心使命。要把你的核心使命浓缩成一句话可能要花一点时间。["如果我有多点时间，我会想要写一封短一点的信。"数学家帕斯卡(Blaise Pascal)如是说]一旦你写下了那句话，把它记在心里，并且在每天早上起床的时候都对自己说一次，然后在你晚上回到家的时候再说一次。根据你和同事的关系，你可能想要把这句话与他们分享。在连续做了几周之后，问问自己与别人是否看到有什么改变。

- 在每次午餐后花5分钟，想想你下午想要达成什么。

与你的使命进行谈判

你对于你的组织会有不同的使命及优先级，也就是你认为组织应该要朝哪里前进的愿景。然而，组织内可能会有许多很好的使命并存，其中最明显的，就是个别董事会成员及其他资深的权威人士所抱持的使命，而你的使命可能会跟其他人所抱持的使命不一样。协调这些不同使命之间的差异，让它们不会相互抵消，往往需要用到你的调适性领导力。

为了处理这个过程，你必须了解其他人的使命。这需要你能站在他们的立场，并体会他们所认知的优先顺序，不论他们所认知的与你所认为正确的方向有多么不同。你也需要让你的使命能公开地让其他人知道，并且允许被挑战。这意味着你需要接受一个前提，也就是为了要在你极度渴望往前推进的方向上取得进展，结果可能会与你最初所设定的使命有所不同。比如说，一家汽车公司的环境事务副总裁可能会热衷于环保车辆的开发与生产，但是他可能会为了公司的生存而同意公司先以短期获利为目标。

许多人会逃避这个使命谈判的过程。对他们而言，妥协会让他们觉得自己背叛了最初的使命，也背叛了那些与他们有共同优先级的支持者。他们知道在协调的过程中，可能需要放弃某些东西，也可能因此而让支持者感到失望，偏偏那些支持者的评价对他们又是如此重要。的确，他们的支持者可能会大呼"你背叛了我们！"所以，他们甚至会避免和其他有不同优先顺序的人进行讨论，而且他们会告诉自己这么做是为了保持正直。或者他们会离开组织，寻找和他们有类似想法的社群，这样他们就不需要特别为自己的观点与价值观发声，因为现在每个人都共享着那些观点与价值观了。

要决定哪部分的使命有谈判空间以及哪部分没有，本身就已经是一件困难的事。亚历山大有两个孩子，而且他强烈地想要扮演好父亲的角色。但是就像很多夫妻会碰到的，亚历山大和他的妻子对于孩子的教养有不同的想法，而且他有时也会因为要决定他的哪些观念有商量余地而感到挣扎。在亚历山大视为好的教养做法当中，要他放下任何一个做法都会让自己觉得背叛了孩子，并且也会觉得背叛了自己的父母，因为他的父母就是这样把他带大的，而他也希望能彰显这样的做法。

为了获取别人的支持，你还有另一种方法协调你的使命，就是把你的使命翻译成别人能够理解并且容易给予正向回应的语言。假定你希望能够改革医疗体系，根据你想要争取支持的对象，你可能要强调这个使命的不同面向。当你和财政保守主义者沟通的时候，你会强调提升医疗水平能够带来的经济利益。提升医疗的质量与安全性能够因为增进效率而降低成本。当你和自由主义者会面时，你会聚焦在提升医疗的道义责任。当你与医疗服务的提供者会面时，你会强调减少他们所承受的繁杂的行政工作。

当你向反对者报告你的使命时，翻译成对方能够理解的语言就更为重要了。就以新奥尔良在卡特里娜飓风之后缺乏重建资金为例，如果你的工作是要向路易斯安那州以外的其他州筹集资金，你就会面临重重挑战。如果你只是从道德角度论述"给予是件应该做的正确事"，你可能不会取得什么重要进展。但是，如果你的表达方式够与他们的使命联结，你或许就能取得更多进展。想象一下你与一位来自其他州的参议员会面，而对方具有强烈的沙文主义倾向，你就可以把谈话围绕在国家的自豪感上："美国人应该把自己照顾好。我们不能接受在这块土地上有人生活在那样的条件下，更何况是让全世界一直从电视上看到那样的景象。"

除了谈判协调及转译一下你的使命，你也需要让它们变得更具体，也就是明确地指出它们在操作上的意义：目标、计划、策略、时间表等。比起发表那些高大空的愿望，许多人会要你把使命化为更具体的形式，这样他们才能理解你想要表达的意思。马丁·路德·金在推动非裔美国人的民权运动期间，曾经在争取美国北部人民支持的时候碰到困难，直到非裔美国人遭受暴力对待的画面每晚都在人们家中的电视上放送，才让情况有所好转。那些画面赋予了马丁·路德金立志要处理的问题一个可视化的标志，并且让他的使命对于美国北部人民变得栩栩如生。许多北部人民因而开始负起责任，提供政治、财物及行动上的支持。

达成重要的目的需要时间。即使你是迂回前行而不是直线地前进，这也不代表你放弃了自己的使命。

站在看台上

· 想想你需要团体或是组织当中哪些人的支持，才能实现你的使命。根据你对他们的认识，你认为他们各自的使命是什么？你的使命和他们的使命之间，是否有重叠的部分，从而让你们有可能达成一致？为了争取他人的支持，你愿意牺牲你的使命当中的哪些部分？

走在田野中的实践建议

· 与组织中的其他人谈谈你的使命，并且用明确的词语解释你目前正在试图改变什么来达成那些使命。让那些使命变得更具体。当你和每一个人谈话的时候，注意哪些画面、文字或消息看起来让他们有共鸣，而哪些他们无感。

整合你的野心与抱负

在哈佛大学教书多年，马蒂和罗曾经注意到一个有趣的现象。对于那些到哈佛就读与公共服务有关的研究所的学生（例如肯尼迪学院、教育研究所、哈佛公共卫生学院，以及哈佛神学院）而言，他们可以很自在地提及他们高尚的使命、他们的抱负，但是当谈到他们的野心时，他们就不是那么自在。对于权力、财富、威望、认可及声誉的欲望全都是禁忌。相反，哈佛商学院的学生以及许多就读哈佛法学院的学生会乐意谈论他们对于财富与地位的野心，但是在谈到他们高尚的抱负时，他们往往就变得很不自在。他们似乎担心公开谈论这种事，会让他们看起来像是个想要改变社会的理想者，而这类人在"现实世界"往往不会被认真看待。

上述观点都过度狭隘，并且也反映了这些学生接受专业训练的机构所承载的文化与价值。我们认为你可以同时拥有野心与抱负，而且你还可以积极地拥抱两者。美国历史上最优秀的几位总统都有很大的野心，并且对于领导公共事务所需的政治艺术也相当娴熟。他们同时也有经世济民的高尚抱负。他们的野心与抱负是被整合在一起，而不是相互排斥的。

在商业领域，人们也能够像在政治领域一样整合他们的野心与抱负。在罗早期的行医生涯中，他曾经在纽约市的一家诊所担任内科医生，并且为企业的高层主管提供健康检查服务。这些高层主管每年都可以有一次健康检查的福利，而罗则是健康检查团队的六七位医生之一。在他一年的服务期间，罗注意到许多首席执行官及资深副总裁在他们五十多岁的后半生，开始会抱有更"远大"或是与社会相关的使命。过去他们的野心让他们能够建立并且运营跨国企业，但是这时他们却开始有了超越野心的抱负。他们想要把他们公司一部分的资源，导向他们对那些远大抱负的追求。这就像是他们人生中的某个闹钟开始作响，并且让他们想起了他们的道德观。虽然他们已经在商业领域有所成就，但是比起他们的成就，他们仍然深切地希望能够在世间留下更有意义的东西。"整合野心与抱负在松下"提供了一个在消费性电子产品领域的案例。

案例：整合野心与抱负在松下

松下幸之助是一家世界顶尖企业的创办人，从小在几乎困苦无依的环境长大。在 38 岁之前，他已经创办了日本最有前景的公司，也就是松下电器产业株式会社（日后则是以其品牌 Panasonic 在全球知名）。1932 年，在短暂拜访一个宗教团体，并且经过两个月的反思后，松下幸之助在公司的一次高层管理团队的大型集会上，宣布公司未来的使命将是"克服贫穷，并且为整个社会带来幸福与财富"[2]。他的员工惊呆了。松下幸之助疯了吗？但是他的基本思路却很简单：公司的事业是要让全世界的普通家庭，都能够买得起省力装置以及奢侈产品。这么做不仅能够让公司获利，也能够提升穷困者的生活水平。

当然，某些时候你需要在你的野心与抱负之间作出妥协。例如在日常的层次，你想要花时间与孩子相处的想法，有时候（或者常常）可能会与你达成重要工作目标的野心发生冲突。我们一直都会面临这类野心与抱负之间的拉扯。我们要怎么做才能够平衡两者？

我们建议减轻你对于自己的野心可能会有的罪恶感，并且也减轻你对于自己的抱负可能会感到的难为情。罪恶感与难为情有时可以让你保持平衡，但是它们也可能会约束你，让你无法考虑不同的选项来同时成就小我与大我。想要获得探索不同选项的自由，你必须面对困难的挑战，也就是审视并修改那个关于你自己该如何立身处世的故事，这包括你对自己说的故事，以及别人对你说的故事。当我们让那些故事主宰自己的生命，我们自己完整的人性会被剥夺，并且限制了我们生命的潜能。

站在看台上

- 你有什么野心？你有什么远大的抱负？你如何在这两者之间取得平衡？你对于自己的野心有什么感觉？对你的抱负有什么感觉？当你在做相关决策的时候，你对于它们的感觉给你造成了什么影响？

避免常见的陷阱

拥有使命感对于领导调适性变革是非常重要的。你的使命能够带给你
需要的热情与力量，使你能够在领导过程中的种种磨难中存活下来。但是
如果你掉进一些常见的陷阱，你的使命也可能成为你的局限。这些常见的
陷阱有以下这些。

- **什么都听不进去地盲目往前冲。**来自崇高使命的热情与投入也可能会
  让你变得盲目。当你的思维变得越单向，你就会越难看见及听见对你
  不利的信息，并且让你难以察觉到需要改善或中途修正的信号。例
  如，在美国前总统克林顿（Bill Clinton）的第一任期，他与他的妻子希
  拉里（Hilary Clinton）提出了一个庞大的医疗改革方案。尽管有信号显
  示，相较于他们所提出的改革方案，一个规模较小且更具试验性质的
  提案会更有机会通过，但是因为他们坚信自己出发点的正当性，导致
  他们未能认清那些信号。

- **成为"牺牲者"。**当人们怀抱大使命的时候，容易为那个使命作出不必
  要的牺牲。在组织的场域里，这种牺牲会以别的形式出现：当人们极

为坚定地拥护某个使命，而这个使命却不被接受的时候，他们可能就会被排挤甚至被开除。这当中有一股张力，因为就定义而言，你的使命是某种你可能会想为它犯险的东西，不论犯险是以你的生命还是职业作赌注。比起为了获取微小成功而需做的苦工，加上有时还得面对无可避免的妥协与挫败，在考量种种牺牲的可能性之后，"以身殉道"（例如在每一场公司最高层的会议中都提出同样的议题）仿佛是更好的选项。

- **显得我比你更对。**如果你大声且持续地坚称自己是走在正道上，你可能会显得自以为是，而这可能会引发他人的抗拒。有些人之所以会反抗，纯粹只是因为他们喜欢唱反调。而有些人在感受到你的自以为是的时候，可能会想起以前被他们有控制欲的父母操控的经历，这就会让他们回到青春期的反叛心理而阻碍你的使命。我们遇到过许多首席执行官曾经陷入这个陷阱。事实上他们曾一再地对组织说："我们别无选择，你们只能照着我所说的去做。"这样的说法让其他人很难觉得自己也是掌握公司新方向的一份子，因为那个新方向已经完全被他们的首席执行官牢牢掌握了。

- **自我任命为"首席使命官"**（Chief Purpose Officer）。当你在领导调适性变革的时候，提醒群体或组织成员、让他们能够记得变革方案背后的集体使命是相当重要的。但是请你不要做过头。有些日常事件与决策与群体的总体使命没什么关系。就像是当人们询问弗洛伊德雪茄的意义时，他曾经妙答："有时候雪茄就只是雪茄而已。"如果你试着把那个使命置入于每个事件、每个决策以及每个会议中，你就有可能把自己边缘化，因为人们会对于你一直强调那个使命而感到厌烦，导致他们想要忽略你，这将让你更难实现你的使命。与其任命自己为"首席使命官"、无时无刻不在提醒人们牢记使命，我们建议你只有在确定某个事件或决策真有相关的时刻，才提起那个使命。

站在看台上

- 针对你自己的行为进行反思。在上述的陷阱当中，你最容易掉进哪一个？例如当有些观点或资料显示你可能需要作出妥协或变换方向的时候，你是否会抨击那些与你唱反调的观点或资料？如果你容易感到气馁，你是否会在情势变困难的时候放弃，或是把自己变成"牺牲者"？你是否过度大声、强烈且频繁地宣扬你的使命，因而引发了他人的抗拒？你是否会不断地向别人喋喋不休地诉说你的使命，因而让他们对你感到厌烦，并且让他们想要忽略你？

走在田野中的实践建议

- 找一些对你表示赞同并且与你有共同使命的人，邀请他们暂时代替你领导变革方案一段时间。在这段时间中，观察他们是如何领导的。对他们而言，哪些战术是最有效的？他们掉进了哪些陷阱？你可以从他们的经验中获取哪些教训？当你再度上阵的时候，你如何把那些教训运用在你自己的领导工作上？

第 20 章　躬身入局

在马蒂还是青年政治家的时候，他觉得每天要离开家去按下第一个门铃是件困难的事情。他知道即使自己没有在第一户人家遭到拒绝，也会在下一家被拒绝。对于被拒绝的嫌恶感令马蒂难以唤起在政治宣传活动中所需的勇气。因此，他曾经有过连续几天连家门都走不出去的经验。

至少有五种主要束缚会阻碍你，让你无法召唤领导工作所需要的勇气：

* 某些你选择效忠的人可能不会相信你在做对的事情。
* 害怕失能。
* 不确定自己是否走在正确的道路上。
* 害怕损失。
* 没有面对旅途中种种挑战的决心。

我们会轮流审视这些束缚，并且提供一些方法克服它们。

放下过去

为了领导调适性变革，你必须调整你的效忠情结；也就是说，对于那些你想要保持忠诚的对象，你可以在自己的心中或是直接与他们本人对话，并且在对话中向他们解释，为什么当前处境需要放下一部分他们对你的期待，以及为什么你只能实现他们一部分而不是全部的期待。哪怕是在最好的情况下，它还是一个艰难的过程，但在最糟的情况下却可能很危险。

中东和平的协商过程描绘了如何调整效忠情结的工作。为了探索不同的选项，双方协商代表必须重新审视他们对各自支持者、社群及祖先的效忠情结。他们必须与心中多种声音展开斗争。这些声音来自过去与现在，他们已经把这些声音内化，并且让这些声音成为他们自我认同的一部分。许多巴勒斯坦难民希望能回到他们的老家，而许多以色列的屯垦居民认为他们终于回到家了。当有关屯垦区以及难民重返家园的话题浮现时，双方协商代表心中会出现对于对方的强烈过敏反应；因此，在双方协商代表能够想出各自支持者及社群能够接受的策略之前，他们必须能够驾驭那个过敏反应。谈崩远比破局更常发生，但是持续的协商至少让双方代表能够讨论那些难以被讨论的话题：不同的妥协方案会违背哪些长久以来的效忠情结，这些效忠情结能够如何被协调。

同样，当你在组织中领导调适性变革时，你的效忠情结也会影响你问的问题、你考虑的可能性，以及你愿意听的观点。你的效忠情结会强力地（有时还会以负面的方式）影响你如何理解眼前的问题，以及影响你决定要采取的行动。比如，基于你对某一群重要利益相关方的效忠情结，你可能会拒绝考虑某个可能的行动方案；即使那是能够回应组织挑战的理想方案，你也不会去考虑它，因为它可能会激起那群重要利益相关方的愤怒。如何减轻你的效忠情结对你的束缚？我们建议遵循以下流程。

第一步：注意你的言与行之间的差距

对于你认为自己应该抱持的优先级，你对自己说了些什么故事？你的行动也跟那个故事所说的一致吗？在中东，以色列与巴勒斯坦双方都曾经公开表达促进和平的意愿，但是他们仍然没有形成一个持久的协议。对于你在工作场域的使命，你曾经保证要做到什么吗？而事实上你做到哪些？

第二步：处在当下

如果你发现自己试图在用某个很久以前发生的事，将自己现在的态度与行为合理化，这可能是因为你没能放下过去。例如，一家大型的专业服务公司在二十年前因为薪酬与奖励制度而几乎面临被分拆的局面，导致那段历史在二十年后仍然是某些资深成员的情绪触发点，而那些资深成员甚至拒绝在公司的高层会议中评估当前薪酬与奖励制度的运作状况。如果你有注意到像这样的过敏反应，或许就能够在你和别人身上看到彼此一直是如何被过去的事主导着，然后你就可以帮助你的同事指出问题、分析昨日与今日的不同、抚平一些旧伤口，并且让他们能够看到更好的选项来应对今天的挑战。

第三步：识别你需要调整的效忠情结

判断一下你需要重新审视哪些同事、社群成员及祖先们的期待，以及可能要作出的调整，借此让你自己能够有空间采取与过去不一样的行动取得进展。在之前提到的专业服务公司例子里，公司的首席执行官需要先与公司一些资深成员聊聊，包括他的几位导师，然后才能着手改革薪酬及奖励制度。

第四步：进行需要的谈话

与这些人接触，并且与他们讨论他们需要如何调整部分的期待。这当中的某些谈话很不容易。你需要请他们忍受你的行为，因为你的部分行为可能会违背你们之间的约定，这些约定有可能是你们之前有明讲的，也可能是没有公开说过的，而且你可能会把你重视的友谊或同盟关系置于风险之中。例如首席执行官与他的导师进行了那些谈话，他可能会让他们失望，还可能会让他们感到被疏远。

有时候那些谈话会让你发现，你对那些需要保持效忠的对象背后的假设以及他们对你的期待，大多只是你自己的想法而已。马蒂还记得在父亲人生中的最后几个月曾经和他有过这样的谈话。有天马蒂去探望父亲，并且决心要与他重新商量之前他们没有明说的约定，也就是他必须固定的上教堂。他觉得如果不在父亲离世前跟他讨论这个话题，他就会觉得有义务要固定去教堂做礼拜，不论他的心有没有在那里，因为这样才能忠于他的父亲。马蒂开启了谈话："爸，我有些事想要跟你说。"他的父亲回答说："好啊，任何事都可以。"马蒂说："爸，如果不是因为你，过去这几年我可能完全不会去做礼拜。"他的父亲说："真有趣，因为如果不是为了你，过去这几年我也可能完全不会去做礼拜。"他们双方之所以去做礼拜，是因为他们以为对方期待自己这么做。这场谈话让他们大大地释怀，并且也增进了他们对彼此的认识。

第五步：建立一些仪式来调整对于祖先的效忠情结

如果你需要谈话的对象是已经逝去的祖先，或是某个你再也接触不到的群体，你可以创造一种仪式来放下那份效忠情结当中使你感到纠结的部分。把象征那份效忠情结的书或纪念物丢掉。到对方的墓地，并且让对方知道你即将打破哪部分的约定。道歉并请求谅解，即便你知道你不会获得口头回应。写一封信说明为什么你必须这样做。

海菲兹的母亲贝特西在12岁时为了逃避纳粹德国的迫害而离开东欧，60年后海菲兹和他的姐姐带着他们的母亲回到东欧。贝特西一开始对于回到东欧没什么兴趣，但是后来她还是默许了，因为海菲兹和他的姐姐告诉贝特西，他们还在背负着过去的恐惧。当贝特西在五月回到了她童年时夏季待过的村庄，她的生命恢复了活力。许多往事、嬉闹、糗事、韵事以及各种人物源源不绝地从她的回忆涌现。那张原本主要由死亡所蚀刻的黑白相片变成了彩色。让他们感到惊讶的是，他们发现过去那些家人（包括孩子在内）没有消亡逝去，他们同时也在记忆中活了过来。

漫步在农地上的一处废弃墓园，他们发现了贝特西祖母莎拉的坟墓，她正好在战前因为自然因素而去世了。当海菲兹在心中与这位祖母说话的时候，他问道："我该怎么做？你希望我如何在生命中彰显你的生命？"然后他觉得他听到了曾祖母这么回答："我的孩子，活着就是一种祝福。快乐就好。"

第六步：留意你在守护着什么

提醒自己，即使你背离了那些对你不再有帮助的观点，你仍然在效忠于你的核心原则与价值观。你并不是在把所有效忠关系全部抛弃，而是只去掉那些会阻碍你取得进展的成分。即使人们指控你背叛了他们，他们总有一天会明白你曾经做过多大的努力，来忠于他们认为的基本且恒久的东西。

站在看台上

- 写下在你生命中扮演核心角色的人的名字。分别写下这些人对你的期待。想想他们会怎么描述你对他们所代表的意义，以及他们从你这里想要些什么。在这份清单上，审视哪些期待是你想要满足的，以及哪些是你不想满足的。

走在田野中的实践建议

- 把下个月作为重新开始的契机。从前一个练习所写下的清单当中，选择其中几项你想要满足的期待，让你在下个月有更大的自由度。
- 要减轻重新调整效忠情结所造成的损失，其中一个方法是让你自己拥有一个完整的图像，也就是看见所有你承诺要保持忠诚的对象，以及你可能会让他们感到失望的对象。与你周遭的人来一场直接的谈话，你在那场谈话所说的可能会像这样："听好，我即将在某些方面让你失望，并且在某些方面让你骄傲。我即将在这些方面与你采取不同的方向，而我将在这些方面让你真的很骄傲。"

拥抱你的失能

领导调适性变革需要你跨出固有行为、走进未知的情境，并且学习新的事物。这意味着你会经历一段失能（incompetence）的时期。事实上，如果你不觉得已经被逼到能力范围的边界，甚至已经超出你的能力范围，这显示你可能不是在应付调适性的挑战。相反，你在应付的问题可能属于技术性而不是调适性的，或者你是在把调适性问题当作技术性问题处理。

你如何拥抱自己的失能，使你可以把自己置于探索的状态？以下有两个方法：寻找结构化且具有挑战性的学习机会，以及把你认为的真相表述为可以让你检验的假设。

寻找结构化且具有挑战性的学习机会

当你越过能力范围的边际时，很可能会感到迷失与困窘。为了减少这种体验，你可以寻找一个结构化且安全的环境，而且这个环境必须与你在专业或职场上的调适性挑战无关，然后从中寻求机会发展要求较高的技能。寻找低度风险的情境体验失能的状态。为了实现长期以来想要成为政治人物与教授的愿望，马蒂在 1995 年与家人搬迁至纽约市后，他报名了表演课程。当时马蒂的年纪几乎是班上第二年长学生的两倍，而且他的同学们都是年轻、有抱负且有相当专业资历的演员，所以一开始马蒂的感觉很糟糕。然而，这也是马蒂 40 年来首度能够"沉浸于自己的失能"。（他从来没有拿到表演学分，但是他学到如何更好地忍受自己的失能。）

几乎所有让你失去平衡、手足无措的环境或经验都可以有这样的效果：花点时间待在修道院、学习打高尔夫、学习乐器、在离开学校 25 年之后重拾学生身份、在加勒比海学习潜水、学习新的语言，甚至是在你住家小区剧场创作的戏剧中尝试扮演一个角色。我们的一位朋友曾经把他在学习独轮车所受到的挫折，与他在经营一家小公司所碰到的挑战产生联结。

寻求有挑战性的新想法。新想法存在于许多地方，每一个地方，都会有人分享看法与洞察。看看别的领域。当你在几个不同的领域学习，就可以开始用隐喻来思考，看看一个专业领域的想法、发明与发现如何被应用在其他领域。例如在本书中，我们从进化生物学借用了有关自然界适应过程的想法，说明组织如何在社会中发展出更好的适应能力。同样，我们也借鉴音乐以及其他表演艺术，帮助说明如何处理在组织中所面对的挑战，例如即兴表演、聆听以及创造一个包容的环境。我们有一位朋友在为企业提供顾问服务时，运用魔术帮助人们打开思维，让他们看见自己的假设如何对他们造成局限，无法看见更多的可能性。

把事实重新表述为假设

每一天你都会通过联结事实、进行诠释以形成故事，借此理解现实情境。假定你这样叙述某天早上发生的事情："我在早上 7 点起床。然后我吃了一个贝果并且喝了一杯咖啡。我在 8 点 15 分出发去办公室，并且在 9 点15 分抵达。"这段对于事实的直接描述并没有什么诠释，因此也没有多大意义。试着把刚才那段描述与以下对于同一天早上的描述相比较："早上 7 点我醒来了，但是我还是觉得很累，因为我昨晚为了观看波士顿红袜队在西岸的夜间比赛而熬夜，但是至少他们在最后一局赢得了比赛，这让我的熬夜有了价值。也因为这样，我太晚出发去办公室，而且也忘了带下午承诺要交给同事的报告。"

针对你的早晨而说出来的故事，你会选择某些事实并且舍弃其他的（取决于当时哪些事实对你而言是比较相关的），然后针对你所选择的事实作出诠释，最后得到的就是一段有意义的叙事，显示你的早上让你感到挫折、有趣、精疲力竭及难为情；如果是对于相同事实的简单铺陈，你就无法从中看到这些面向。你会去理解你所选择的事实，但是你的选择与他人所选择的事实未必相同，而且即使是对于同样的事实，你的理解也未必与他人的理解相同。比如，你可能会想："天啊！这次我真的搞砸了。"但是一位聆听你的故事的同事可能会想："哇！他多么幸运可以看到那场比赛！他的生活比我的有趣多了。"

当你在向别人说明组织正在面临什么挑战，或是说明你想要领导的变革方案时，前述那个形成意义的过程也会在这个时候发生。因为你会选择要强调哪些事实并且放进你的故事里面，而且你的故事也会包含那些事实对你的意义，因此对于那个现实的处境，你的故事只是其中一个可能的"真相"。对于同样的挑战或变革方案，其他人会选择不同的事实来建构他们的故事，或是他们选择的事实可能会和你的一样，但是他们和你会有不同的诠释。这样会造成什么结果呢？大量不同的"真相"。

在前面提到的专业服务公司薪酬制度改革的案例，对于现行制度所代表的价值，人们有截然不同的看法。从相同的事实出发，有一派主张该制度奖励了从业人员的能力，而另一派则主张该系统因为不重视协作而对公司的营利造成负面影响。

把自己的故事视为真相，会让我们无法看见现实处境的其他版本。这让我们无法与其他人联结，也让我们无法产生更多样的行动选项。为了拥抱你的失能，可以允许自己练习把你对于现实处境所说的故事，当成只是其中一个故事而已，并且把它视为假设而不是真相。接着你可以检验这些假设，并且在发现你的假设与现实有出入的时候，修改你的假设。在之前专业服务公司的案例中，对于薪酬制度有不同主张的双方或许可以一起设计低风险的测试，来检验哪个假设比较接近现实处境。

站在看台上

- 上一次你在什么时候冒险让自己变得失能，让自己能够有新的学习？上一次你在什么时候拒绝做某件事，而且你之所以拒绝，是因为你不想要感到失能或是在别人面前显得失能？

- 有哪些新的技能是你一直想要学的？你需要付出什么代价才能让你从现在开始学习？

- 描述一个你正在挑战的问题。这个问题可能是存在于你的个人生活、工作或是生活的场域。现在试着从其他相关人士的观点来描述那个问题。你从这个经验学到了什么？你可能会如何改变你针对那个问题所说的故事？

走在田野中的实践建议

- 想一个你的团队或组织正在与之奋战的调适性挑战。接着放下你的工作，挑选两个与你自己不同的专业、研究领域或产业，花几小时与这些领域的人谈话。询问他们的领域有哪些最新的想法。然后想想这些观点如何带给你新的启发，来帮助思考组织目前针对调适性挑战的回应方式。

- 试着从这些跨领域的经验中，寻找机会创造新的隐喻或类比，借此从中获取新的洞见，来思考你可以如何应对眼前的问题。

　　例如，假定你想要提升团队成员的绩效。有一天你参加了一个特技飞行队的飞行员所主讲的讲座。在讲座中，你学到了飞行队的卓越表现是建立在飞行员之间的充分信任上。他们的飞行员会定期进行汇报检讨，并且向彼此作出清楚的承诺，借此培养成员之间的信任。安全对于他们而言是至关重要的。在每一次的飞行表演之后，每一位飞行员都会分享他做得好的地方、他希望在哪些环节可以飞得更安全，以及他打算作出什么改变来让下一次的飞行更安全。当你回到办公室后，你开始思考：定期汇报检讨也许能够提升团队的绩效。所以你安排了一场新的周例会，而这场会议特别聚焦在总结学习以及设定与回顾承诺。

爱上做困难的决策

施展调适性领导力需要作出一系列困难的决策。而那些决策之所以困难是基于几个理由。表 20-1 提供了一些例子。

表 20-1　是什么让决策变得困难？

特征	例子
优劣难分	两个用来对应某个调适性挑战的介入方案各有不同（而且看似同等重要）的优劣之处，但你只能执行其一。
你必须在已知与未知之间作出选择	你相信局面可以有更好的对应方法。但是你对于当前处境的运作规则与奖励已经了如指掌，你知道如何在这些灰度中游走，并从中得到你想要的。但另一个选项是未知的，对你来说是个谜。这个选项可以让事情比现在变得更好，但也可能更糟。所以你无法决定是否要采取变革方案。
做对的事可能要承担重大的代价	对于眼前的调适性挑战，你心中所想的介入方案会给自己以及他人带来损失。你不确定为了这个介入方案而承受损失是否值得，或是你也不确定你能否处理这个方案可能带来的伤亡。例如你相信你必须裁撤一个绩效不佳的事业部，但是你担心这会严重打击组织的士气。
你的几个价值观正在打架	你所相信的几个价值观之间发生冲突，而你可能需要把其中一个价值观的优先顺序往后挪，好让你的变革方案能够往前。例如你相信共识决策，但是你的团队在一个攸关未来发展的议题上陷入了僵局。

你可能认识某些人喜欢做困难的决策，或是至少他们看起来经常愿意这么做。你可能也认识某些人难以作出任何决定，不论是大事（像是要不要结婚）或是小事（例如要点什么菜）。那么，如何让你更有能力，使你能够拥抱伴随调适性挑战而来的困难决策呢？以下这些做法可以帮上忙。

- **接受你这一生必须要作出一些困难的决策。** 你所面对的每个困难决策，它的背后无可避免地也会有另一个困难决策在等着你。你可以选择感到恼怒焦虑，你也可以试着拥抱他们。困难决策需要你投入心力、滋养新的可能性，并且对一系列的行动作出承诺。这听起来像是与某人坠入爱河然后走入婚姻的过程。这也是为什么我们会建议"爱上困难的决策"。

- **没有什么是永恒不变的。**重新审视你的决策。如果你在做某个决策时感到内心挣扎，这代表所有选项可能都有某些优点。作出正确决策与作出错误决策的概率相差无几。不做任何决策也是一种决策。但无论如何，你唯一能够前进的方法就是作出选择。此外，那些显而易见影响决策结果的因素，往往是在你的控制或想象范围之外。而且大部分的决策都是在重复同一套动作：采取一个行动并小心风险，如果情势发展得不错，就可以继续下去。如果情势不妙，你就采取行动进行修正。

- **困难不必然意味着重要。**幸运的是，鲜有一些决策会严重到一做错就带来全盘皆输的局面。决策实际涉及的利害关系，往往比人们所想象的还要轻（虽然有时候会与人们所想象的相当，例如战争策略以及医疗上的判断）。即使是在某个时刻看似极为重要的决策，它们通常改变的只是你人生中无足轻重的部分。在罗杰·罗森布拉特（Roger Rosenblatt）的美妙散文集《顺利活到老》（*Rules for Aging*），他在书的一开头就给了这个忠告："不论你认为什么事情很重要，它们通常都没那么重要。如果遵循这个原则，你的人生就能够延长数十年。"[1] 试着想象你只是在舞池中决定你的下一步，而且你可能会发现这个决策其实没那么重要，并且甚至能作出更好的选择。

站在看台上

- 回想过去你曾经做过的困难决策，例如要上哪所学校、要在哪里买房子、是否要做某个工作，或是任何你在当时为之所苦的决策。是什么让那些决策如此困难？你采用了什么流程作出选择？振作起来，不论你做了什么决策，你还是走过来了。如果你觉得在某个或数个困难决策作出了错误的选择，你从那些经验中学到了哪些

教训帮助你走向未来？当时你是否能够在中途作出修正，让你可以获得更好的结果？

走在田野中的实践建议

- 试找一个你正在面对的艰难决策。从中抽取你觉得风险没那么高的部分。例如，与其一次就开展大规模的新策略，你可以先操作一个先导性的专案来"试试水温"。然后评估你是否走在正确的道路上，是否需要修正，或者是否需要朝着相同的方向继续前进。
- 尝试"听从你肚子里的声音"[2]。对于你正在面对的艰难决策，试着从你的内在或其他来源搜集所有的信息与洞见。接着用几天时间，试着把你自己完全泡在其他与之无关的事物中，并且把那个决策抛在脑后。让那些信息有时间从你的头脑渗透到腹部。想象你的脑袋只是信息的接收器及转译器。然后根据你从腹部出来的决定采取行动。

允许自己可以失败

我们假设你之所以在读这本书，是因为你希望为了你所深深关心的事情，能够在你的组织、社群或家庭引发改变。你想要成功。很少人会对失败的经验感到兴奋。不仅仅是不想要失败而已，许多人也提出许多理由，说明为什么失败是不被允许的选项："我有孩子要养。""团队需要我才能运作。""我不想让我的父母失望。"

有些人之所以不愿意领导调适性变革，是因为他们就是无法承受他们可能会失败。当马蒂还在学校的时候，他要求自己的成绩要达到 B。这对他是很容易的事情，而且他自己也知道（马蒂究竟是如何考进威廉姆斯学院以及哈佛法学院，对他的朋友而言仍然是个谜！）。对于外界而言，B 是个很好的成绩了，而且比不及格好多了，即使马蒂并没有"发挥他的潜力"

（来自他的老师与亲人的说法）。拿 B 来要求自己，可以保护马蒂免于失败：如果他想要达到 A，他可能不会真的做到。降低标准让马蒂可以避免承受失败的风险。

然而，降低标准并不能帮助你领导调适性变革，因为调适性变革需要实验性思维，它会牵涉风险的考虑，而且真的会有失败的可能性。所以你必须允许自己可以失败。以下做法可以帮助你。

- **针对某个调适性变革方案，放宽你对于成功的定义。**当你评判自己的方案时，使用超越二元的"成功/失败"的判断标准。采取实验性思维，对于那些没有产生所期望结果的努力，思考你可以从中吸取什么教训。想想你在下一步可以如何运用那些学习。
- **帮你的支持者做好心理准备。**管理周遭的人对你的期待，让他们准备好面对你的投入可能会造成失效或是失能的局面。让他们也试试看，并且从他们的尝试中学习。这么做可以让人们觉得这场变革是他们与你共同完成的，并且让他们不会把你当作"避雷针"，也就是依靠你来逃避失败，或是用不合理的标准要求你。在你管理支持者的期待时，你所使用的语言是相当关键的：与其说些像"你们可以依靠我来把它搞定"之类的话，你可以说"我们正在尝试一些新的做法"，或是"如果我们超出极限，就会知道会发生什么事"。
- **进行小规模的实验。**比起大规模且昂贵的失败，小规模的失败比较容易接受。进行相对低成本的实验（例如成立先导专案组）可以帮助你测试想法、面对失败，而且让你（或是组织）不会在过程中被牺牲。

站在看台上

- 想一个你正在考虑的变革方案。你可以怎么做，来允许自己失败？例如，你是否能够从"为版本 2.0 累积学习"的角度，定义你的进展里程碑？你是否可以用某个相对小规模、安全的方法，测试这个方案的胜算？

> **走在田野中的实践建议**
>
> • 对于你打算要领导的变革方案，识别你所需要的支持者。在向他
>   们每一个人描述这个方案的时候，练习一种能够允许你进行实验
>   以及允许失败的语言。

培养调适性领导旅程的耐受度

　　调适性工作可能会让人感到极端地偏离常态、在兜圈子以及在一些碎
事上找茬。人们往往看不清什么是真正重要的，创意往往诉诸短期的手段
来维持平衡。这些都可能让你感到泄气或是让你精疲力竭。你可能开始质
疑这一切是否真的值得你这样做，并且可能想要降低你的抱负。你可能会
对这些挫败变得麻木，又或者你可能会投降认输。在面对绝望的时候，要
让自己留在局中是非常不容易的。但是为了引领变革，你必须能够在绝望
中运作并且继续前进。而这就需要你培养一种对于整个调适性领导旅程的
"耐受度（stomach）"。

　　培养韧性与马拉松训练类似。你需要从某处开始（例如每天跑一两千
米并且维持数周，然后逐渐增加距离）。在组织情境中，这类训练可能比
往常待在困难对话中的时间更久，指出团队当前无法讨论的问题，并且在
别人为了转移不舒服的话题而开起具有讽刺意味的玩笑时，不改变谈话的
主题。

　　马拉松跑手在训练时会运用一些基准的指标。如果你沿途清晰定义短
期目标，就可以追踪你的进展。设定符合现实的月度或季度目标，可以帮
助你培养长时间努力所需的精力。或者能够把敌对派系聚在一起开个会
议，哪怕是几分钟，这也许是个好的做法让他们之后可以一起开更长时间
的会议。

　　为了进一步培养你对于调适性领导旅程的耐受度，你必须持续提醒自

己的使命。跑手是向前看的，而不是往下看的。聚焦在前方的目标能够帮助你转移注意力，让你不用烦恼自己还需要跑多远才能抵达目标。

在亚历山大的职业生涯早期，他曾经和一位同事与纽约市公共卫生部门一起共事，评估全市47所公立医院及健康中心的病患照护能力。他们在前几家中心遭遇到了抵制。管理者们采取不合作的态度，拒绝提供所需的资料，因为医院方面担忧他们的评估结果会不好看。在拜访过几家中心之后，亚历山大与同事感到疲惫极了。为了坚持下去，他们两人做了个决定：在接下来的每一次拜访之后，他们会花时间聚聚，提醒自己不要忘记长期的目标，并且吃一顿健康的午餐让他们保持高昂的精神。

培养强壮的"耐受度"需要勇敢无畏的精神。对于你想推动的某个变革方案，你可能会碰到瓶颈。如果想要阻挠你成功的对手感知到你的瓶颈，他们便会知道需要坚持抵抗到什么程度。在我们所认识的最佳领导力实践者当中，有一位在主持艰难的会议时会采取一个做法，当每位参与者都知道他们将有一场艰难对话的时候，他会这么说："只要有需要，我会在这场会议一直待下去。"一旦他表明不论花多久时间，他都会愿意待在现场，对于那些没有把会议主题的优先顺序排在前面的人，可能就会开始退缩，而不是阻碍或破坏讨论，这样他就更有机会完成需要做的工作。

领导调适性变革几乎肯定会考验你的耐心。即使你已经取得很大的成就（例如提升市场占有率、建造更多低收入住房，或是首次把你想探讨的议题摆在高层团队会议议程的第一顺位），你可能会发现自己还是难以为这些进展庆祝，因为你知道前方还有更多工作等着你去做。

内心浮躁会在多个方面给你带来伤害。你在会议中提出某个难题，并且没有获得立即的回应。所以你回到原来的模式持续针对这个问题开炮。每当你作出抨击，你就是在向在场其他人传递一个讯息，就是让他们认为你是唯一需要为那个问题负责的人。你将这个问题背到自己身上。而且你说得越多，大家就会更不愿意与你共享那个问题。而且如果他们不觉得那个问题也有他们的一份，不论最后的决议是什么，他们都不会投入其中。

当你发现你强烈关心的议题还有这么长的路要走的时候，你应该从哪里寻找耐心呢？你可以运用对其他参与变革的人的慈悲心（compassion）获得耐心。慈悲心来自于理解他人所面对的两难，并且意识到你正在对他们作出多少要求。如果你可以意识到他们可能遭受的损失，你就能够冷静下来并且获得耐心，因为你知道相较于自己，这段旅程对他们而言可能更加艰苦。

站在看台上

- 回想过去你体验到自己有强大耐心的情境。是什么让你能够有那种耐心？例如，或许当你的孩子学习接球、游泳、开车、弹钢琴或阅读的时候，你会很有耐心，因为你还记得当初你在学习这些技能的时候，这些技能对你而言有多难。或许你相信大部分的人都能走过困难的旅程并且掌握所需的技能，所以你有一份乐观，而这份乐观也会提升你的耐心。

走在田野中的实践建议

- 回想一个让你容易变得内心浮躁的人或情境。例如，你有一位经理同辈总是抱持负面态度看待各种变革提案，而且每当你碰到这种情况时，往往会被激怒。寻找各种可能的做法来应对这个人，让你在他"踩到你的地雷"的时候，能够有更多的耐心。然后在下一次你觉得要对他失去耐心的时候运用那些做法。例如提出问题或是望向窗外争取时间，借此让你能够看见自己是如何被触发的。

第 21 章　鼓舞众人前行

你能鼓舞众人前行吗？"鼓舞"的英文单词 inspire，原本指的是吸入、充满精神。鼓舞指的是从意义的深层本源去触及、充实人们的内心。

为了带领你的组织度过调适性挑战，你必须有鼓舞众人前行的能力。调适性挑战牵涉人的价值观，而不只是单纯的事实或逻辑。化解挑战往往需要触及人们的信念与效忠情结，这两者都位于他们的内心，而不是头脑。

鼓舞众人前行的能力并不只是那些少数有天分、有魅力的人才能拥有。每个人其实都已经拥有这种能力，你可以到医院的儿童部门走走，然后你就会发现人们平常就有鼓舞众人前行的能力。我们相信通过练习，每个人都能强化鼓舞众人前行的能力并且把它运用在领导上。

本章将说明如何发现并使用自己的声音，尽管任何人都能发展出鼓舞众人前行的能力，但你所发出的必须是属于你独有的声音。为了能够鼓舞他人，你的发声不仅必须是独一无二的，而且还必须来自那些打动你的使命，来自你的组织以及世界正在面临的挑战，来自你独有的沟通风格。

你与他人联结的方式会影响你拥有什么独特的声音。然而，我们指的不是你的声音听起来有多顺耳。美国通用电气公司前首席执行官杰克·韦尔奇经常激励他人，但他也有口吃。我们指的是你的话语能够在多大程度上触动他人的观点、价值观以及需求。要寻找自己的声音，你需要的不只是把事实与论点说清楚。你必须能够把那些事实与论点，演绎成能够触动他人内心的语言。

当人们忘了他们的使命，当各个派系对彼此的忍耐快要到极限，当社群开始绝望，或是当人们无法想象更好的未来，在这些情况下，人们都需要被鼓舞。在这些关键时刻，你的激励能够引出潜藏在人们心中的内在承诺，而这份承诺将支撑他们度过绝望的时刻。你让人们能够描绘未来的愿景，这个愿景会维系人们过去最美好的事物，与此同时展开新的可能性。

为了掌握鼓舞众人前行的能力，你需要提升两种技能：发自内心地聆听与发自内心地发言。毕竟，除非你可以了解他人以及你自己的内心，否则你将无法与他人产生深层的联结。

与你的听众在一起

在领导调适性变革的过程中，你要求人们对你以及与他们共有的使命，敞开他们的心扉。同样，你也必须对他们以及他们的使命敞开心扉。当你所传递的信息他们听不进去，开始眼神涣散或是抗拒的时候，不要怨恨他们。相反，发自内心地倾听，接收那些超越言语的信号，并且把你的个人感受以及人们对你展现的肢体语言当作某种信息来源使用。

当你与一个群体共事，并且开始体验到某种强烈的情绪时，将那些情绪视为某种可以用来当作线索的信号，借此了解在群体成员之间流动的情绪暗流。你可能会和他人的感受有所共鸣。你的焦虑（或是狂喜）可能也反映了他们的状态。

除了倾听自己的情绪，也要留意人们的言外之意，是否透露了有什么事情正在群体中酝酿的信号。想想看这些信号可能代表什么。如果你在解读过程中遇到什么困难，你可以试着借此拨开表面的对话进行直接的探询。"在汽车公司发自内心地聆听"提供了一个例子来示范在实际处境中可以怎么做。

案例：在汽车公司发自内心地聆听

我们出席了一家汽车公司的高阶经理会议，而那些经理在会议中讨论某个新方案的优点。他们的谈话表面上看起来像是以事实为基础的分析，但是某些人的声音明显比其他人有更多负面情绪，包含轻微的怒气与讽刺。

后来我们与公司的一位副总裁聊了一下，并且得知在稍早会议中质疑新方案的参与者都是来自于同一个部门，而该部门输掉了最近几次有关策略方向的争论，导致该部门工程师的资源遭到不成比例的缩减（包括在职位以及研究活动中财物支持的缩减）。如果目前正在讨论中的新方案被通过，该部门就会遭受更多的损失，而该部门的经理们就会失去部门成员对他们的信任。这些经理没法直接公开讨论他们将要面临的信任危机，他们只能选择把意见聚焦在新方案的优缺点上，尽管整个场域都充满着明显的怒意与焦虑。

借由注意那股焦虑并且浮现潜藏的利害关系，高层团队在发展策略的时候，考虑了反对者的声音及其部门成员的处境，也就是他们为了新方案发展新能力的过程中可能需要承受重大的风险与损失。事实上，该部门成员已经开始在跨部门的工程设计团队掌握那些崭新且不熟悉的工作方式。通过充分理解那些经理们的焦虑，提出新方案的高层主管们变得更有同情心，也因此更充分支持那个陷入困境的部门完成转型。

这当中包括聆听人们的潜台词，也就是文字后面的弦外之音，借此辨识他人所涉及的利害关系。是什么导致你所听到的苦恼声音？对于群体的价值观以及当前的运作方式，这份苦恼反映了哪些冲突或矛盾？这些矛盾与冲突有什么历史渊源？根据目前陷入冲突的各方派系，群体内的资深权威代表了哪些观点？你目前感知到的情绪以何种方式反映了大环境的问题？带领调适性变革通常意味着收益与损失的分配，而正是变革中涉及的损失触发了人们对于变革方案的抵抗。损失会以不同形式存在，例如需要掌握极具挑战的新能力、让支持者失望，甚至是放弃个人的地位或工作。理解并且承认那些损失的存在，对于有效领导调适性变革是不可或缺的。发自内心聆听可以帮助你获得那份理解。

以下的原则是用来帮助你更能够发自内心地聆听。

放下评判，带着好奇心与同理心来聆听

发自内心地聆听，并且放下评判，同时带着好奇心与同理心，借此理解人们为什么会因为变革方案而感到痛苦。光是说"我听到你说的了"或是复述对方的话是不够的。试着设身处地体会他们的切身感受，然后告诉他们你对他们的理解。至少你必须能够说出"我明白了"，而且是让别人相信你真的明白了。

在"911"事件后的早晨，时任纽约市市长鲁道夫·朱利安尼（Rudolph Giuliani）对于纽约市市民与所有美国人在那天所经历的恐惧与痛苦，发表了动人且直接的讲话。据《纽约时报》报道："'今天显然是本市历史上艰难的日子之一，'他柔声说道，'我们目前在经历的这场悲剧，是我们曾经担心成真的噩梦。这是场骇人且邪恶的恐怖行动，而我的心与所有无辜受害者同在。而我们当前的重点，是尽可能地拯救生命……'市长透过他的眼镜向上仰望，意识到这场现场直播的观众，包括那些在倒塌的双子星大厦进行抢救工作的人员的母亲、父亲、配偶、爱人与孩子。他说：'死亡人数将比我们任何一个人最终能够承受的数字还要高。'"[1] 接下来的几周，他每天站在街头，让市民知道他能体会他们的感受。他持续的现身以及同情心，为所有陷入惊愕与痛苦的人们提供了一个承载环境。他托住了民众的心。

即使你可能无法真正感受到其他人的痛苦或恐惧，你还是可以用你的脑、心、腹感受他们所说的话。你可以理解他们的风险有多大，也能理解是什么造成他们的抵抗，而那份理解就能够让你与他们联结并且打动他们。

允许沉默

据我们所知，大部分的调适性变革推手在遭到抵制而下台的时候，往

往也在不断地说话。他们之所以会被免掉，是因为他们一直喋喋不休，远远超出了重要的利益相关方能够听进去的程度。人们很少因为花太多时间倾听而被免掉。

你对沉默的容忍度到底有多高？在觉得自己必须说点什么之前，每个人对于沉默都有不一样的忍受程度。但保持沉默其实是有其意义的。保持沉默可以让人们有时间消化你刚说的话。当遇到他人抵制你提出的方案时，你要意识到你所传递的信息，或许关乎他们可能需要承受多大损失，因此对他们而言，要接受你的信息是非常困难的。在你想传递信息之前，先给他们一些时间——五分钟、五天、五周、几个月或是更长的时间。如果你在密切地观察或聆听，他们会通过言语或肢体让你知道，他们还需要多少时间才能准备好继续往前走。你可能会有股冲动，想要把他们在会议中作出的反应，当成他们对你的信息的定论。你必须抑制这股冲动，同时你也要避免觉得自己是被迫要对他们下达最后通牒。

沉默同时也是维持人们注意力很有用的工具，尤其是当你位高权重的时候。当我们培训课程中的动态变得混乱时，有时我们会在上课前静静地站在教室前面，借此让学员集中注意力。商务会议的主席通常可以运用沉默集中人们的注意力，例如当人们刚聚集在一起的时候，或是当谈话逐渐失控的时候。最后，沉默可以让你有时间在脑中处理当下发生的事，让你能够站在看台，厘清会议中的动态。

沉默也会有其意义。沉默可能代表张力、舒缓、和平或好奇。你可以用不同的方式读取沉默内含的意义，例如观察他人的肢体语言或眼神接触，或者只是单纯地感觉空间中的情绪。然后你就可以利用那些数据，来思考你的下一步要怎么走。

当你在领导一个大型且复杂的系统，而且当中牵涉不同领域的相关方时，这些相关方在面对当前的调适性挑战时，都会带有某种利害关系，但是他们都只会从自己的利益与效忠情结的角度看待这个挑战，此时沉默对你来说就是更重要的资源，能让你可以读取线索并采取下一步。你所需要的沉默期可能会因为实际情况而有所不同。如果需要解读的线索越复杂，那么争取时间去聆听并且采取试验性的行动，同时在心中评估情势，这些做法对于领导者熟悉当前情境就会变得极为重要。

当你位高权重时

当你握有权力的时候，发自内心地聆听会变得特别困难。事实上，你在组织或政治体制内升迁的过程中，你可能会更多地被训练去表达而不是去聆听。如果你在主持一场工作小组会议，而且你在会议开始时这么说："这是桌面上的调适性挑战，那现在来告诉我你们想要跟我说的事吧。"大家很可能会等着你发言，他们可能不会完全沉默，但会给你一些肤浅的回答，并且等着你说出你的观点。在我们与许多高层团队共事的过程中，我们常常旁听他们的会议，并且观察首席执行官是如何设定议程以及"邀请参与"的。一般的情况下，会议室里的其他人会小心翼翼地发表几个想法，但是他们真正试图做的，是揣摩首席执行官在该议题上的立场。

当你在某个集会扮演权威的角色时，如果场子里有一段长时间的沉默，你可能会感到强大的压力想要填补沉默所造成的真空。持续与沉默共处是很困难的，而你周遭的人并不想要或期待你保持沉着稳定。在他们眼中，你应该是决定方向的人，不论你是否真的有答案，而且也不论你的答案是否能够帮助群体应对当前的挑战。

站在看台上

- 对于你所说的话，当人们的行为显示他们感到苦恼时，你会如何回应？你会有什么感受？你是否会立即开始防卫，或是对他们的反应不屑一顾？你是否会评判那个人，或许还会喃喃自语"如果他在这里派不上用场，没有他对我们会不会比较好"？你可以采取什么做法搁置你的防卫或批判反应，并且对他人的想法与感受变得好奇？

- 当一场谈话或会议变得沉默时，你会怎么做？相较于只是会议的参与者，当你担任会议主持人的时候，你对会议中的沉默会有不同的反应吗？你的常见行为反应会带来什么后果？

走在田野中的实践建议

- 坐下来与另一个人面对面，让你们几乎要碰到彼此的膝盖。看着对方的眼睛，不要说话，维持 5 分钟。这段时间可能会让你感觉像是永恒，但是这可以帮助你学习忍受沉默。在这 5 分钟里，注意你的内心。你的注意力放在哪里？你有什么感觉？你在想着什么？5 分钟后，分享你们各自的观察。

发自内心地发言

除了发自内心地**聆听**（理解他人的感受），你也需要发自内心地**发言**（表达你的感受）才能鼓舞他人。如果你深深地关注人们面临的挑战，找个方法告诉他们。在你试图打动别人的同时，你也必须能够被自己打动。

为什么发言必须发自内心呢？因为这传递什么是值得让人们为此受苦并且不放弃的。它帮助人们在应对困难挑战时能够挺过那些希望与绝望的交错消长。你发自内心发言的能力会反映在你的举止语调的律动感上，尤其是你的用字遣词中。在你参加过的会议中，你是否曾经遇到过会议上主席借由保持沉着的姿态以及有力平稳的语调，便足以避免与会者们产生分歧与不和？

发自内心地发言，必然会触及自我的价值观、信念与情绪。然而在你的专业场域，这种做法可能会与想"要理性一点"的压力发生冲突。但当你在带领人们面对调适性挑战时，让他们退却的是属于内心感性的部分（而不是理性部分）。而且如果你不愿意让他们走进你的心，他们也不会让你走进他们的心。

因此，当你在带领调适性变革时，你必须能打开自己，而且这个打开的程度必须高于你通常在专业场域所显现的开放程度。通常这对女性可能特别困难，因为她们可能担心这样做会让别人贴上"太情绪化"的标签。

你将如何通过这种方式打开自己呢？假定你即将在一场会议中提出一个困难的变革方案，而且知道你会遭遇到抵抗。让你在生理及情绪上做好准备，你可以借由演练即将进行的发言，提醒自己要做这件事的原因，然后给你自己几分钟的静默时间，好让你的头脑清空。维持身体的端正，你可以双脚站稳，借此让你扎根。一旦进入会议，对于你的使命与承诺你要展现更多的情感，而且多于你平常在组织中展现的程度。以带感情的方式站在舒适区的边际，可能会让你觉得自己有失控的风险。但是用那种方式呈现你自己，也许会让你更能够打动听众的心。以下是一些额外的建议帮助你做到这点。

拥抱并穿越自己与他人的情绪

你发自内心发言，往往是先让自己能够被打动，然后才能打动他人。但是，这要求你能够拥抱自己与他人的情绪。这是什么意思呢？想想以下这个例子：你在你的女儿的婚礼上与大家举杯庆祝，这过程中你的眼眶泛泪，而且你的声音也沙哑了。要把这个简单的情绪表现转化为鼓舞的时刻，你必须让自己在被打动的同时，还能够继续举杯庆祝。把你自己想象成一个装着汤的锅，或是用来装裱画作的框。

许多人在发表谈话的时候，如果情绪突然冲上来，他们会停下来或是试图保持镇定，并压抑感受，借此打断情绪上涌的时刻。有些人甚至会提早结束谈话，然后走下台或离开会议室。这里的挑战是，你必须允许自己变得更容易被情感打动，同时还能完成你的谈话。借由这么做，让听众知道这个场域是包容的，你可以和你的情绪同在，而且他们也可以这么做。允许你自己感受情绪并且保持平衡，你可能会暂时看似无法自拔，这样你的听众也能允许自己被打动。正如我们稍早提到的，朱利安尼针对"911"

事件作出的朴实真切的发言，就展现了这个力量。在他的发言过程中，他的声音有几次因为情绪而破音，而纽约市市民知道这不是他们的硬汉市长平常会有的情形。然而，朱利安尼还是不顾他的情绪起伏继续发言。通过这么做，他说出了数百万人在经历"911"事件时的感受，这鼓舞了人们在绝望的情境中寻找意义并且保持希望。

如乐音般发声

在我们还是婴儿时，我们会从父母及兄弟姐妹的声调以及出声与沉默的转换来诠释他们的意思。鼓舞众人的方法之一，是善用你声音的性质，也就是运用你声音的若干特质，例如抑扬顿挫、音高、音量与声调。

以抑扬顿挫为例，当你有些话想对大家说，又觉得那些话大家很难听进去的时候，加入一些停顿能够让他们有时间跟上你的发言内容。运用短暂的沉默，你就有机会让信息在大家的心中沉淀，并且让大家有机会考虑信息的重要性。人们将有机会与使命联结，进而认为你所主张的变革是值得的。

善用你的音高、音量与声调来发言。为了与听众交流，交响乐团的指挥会调动所有乐器，不管是传达笃定感的小号还是甜美的小提琴。用这样的形象去想象你的声音。有时候当你在向大家说明一项与变革相关的工作时，你需要使用小号提振低迷的士气，或是向大家传达有什么具有重要价值的东西正处于危急存亡之秋，又或者是运用你声音的笃定感来为整个场面升温。在其他时候，例如当场面的张力上升到让人们变得无法有效工作时，如果你可以让你的发言像是优雅的小提琴，就可以帮助场面降温，让人们冷静下来。

相较于身为别人的下属或同辈，当你位高权重时，你可能会倾向以不同的方式使用你的语音，而你的使用方式会受到所处文化的影响。尽管在不同文化中的具体使用方式不同，权威倾向使用比较冷静、抽离感情以及自信的说话方式。此外，他们陈述主张多于向大家提问。他们的听众也是如此期待，因为他们期望权威能够支撑他们度过困难的时刻、梳理问题以及寻找解决方法。虽然这样的说话方式在许多情况下是完全合宜的，但是当问题及解决方法藏于人们的内心、思维与习惯中，而且这些人遍布在整个组织及社群时，在这样的调适性情境下，权威应该怎么做呢？

相反，当你并非位高权重，你可能担心没有人听你说话。你有可能无意识地提高音量，并且使用更急切甚至尖锐的口气。不论你有多大的权势，你的目标必须是运用适合某处境的方式使用你的语音，进而能满足该处境中听众的需求、与当前的困难相符，并且契合当下的形势变化。

当你作为有权势的人在面对调适性的处境时，你有四个基本选项：你可以同时在你的声调与信息内容方面显得强而有力（一般常用的选项），同时在声调与信息内容方面显得不确定（相对罕见的），只有在声调上显得不确定，或是只有在信息内容上显得不确定。我们建议你使用最后一个，也就是只有在信息内容上显现不确定性。你的挑战是在发言的时候必须保持权威的态势，这是人们想要看到的，因为这样他们才会确信你要求他们所做的事情是可以做到的。但是不要只是用权威的姿态发表声明与主张，也不要屈服于想要降低失衡程度的压力而向大家提供答案。你必须用冷静、坚定的口吻向大家提问，以权威的姿态宣布挑战的到来，指出你们会经历一段探索与执行新方法的调适过程，并且指出这个过程当中会有相当多的不确定性。

当你并非以有权势的角色领导变革时，你要做的事是相同的，但你会有不一样的挑战。你可能会觉得在没有答案的情况下向大家抛出问句是很简单的事，但是你必须避免变得过度尖锐、急切（或是过度自我贬抑），只是你担心如果不这么做大家就不会听你说话。相反，要假设大家会听你说话，并且想象他们会保持专注。当发言者的声调开始变得过度急切焦虑时，人们就会开始忽略发言者所说的话。如果你有信心认为大家会听你说话，那么你的声音自然就会显得自信，而人们会听从有自信的人所说的话。

让每个字都有穿透力

在发自内心发言的时候，每个字都有穿透力。清楚地表达一个你最在意的总体论点，并且逐步说明你的支持性论点。如果你一下子就丢出大量的论点，不论你说的话听起来有多么令人印象深刻或信服，人们通常也无法吸收连珠炮式的论点。

让每个字都有穿透力同时也意味着理解以及善用字词具有的不同语义。富有价值或历史意义的字词会触及许多敏感议题，如果你的团队希望能够应对眼前的调适性挑战，就会牵涉这些敏感议题。然而在使用这些字词的时候，如果你无意间触动了这些敏感议题却没有好好善后，这些议题可能就会从背后"捅你一刀"。

知道自己是否选到正确的字词来表达意思，本身就是一个试错的过程。人们倾向用直觉去选择，而直觉来自于每个字词对他们所代表的意义。然而对于不同的接收者而言，任何一个特定的字词可能有不同的解释。你可以先把字词说出来然后观察众人的反应，留意哪些字词会引发哪些反应。如果你在使用某个字词时获得了强烈的负面反应，你会很轻易地说出"他们误会我了"或是"那不是我的意图"。事实上，你的听众在你的话语中听到了某些引起他们共鸣的字词，即使那些字词不会引起你的共鸣。因此，你很可能会需要拿他们的反应作为线索，判断你是否无意间浮现了某些重要而未解，而且在等待彼此决心解决的议题。你必须恰当地发言来清楚指出那些议题，而不是一直回避。

"马丁·路德·金的心"提供了一个例子，说明如何运用倾听与测试以善用所说的每一个字。

案例：马丁·路德·金的心

1955 年，马丁·路德·金刚获得他的博士学位，并且在美国亚拉巴马州蒙哥马利的一间小教堂担任牧师。他所在的非裔小区有着历史悠久的教会以及深受敬仰的非裔神职人员，而他是那个社区新加入的年轻人。同年12月因罗莎·帕克斯(Rosa Parks)拒绝在公车上让座给白人乘客而在蒙哥马利发起了示威，而当时许多非裔社区的长者都认为她采取的行动风险太高。他们判断帕克斯的反抗不会带来什么好的结果，但是他们还是想要支持她，所以当那些对于帕克斯的遭遇感到愤怒的群众进行首场大型集会时，长者们推派金这个新来的小伙子，请他在该集会中担任主讲人。在那场集会中，那些长者们坐在场边，他们认为金只是"炮灰"，所以如果那场集会最终没能形成任何集体行动，则声誉受损的会是金而不是他们。

然而，金曾经花好几年的时间研究演说。他曾经听过不同类型的演讲，并且学到调动群众情绪的各种方式，而且他还练习过这些技巧。在许多个周日，金会聆听不同的人演讲，以理解是什么让一些演讲听起来具有或是缺乏说服力。尽管金曾经花了许多时间进行研究与练习，当他首次抵达蒙哥马利，他的演说仍带有学术气息，因此无法打动他的听众。事实上在12月的那一晚，当金演说中极力主张发动公车抵制运动时，他已经开始失去听众了。但是在他说到某一句演讲词"……总有一天，人们会受够了来自压迫铁足的践踏"的时候，整个势态开始转变了。

当他说到那里时，听众当中立即响起了一声悲叹。金察觉到那股能量，并且知道他开始引发人们的共鸣。他当下决定脱稿、不再使用他那精心准备且展现他学养的演讲词，而是一再地重复"人们会受够了"的那句话。而且他也即兴发挥，运用一连串不同的字词来表达"受够了"的概念。在他的演说结束前，他已经在他与蒙哥马利的非洲裔群众之间建立了强有力的情感联结。而那个联结让他们走上长期且艰辛的运动之路，而最终那个情感联结也被证实是非裔美国人民权运动的关键。

站在看台上

- 把你在发表谈话或主持团队会议时的状况拍成一段视频。独自或是与他人一起观看这段视频，并且追踪你的声调、音量、情绪。试着指出你看起来最投入的时候，并且也指出听众看起来投入的时候。找出你和听众都不投入的时候。寻找各种方法增进你发自内心发言的能力。

走在田野中的实践建议

- 参加表演培训课程或是即兴剧工作坊。这么做可以帮助你体验以及表达特定的情绪，并且感知你的听众反应的转变，让你能够作出回应。在你打动听众的同时，让自己也被打动，并且同时能承载与拥抱听众的情绪。

第 22 章　实验、实验、实验

领导是即兴发挥的艺术。领导没有秘诀，虽然有些书不这么认为，并且会提供 5 个、10 个或 20 个该做或不该做的事情。在今日我们所处的复杂、快速变化的世界，任何的"解决方法"都只是暂时的歇脚处，只是公园里的一张板凳，让你在回到场上之前，可以停下来喘口气。

在带领调适性挑战的时候，你所做的每一件事情都是实验。然而，许多人却不这么看，他们感到并且屈服于庞大的压力，想要从他们的行动中产出特定的结果。把每件事情视为实验让你有更大的空间尝试新策略，去提问，去发现什么是不可或缺、什么是无足轻重的，以及什么创新能够派上用场。此外，采取实验性的观点能让你允许自己失败，因此也能在你失败的时候为你提供一些保护。

当你把领导工作视为一场实验，你就能把任何变革方案视为某种有根有据的猜测，它变成是某种你决定要尝试的事情，而不是要你用坚定不移的决心来投下巨大赌注。你的方案证明了你愿意投入你的使命，但是它不代表你已经对于如何从现状走到理想的未来作出结论。实验性的思维让你有可能同时执行数个方案，发现哪些方案最有效。实验包括检验假说、寻找与自己观点相反的数据，以及在产出新知识的过程中作出中途修正。事实上，当美国前总统富兰克林·罗斯福（Franklin Roosevelt）在他第一个任期面对危机时，这样的精神正是他的策略的核心：同时进行多场实验，减少恐慌（因为实际行动比安定民心的喊话更有效）并且测试一连串经济纾困方案，而其中有些方案是有效的。从这些实验中总结的教训不仅帮助他规划下一个系列的方案，也影响了 70 多年后奥巴马政府所采取的经济政策实验。

当你在会议中，练习使用实验性思维。避免追逐你所抛出的每一个想法、每一个你提议的计划，或者是每一个你作出的介入。不要急着辩护或解释。发表你的想法，接着往后退，并且观察大家对你的想法做了什么或是没有做什么。如果你认为自己被"误解"，或是你的想法被批评或摒弃，不要针对你的观点一直说个不停。试着去理解为什么你的想法没有下文：是不是因为你沟通那个想法的方式？你在群体中扮演的角色？还是因为你已经老调重弹了？而且你还要提醒自己，并不是"你自己"被摆在那里被肯定或否定，而是"你的想法"被摆在那里接受检验。

采取实验性思维的另一个方法是设计长期的实验，同时设下清晰的目标、明确的时间表、成效指针、资料搜集方式，以及结构化的期中评估。我们曾经与一家由精算师所运营的财务咨询公司共事。为了把他们的领导模式自上而下深入传递到整个公司，他们就真的作出了缜密的设计来测试不同的方法。

虽然我们建议你带着实验性思维，并不是说你必须总是告诉别人你正在做实验。尤其是如果你位高权重，人们会向你寻求答案或清晰的指示。如果他们知道，你并不是百分之百确定你的方案会给他们带来正面效益，尤其当你的方案还会要求他们作出显著的牺牲时，他们可能会极为不安。因此你可能需要思考，要把多少实验性思维，分享给你在这场调适性变革中带领的人们。你可能需要调整你的工作节奏，分散不确定性带来的负担。在 2008 年秋季，美国前财政部长亨利·鲍尔森（Henry Paulson）明显地是在通过援助方案进行实验，希望能够重振金融业并且阻止大萧条的发生。在这个过程中，他也搜集数据来了解方案的效用，以针对方案作出调整与改变。然而，他发现很难直接向大众说这一切只是一场实验。他从华盛顿的从业人员以及整个美国感受到了巨大压力，使他认为自己必须展现自信，让大家觉得每一个调整或转向都是正确的步骤。

如果你认为人们会支持名为实验的方案，你就把它称作"实验"。如果你认为要让人们愿意跟着你一起走的唯一办法，是让他们相信你的想法能够派上用场，你可能就需要把它称作"解决方案"，展现你对它的信心，但是你也要准备好作出解释。你必须根据情况管理大家的期待，并且用他们能够接受的步调消除他们的不确定感。"通过地雷区"提供了一个例子，说明你在什么样的情况需要表达你对"解决方案"的信心。

案例：通过地雷区

在战争形势最险恶的期间，一支部队遭到包围。在他们的北方有士兵的步步进逼，在南方则有一片地雷区。那支部队的指挥官已经阵亡。此时其中一名士兵宣称他"知道如何穿越地雷区"并且开始穿越。当他在地雷区择路而行，其他人开始跟随他。最后他们全部都生还。当大家问那位士兵如何找到对的路来通过地雷区的时候，他坦承自己当时其实一点想法也没有。他承认大家都非常幸运，而且也解释如果他不表现出一副知道如何通过地雷区的样子，大家就不会跟随他。

以下是两条经验法则，判断你该在什么时候把你的介入方案称作"实验"，或是"解决方案"。

- **如果你的组织或社群正处于危急状态，而且人们的痛苦已经到了难以承受的地步。**把你的介入方案称作"解决方案"而非一场实验。但是，在你强化了人们不切实际的期待后，你必须迅速地管理那些期待。所以一旦人们的急性痛苦减轻了，你必须马上告诉大家，当方案的结果（包括可能的副作用）变得比较明朗后，就需要进行修正。此外，你必须利用危难劫后的时间协助人们理解，危机的急性期仅仅是调适性挑战的表征。同时向他们说明，随着焦点逐渐转移到真正的深层问题，他们将会需要作出更多（甚至是更难）的改变。
- **如果你的团队或组织并非处在危急状态或是极度失衡中。**从一开始就把你的介入方案称为一场"实验"（例如把它称作先导项目）。除非是在极为绝望的情境，人们会更愿意在痛苦程度还不是太高的情况下，探索全新且未经检验的选项。

承担更多风险

采取实验性的思维，意味着你要承担比以往更多风险。假定以前你愿意为了重要的使命承担胜率有 50％ 的风险，成功与失败的概率就是一半对一半。如果你把那个可接受的胜率调整到 45％，也就是失败的可能性略高于成功的可能性，你可能会在过去选择退却的处境中发挥领导力。为了你深切关心的议题，你必须鼓起勇气采取较高风险的行动。因为恐惧而想要退却是可以理解的，但是你必须直面那份恐惧，并且测试你可以容忍的极限，以及测试你对于最糟情境的担忧。无论你是在风险趋避光谱的哪个位置，就从你目前所在的位置开始。我们并没有建议你从胜率 50％ 冲到胜率只有 10％。你只要提高你的容忍度，让你比过去能够容忍稍微高一点的风险即可。

站在看台上

- 列下近期你遇到可以行使你的领导力却没有把握住的机会。当时你对自己说了什么故事，来解释为什么你不该采取行动？把这个故事写下来。当时你之所以会停下来，是不是预想到会发生什么可怕的后果？如果你有这种情况，让你的故事也包含那个你所害怕发生的后果。是什么类型的恐惧让你止步不前？选取其中一个情境，然后想想如果下一次你有机会行使领导力，可能发生什么后果（包括好的和不好的）？把这些后果写下来。

走在田野中的实践建议

- 试着打破你平常主持或参与员工会议的模式。例如你可以在会议一开始就列出所有的关键事实与问句，然后保持沉默。让你的一两位同事知道你在尝试新方法，并且请他们观察现场情况，在结束后与那两位同事回顾整个过程。

- 用与平常不同的方式开启你的一天：上健身房、阅读一些能带给你启发的读物、涂鸦、做你原本只会在周末做的煎饼、泡澡而非淋浴、提早一小时起床、晚一小时起床……类似这些的任何事情。看看你是否因为冒了这些小风险，而让你的日常生活有什么变化。

- 把整个周末的时间用在你不熟悉且会让你不安的情境上。例如，参加外展训练（Outward Bound）来挑战你的生理极限，参加静修活动来挑战你对于静默的容忍程度，或是参加表演课程来挑战你不愿意展现情绪的习惯。如果你从未坐过过山车，你也可以试试看。每次当你做一些你确信你不能做的事情，你就能够揭穿自己的迷思。而且对于那些你所预想到的可怕后果，你可以把那些"事实"转变为可供检验的假设。

- 回顾你在第 14 章所填写的表 14-1。这张表提供一个机会，让你可以通过承担更多风险来进行实验。试着这么做：设计并执行小规模的实验，以检验如果你没有做第三栏的行为，你所想象的那些糟糕事情是否真的会发生。当马蒂第一次做这个练习（在不同的情境），他在第三栏写下的行为包括接受所有出城工作的邀约。这个行为抵触了他曾表明的愿望，包括不要为了与客户的一次性共事而花那么多通勤时间，多花点时间待在家里与家人相处，以及花更多时间深化与客户之间的关系。他在第五栏写下的恐惧是，如果他拒绝别人的邀约，他就再也不会接到邀约。他咨询顾问的业务量就会萎缩，而他就无法赚到所设定的目标收入来支持他与家人的生活所需。因此他和他的妻子设计了一个实验。在一年期间，他们每个月把一大部分的收入存进他们短期内无法取用的账户。他们想看看这样勒紧裤带是否会真的影响他们的生活方式。一年后，他们发现（并且感到惊讶）他们几乎没有注意到那笔另外存起来的资金。这场实验让马蒂能更自由地选择他想要接下的工作，并且也提升了他在工作与家庭生活中的幸福感。

跨出你的权限

深思熟虑地跨出你的权力范围。调适性领导力的施展之所以危险，一部分是因为你总是需要在自己权力范围的边界上游走，至少某些授予你权力的人（不论他们是你的上级、同辈、下属，或是组织的外部人士）是如此认为的（见图 22-1）。对于别人认为你该做什么（不该做什么）的范围，你是在推挤它的边界。你会提起没有人想谈的困难议题，或者指出人们信奉的价值观与其实际行为之间的落差。

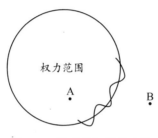

图 22-1　跨出你权限的边界

调适性领导力与"好的管理"的差异之处，在于当你在行使调适性领导力的时候，你必须超越那些你被授予权力去做的事情，不论是正式或非正式的权力。但是这当中很微妙。当你有意超出你的权力范围时，那些授予你权力的人可能会觉得你在搞破坏。然而，除非你能够有意识且小心地在你权力范围的边界上游走，并且承担可能会遭到反抗的风险，否则你可能永远无法通过调适性变革让组织或社群往前进。一直待在授予你权力的人所设定好的框框里，真实且深刻的改变是不会发生的，因为这正是他们促成的现状。他们希望解决方案对他们造成的损失能够降到最低。

跨越权力范围的边界之所以困难，还有另一个原因：你永远无法确定真正的边界在哪里。当你被聘请或升职的时候，你的权力范围可能从来不会被精确地描述。你第一次会有碰到权力范围边界的经验，可能是当你着手去做某件你认为应该由你去做的事情，却有人跟你说"那不是你被聘请去做的事情"的时候。

有时候当你完全是在你权力范围之内（图 22-1 的 A 点）合理地施力，那些最想要维持现状的人可能还是会说"你用力太猛了"。当你已经远超权力范围之外，而且还有可能会被干掉的危险时（图 22-1 的 B 点），有时候那些想要看到你失败的人（以及那些希望你继续为他们背负重担的人）会鼓励你继续往前冲。不要冒险直接冲到 B 点，因为这样会让他人能轻易地对你进行孤立或抵制。但是你可能需要通过挑战那些具有抑制作用的行为规范，让你能够超出边界一点点，例如在会议中提出困难的议题，或是针对其他人的项目进行提问。你可能会需要先采取行动，然后再寻求谅解，而不是申请许可后才来进行实验。

因为你权力范围的边界不是固定的，所以这会让你面临的挑战更加复杂。要知道你是否正在权力范围的边界游走，唯一的判断方式就是在你每一次行动的时候，观察你所遭遇到的抵抗程度。如果你没有遇到任何抵抗，这意味着现状并没有受到挑战，也表示你并没有真的在施展调适性领导力。微弱的抵抗显示你正站在权力范围的边界，强烈抵抗则指出你已经超出边界太多，已经大幅度地偏离人们期待你去做的事情。

站在看台上

- 在你的正式权力范围内，你被期待要去做什么事？别人授予你哪些非正式的权力？也就是说，在你的正式权力范围之外，其他组织成员还对你有什么期待？

- 当你在组织内推进某个想法或方案的时候，你曾经在什么时候遭遇反抗？从何种角度而言，你对那个想法的推进已经超出了你的权力范围？

调高热度

大部分的人并不想扮演"麻烦制造者"的角色。当你比现在还要更频繁地行使调适性领导力时，就会无可避免地被指控为"麻烦制造者"。尤其当你把组织成员的注意力聚焦在让他们感到困扰、想要逃避的议题与责任上，因而提高组织热度的时候，你就会很容易受到那样的指控。"作为一名真正的首席执行官你都做了些什么？"提供了一个案例。

案例：作为一名真正的首席执行官你都做了些什么？

弗兰克(Frank)是一家跨国服务公司的首席执行官。为了让公司能顺应国际市场的变化，他认为公司需要改变一些传统的运作模式。有一段时间，公司文化的特征包括高度的自主性、创业精神，以及上司与下属之间的一对一决策模式。而弗兰克想要有更多协作的运作模式，例如各单位领导人协力为客户开发联合服务。当他发现要求大家"有更多的协作"却没有得到任何结果时，他开始用自己的行为来做榜样，展现他要求经理们所表现的行为。例如他开始在高层会议提出困难的问句，并且向那些与当下讨论的议题没有直接利害关系的与会者，询问他们的意见。他想要鼓励他们与其他各自为政的经理们一起共事，并且把整个公司层面的观点带到会议的讨论中。

每当弗兰克表现这些大家不熟悉的行为时，会议室的张力就会变得更明显。一开始，他对于调整自己的行为以及重新定义自己的角色感到不安。过去他总是认为自己特别擅长让组织氛围不那么紧张，而其他人也这么认为。如今他正在尝试提升热度，并且很高兴看到高层团队成员的行为随着时间发生改变，这个改变不仅发生在团队成员互动中，也发生在他们个别的工作中。

很多时候，调高热度对于带领调适性变革是不可或缺的动作，即使这样做会让你被贴上"麻烦制造者"的标签。为了激发你认为的必要改变以取得进展，你必须调高你的团队或组织中的热度，并且测试一下可以把大家逼到一个怎样的程度。

站在看台上

- 你认为什么样的改变能够帮助你的组织应对调适性挑战？你可以针对什么样的新行为进行实验，借此把热度提升至恰好够高的程度，使人们聚焦在需要的改变上，但是也不要把热度提得太高以免人们退缩或逃避？

走在田野中的实践建议

- 提升大家对于某个议题的热度，但是不要让你自己成为讨论的焦点。逃避挑战的常见表现方式之一，就是把提出问题的人变成讨论的主题，这样人们的注意力就会从困难的问题上被转移。把你用来提升热度的介入表述为共同的议题，并且在你出手之前进行免责申明，像是"我知道这是我们共同的议题……""根据这场会议的目的……""这个团队承诺要展现_____的价值，所以我们该如何处理……"。看看哪一招可以帮助大家聚焦在议题本身而不是你的身上。

指出自己对于问题的"贡献"

对于组织在进行调适性工作所遭遇的困难，找出你的"贡献"并且向大家承认。向大家展现你对自己"贡献"问题的那一份负起责任。并且让大家知道，正如同你要求他们作出困难的牺牲，你自己也愿意这么做。

例如，当一位首席执行官要求员工放弃他们原本认为该被保障的部分福利时，如果他同时也明显地削减了自己的薪资，他的提案就更有可能被接受。相较于全美航空公司在 2004 年面临破产时所发生的事，当时他们的新任首席执行官布鲁斯·雷克菲尔德(Bruce Lakefield)试图与公司员工协商大幅降薪，但是，他不认为自己的百万薪酬需要被缩减，因为他的薪酬已经处于廉价航空高管的薪资区间了。他的解释毫不意外地令员工更加强硬抵制他的提案。[1] 从 2008 年开始美国汽车工业的重整与重建，也为高层主管、政治人物与工会干部提供了机会，让他们能够为他们的失误负起责任，重新获得大家对他们的信任。

当你指出自己对问题的"贡献"，并且也作出痛苦的牺牲时，你就是在向那些你试图动员的群众发出强有力的讯息，让他们知道你也和他们坐在同一条船上。你向他们展示，愿意为了你相信的东西而作出困难的改变，就像是你要求他们所做的那样。这样，你会大大地提升赢得他们支持的机会，让他们更有可能支持你所提出的方案。

站在看台上

- 想一个组织或社群正在面对的调适性挑战。眼前问题的哪一部分是你造成的？你做了什么或是没做什么而让事情无法获得进展？你可以采取什么行动，来向他人展现你接受在那个挑战中所扮演的角色，而且你也愿意作出困难的改变？

展现自己能力不足的一面

你之所以能够在组织中晋升，一部分原因可能是你能够解决大家的问题并且提供答案。无论是用哪种方式授予你正式或非正式权力的人们，他们都不希望看到你的无知。但是，没有人能够借由压抑自身的无知而学到任何东西。而且如果组织成员不能努力走出他们的能力范围，他们就无法学习到新的能力来处理他们所面对的调适性挑战。

你必须迈出第一步来培养学习型的文化。为此你可以试着展现自己的无知，承认你所不知道的事物，或者公开尝试大家都知道你没有扮演过的角色。这样做能够让大家知道，你可以为了精通必要的新技能而愿意不惜一切，来对付组织最棘手的挑战。而且这样也能够鼓舞大家采取同样的开放性与勇气，让他们愿意走出既有的能力范围。

走在田野中的实践建议

- 下次你把团队成员聚在一起开会的时候，尝试一些你不擅长的事物。向大家坦白你不擅长做你要尝试的那个事物。你可以说："我在这方面是新手，但是我想要试试看并且享受当中的乐趣。"这么做就能让你和你的团队成员更能够把你视为愿意尝试新事物的人。如果这个新尝试没有成功，就承认你的失败然后尝试其他不擅长的事物。

第 23 章　蓬勃发展

好好地照顾自己，而不是让自己工作到精疲力竭。所有因为过劳而能够预见的后果——拙劣的判断、失去与家人在一起的时光以及个人的健康，都可能源自没有安放好自己热情的承诺。好好照顾自己不是为了放纵，而是为了确保你能够有最大的胜算达成目标，并且让你能够享受你的辛劳所换取的果实。以下我们提供了一些具体做法，让你在带领调适性变革的同时，也能够持续发展。

发展你的个人支持网络

你不需要，也不应该当个独行侠。如果没有来自他人精神上的支持，你的弱点会变得很容易被攻击；在那些被你的观点所挑战的对手面前，你也会很容易遭受伤害。韧性（Resilience）并不是只来自于你内在的"缓冲器"，也来自于提供支持的人际关系。

在你正试图改变的系统以外的范围，建立你的个人支持网络。你可以有三种方法：

- 定期与一些人谈话，例如你的知己、在你试图领导调适性变革的场域以外的人、重视你而且没有投入你正在处理的议题中的人。
- 在你的调适性工作以外的领域满足你的需求，这样你的对手就无法利用你的需求把你牵制出局。
- 让自己与多个社群保持紧密的联系。

寻找知己

记住，领导调适性变革是个长期的过程。你需要一些知己提醒自己，让你能时刻想起为什么投入能量在某件工作上。这些知己也能够分担你的情绪负担，让你不会觉得自己像西西弗斯（Sisyphus）一样独自一人永无止境地把巨石推上山丘。

知己可以是亲近的朋友、家庭成员、顾问、教练或治疗师。他们能够协助把你的角色与你自身区隔开来，并且也能够在你陷入无益的固有运作模式时，让你意识到自己的状态。他们能够帮助你克服那些难以处理或驾驭的需求。例如一位支持你的配偶或伴侣能够给你亲密及愉悦感，朋友们能够让你觉得自己是被关心且重要的，而一位好的教练能帮助你学习，让你更能够掌握自己的人生。

如果你的知己要发挥最大的价值，他们必须肯定你目前做得好的部分，并且指出哪些是诱发你固有运作模式的按钮，让你意识到这些触发点正在以何种方式令你陷入麻烦。如果你正在与新的顾问或教练共事，你可能需要让他们知道你的哪些需求最容易让自己身处于风险之中。

诚然，即使是面对你信赖的顾问，暴露自己的脆弱面也不是一件容易的事。例如，要说出这句话可能是很困难的："听好，我真的很喜欢表现出一副聪明的样子，但是这个倾向正让我陷入麻烦中，因为人们总是期待我能够提供解答。但是我发现我错了，我过分地让他们觉得有确定感了。"

与知己分享你的脆弱，从他们那里获得最有益的支持，即使这么做对你来说可能很困难，但是这非常重要。你或许可以试探一下，先分享一两个比较小的脆弱面或不确定的一面，然后再慢慢往深水区移动。

在工作以外的地方满足自身的渴求

如果你可以在生活中满足你的渴求，你就不会在组织里把它展现出来。比如说，如果你渴望被他人喜欢，就可能对好斗的对手退让，除非有其他理由让你能坚持下去。我们天生对于爱、亲密感、重要感与肯定有所需求，而领导工作带来的压力往往会放大这些渴求（尽管这些压力的具体影响方式可能因人而异）。了解你的脆弱面并且好好照顾自己让你能够保持满足、远离麻烦。拥有家庭、爱人、朋友以及来自所属社群的支持系统（不论是戒酒互助会还是单车社团），能够让你在如履薄冰的日子里保持清醒并维持效能。你必须准备好在举步维艰的时候能够倚靠对的人。当你的需求能够被满足以及被管理，你就能够在走进办公室时专注于手头上的工作，而非环顾四周寻求温暖、认可或赞美。

让自己与多个社群有紧密的联系

领导调适性工作会吞噬你愿意付出的一切，包括你的时间、精力、注意力与关怀。你所投入的环境不会为你设一条保护线。确保自己与组织外的数个社群保持紧密联系，例如家庭生活、运动、兴趣、民间组织，以免自己被调适性工作完全吞噬。参与这些社群也有额外的好处，你可以获得更多样的洞见与技能，并且把它们带进调适性工作中。如果你在社群的志愿工作中学到了如何激励他人以及被他人激励，你就可以运用同样的能力来激励在你工作环境中的人们。

站在看台上

- 列出你人生中的知己。在你所列出的每个名字旁边，分别写下他们在你领导介入工作的时候能够给予你的最大的帮助。承诺与他们每个人定期谈话，使你能够获得他们的洞见与情感支持。
- 对于每个需求（肯定、感到重要、权力与操控、亲密与愉悦），分别为它们各自的满足程度打分（1 分代表稍微满足，5 分代表非常满足），并且思考一下你可以再多做些什么来进一步满足那些需求。例如，如果目前你的配偶关系所提供的亲密感无法充分满足你的需求，你能否做些事情来加强亲密感，像是每周共进晚餐、定期安排假期并且妥善规划，或是一起做些专案或参与课程？你可以如何为你们的关系再次点起火花？

- 你可以参与什么社群活动，避免你的领导工作把你完全吞噬？把这类活动列出来，并且写下让你开始参与这些活动的可能步骤。

走在田野中的实践建议

- 拥有好几位知己，这样你的伴侣/配偶或好友就不需要把给予你精神支持与忠告的工作全部扛在身上。但是有可能成为知己的人很少会因为你需要他们而直接出现。你必须预先找到并训练他们。在你的工作场域以外的范围，寻找两三个可以成为知己的人。邀请他们成为你的知己，并且每年分别与他们通几次话。告诉他们你正在面对的挑战，以及你可能需要他们哪些支持或观点。
- 回顾你之前在"站在看台上"的练习所列出的知己以及如何满足那些渴求的想法清单，挑选几个你认为最有用的想法，现在就把它们付诸行动。
- 在接下来的两个月，加入你在"站在看台上"的练习所列出的社群，并且注意你在工作上是否不感到挫折、不会精疲力竭，或是不会觉得被你的工作场域吞噬。看看在这些社群当中，有哪些技能可以让你用在工作中的领导情境上。

创造一个能承载自己的私人空间

你的身体是不可或缺的。你需要精力，而且为了从事领导工作，你必须与你的身体保持密切的联系，使你可以通过自己身上出现的蛛丝马迹，了解目前在工作系统里暗流着哪些情绪。如果你无法与自己的身体接上线，你就无法把自身作为一面镜子来反映系统中的动态。当你肩负领导任务时，你会承担更多的压力。当你被使命吞噬，很容易忘记好好照顾自己，然而在这个时候把自己照顾好却又是特别重要的工作。我们无须重述适当睡眠、定期运动以及健康饮食对你的表现会有什么好处，这些相关的研究与建议，你都可以在书店或健康中心找到。但是我们想要强调的是，领导调适性工作带给你的压力，不亚于调适性变革为系统中每个人所造成的压力。

你需要强大的力量来从事领导工作。当你在采取行动的时候，你或许会因为肾上腺素与皮质类固醇的作用而没有感受到压力。然而，不论压力所造成的负面效应有多隐蔽，却仍然在发生。这些时候，那些自我照料工作(例如经常散步、健身或约会)看起来就像是可有可无的奢侈事物，但是事实上它们却非常重要。为了你自己，以及为了你要领导调适性工作的使命，你应该好好照顾自己。

创造属于你的静思空间

你是否能经常拿出时间反思过去几天发生的事情，并且让自己准备好面对接下来要发生的事情？

只要对你有帮助，静思空间可以以任何形式实现：在周日晚上花一两个小时安排未来一周工作的优先顺序，在周五午餐时间散步久一点以清空思绪并准备进入周末，每天早晨花半小时静坐。如果你不为自己创造这些静思的"圣域"，将会更容易被领导调适性变革所带来的压力吞噬。

这个静思空间能让你有机会远离喧嚣，并且重新校准你的内在反应。它能够让你穿过那些会诱发固有模式的触发点，平息你想要满足需求的饥渴，并且对发生的事件进行反思而非被它们支配。例如，如果你很容易在你的组织引发冲突，也许可以利用这个时刻问问自己："我是不是用力过猛了？我是否正在折磨别人，也在折磨我自己呢？我是否能全心感谢那些按我要求作出牺牲的人呢？"静思空间能够让你走上看台，让你重新观照正在扮演的角色并且令自己坚信尽管有这么多挫折，你的付出终将会获得回报的。

静思空间除了能帮助你处理在专业上所面临的挑战，也能帮助你自我恢复。或许你有灵性的一面，或许你也有着诗意与美感的一面，这些都能让你重新发掘生命的意义。无论你如何称呼那些面向，为自己保留那些面向能够让你好好安放自己，以面对在推动变革过程中无可避免的挫折与失望。

静思空间指的是物理或心理的空间，在那里你能够听见你自己的思考，让你从工作中恢复过来，并且感受到你的心灵偏好宁静的倾向。

站在看台上

- 在你的睡眠、饮食或运动习惯中，什么样的改变能够为你的身心健康带来最大且最迅速的改善？这些改变可能很简单，例如比平常提早半小时就寝，每天多吃一份蔬菜与水果，或是把你每周运动天数从三天增加到四天。

- 你有为自己创造静思的空间吗？如果有的话，你创造的静思空间有哪些？它们给你带来多少帮助？如果你目前还没有静思空间（或是你目前所创造的静思空间帮助不大），你可以采取哪些步骤改善现状？记住，想想那些很小并且可行的步骤。例如，你能否每天早上在你离家去工作前，抽出十分钟静坐？你能否在经历一场恼人的会议或麻烦的项目后，出去散步十分钟，清空脑袋并且让你冷静下来？

走在田野中的实践建议

- 将你在"站在看台上"的练习时所写下的改变付诸行动。你可以考虑与知己聊聊，看这些改变当中，哪些可能对你最有帮助。在你开始执行这些改变后，注意发生了哪些变化。你是否觉得疲惫或是不疲惫？你的专注力有什么变化？你的乐观或是对未来抱有希望的程度发生了什么变化？如果你所做的微小改变产生了正面的结果，试着多做一点加快你的步伐。

自我更新

虽然活着的确是很重要，然而我们对你的期望并非只有活着而已。我们希望你可以蓬勃发展。蓬勃发展不只是活下来，而是在崭新及充满挑战的环境里能够蓬勃发展。

为了蓬勃发展，你需要有韧性（让你在颠簸的旅程中保持平稳的缓冲器），坚实的力量（健康与精力），还有修复更生。更生指的是主动去除艰难经验留下的斑痕以及旅程中所造成的伤疤，并且回到以你的价值观与内在状态作为核心的地方。更新并非只发生在头脑中，它也要求内心与身体的转化。这是为什么本书有许多内容是聚焦在调整领导者的内在状态，不论是如何使用自己或是如何动员他人。

如何在快速变化的环境中更生自己以蓬勃发展？我们有三个建议。

有一个均衡各方的"人生组合"

把你对于人生意义的追求投注在不同的地方，就像是投资顾问所说的"均衡的投资组合"。莎士比亚剧作里的李尔王需要在父亲与国王这两个角色当中发掘意义并且培养能力，但是当他意识到这件事的时候，一切已经太迟了。同时在你的个人以及职场生活的多个场域寻找人生意义。在你的社群生活以及对自己身心的照顾当中寻找意义，那些照顾能够让你在年老的时候，让身心还可以维持良好的运作。在你与他人的友谊当中寻找意义，那些友谊能够在艰难时期支持你，并且让你能够分享及扩大你生命中的喜悦。若你把人生意义的来源都压缩在单一的领域，不管是你的工作、家庭、公民生活，都有可能在那个场域出现巨大变动的时候变得很脆弱，因为你是把所有的鸡蛋都放在同一个篮子里了。

在每一时每一处寻找满足感

不要迷失在你那宏大的梦想里。在那个触动内心、为了实现梦想而踏上的远征，以及你每天都有机会做的具体微小改变之间，存在着一股张力。注意自己是如何为身边人的生活带来了改善。对于哪怕是一个微小的举动，例如打开了某个孩子的新视野，本身也是功德无量的。

你要有心理准备，要耗上一生的精力与时间，服务你所确立的高远理想。然而，你每天还是能够在正确的方向上达成某些目标，例如你与同事之间的微小互动。或是当那些为了养家糊口的电话推销员打断你用晚餐的时候，你对那位推销员所展现的同理心。又或是在你的孩子面前身体力行你所标举的重要价值观，而且你也是为了他们而抱持那个价值观（例如当你搭乘出租车火速赶往机场的路上，有一家人把车子停在路边并且手忙脚乱地翻阅地图，你的司机冒着可能让你生气的风险把车停下来帮助他们，而你却赞许了那位司机的行为）。

站在像制高点的看台上，你就可以看到你所做的事情产生的影响，并且与当下的那一刻及其意义联结，从而让你在每一天都能够蓬勃发展。

多年前，海菲兹的家发生一场大火。火势在消防队的快速反应下被有效地控制住了，既没有烧毁他们所有的物品，也没有延烧到邻近住家。当罗与他那时的妻子苏珊站在被烧毁的家面前，并且开始估算他们的损失的时候，苏珊失控地哭了起来。一位刚完成任务的消防队员向苏珊走去，试着想要安慰她。苏珊跟他说，她六岁女儿的宠物鹦鹉还在屋子里。那位消防队员问了苏珊那只鹦鹉的名字、它所在的房间，以及它的笼子在房间里的位置之后，他就进入那栋还冒着火舌与浓烟的房子去拯救那只鹦鹉。

保持冷静的现实感与坚定的乐观

练习同时保持现实感与乐观。有些人可能会要你二选其一。只相信一个或是两个都相信，本身就是一个抉择。同时能"保持两仪"的，也就是坚定不移的乐观与冷静的现实感，你可以避免那个乐观飘上天而变成了天真，也可以避免让你的现实感变成愤世嫉俗。

我们试图在我们的领导力发展工作以及这本书当中，同时展现乐观与现实感。我们曾一而再地被一些团体及个人打动，尽管在旅途中多次受挫与失败，他们仍然能保有乐观。他们是如何做到的？第一，他们会花时间恢复他们的信念，深信事物所处的现状并非必然。他们用种种方式提醒自己，尽管他身处复杂、有着深厚历史、受到多重压力的环境，一个不一样且更好的未来是有可能的。他们不需要妥协。第二，他们会有纪律地反思他们的付出与努力，不管他们的努力最终是否有效。他们预期自己会犯错，并且也允许自己持续在行动中学习。第三，他们每天都寻求作出贡献的机会(去增进他人生命的价值)。他们当中的佼佼者直到他们生命的最后一天，都还是在寻找各种方式去付出和爱，而他们周遭的人们也从他们身上学到如何相互祝福与道别。

这本书提供了实用的工具，以及我们过去曾经看过发挥效用的技艺，当中有的复杂、有的很简单，我们试图在这本书表达对于人们的努力付出、纪律与承诺的敬意，这三者都是怀抱着使命与可能性走在人生的旅途上所必需的。这本书曾受到那些致力于改变世界的人们的启发。我们很荣幸能够跟这么多每天冒着风险实践领导的人们互动，他们为了种种被感召的原因、目标、革新、组织、国家以及社群而努力着。

领导的行为是庄严神圣的，而且每个人都有机会促成变革。如果我们都愿意更多地展现那庄严而神圣的领导行为，这个世界就能成为一个更好的地方。

注 释

第 1 章

1. *Leadership Without Easy Answers*, 1994. *Leadership On The Line*, 2002.

第 2 章

1. *Leadership Without Easy Answers*, 1994. *Leadership On The Line*, 2002.

2. Sharon Daloz Parks, *Leadership Can Be Taught* (Boston: Harvard Business School Press, 2005); and Dean Williams, *Real Leadership* (San Francisco: Berrett-Koehler, 2005).

3. Richard Foster and Sarah Kaplan, *Creative Destruction: Why Companies That Are Built to Last Underperform the Market—and How to Successfully Transform Them* (New York: Doubleday, 2001); Donald L. Laurie, *The Real Works of Leaders* (Cambridge, MA: Perseus, 2001); Gary De Carolis, *A View from the Balcony* (Dallas: Brown Books, 2005); Stacie Goffin and Valora Washington, *Ready or Not* (New York: Teachers College Press, 2007); Shifra Bronznick, Didi Goldenhar, and Marty Linsky, *Leveling the Playing Field* (New York: Advancing Women Professionals and the Jewish Community, 2008); and Kevin G. Ford, *Transforming Church: Bringing Out the Good to Get to Great* (Colorado Springs, CO: David C. Cook, 2008).

4. Bill Russell and Taylor Branch, *Second Wind: The Memoirs of an*

Opinionated Man (New York: Random House, 1979).

5. See The Complete Newspeak Dictionary from George Orwell's 1984, http://www.newspeakdictionary.com.

第 3 章

1. David Brudnoy, *Life is Not a Rehearsal: A Memoir* (New York: Doubleday, 1997).

第 4 章

1. John Gardner, "The Tasks of Leadership." *Leadership Papers/2* (Washington DC: Independent Sector, 1986).

第 5 章

1. J. O. Hertzler, "Crises and Dictatorships," *American Sociological Review* 5(1940): 157—169.

第 6 章

1. Elliot Richardson, *Reflections of a Radical Moderate* (New York: Pantheon Books, 1996).

第 7 章

1. See Ronald Heifetz and Donald Laurie, "The Work of Leadership," *Harvard Business Review*, OnPoint edition, December 2001.

第 10 章

1. Jan Carlzon, *Moments of Truth* (Cambridge, MA: Ballinger Publishing, 1987).

第 11 章

1. See, among many others, Donald Winnicott, *The Maturational Process* (New York: International Universities Press, 1965).

2. *Leadership Without Easy Answers*, 1994.

第 14 章

1. Robert Kegan and Lisa Laskow Lahey, *How the Way We Talk Can Change the Way We Work* (Hoboken, Nj: Wiley, 2000).

第 15 章

1. See Richard E. Neustadt and Ernest R. May, *Thinking in Time: The Uses of History for Decision—Makers* (New York: Free press, 1986)

2. *Leadership On The Line*, 2002.

第 19 章

1. Robert A. Caro, The Power Broker: Robert Moses and the Fall (New York: Knopf, 1974).

2. From John P. Kotter, *Matsushita Leadership* (New York: The Free Press, 1997)

第 20 章

1. Roger Rosenblatt, *Rules for Aging: Resist Normal Impulses, Live Longer, Attain Perfection* (New York: Harcourt, 2000).

2. Personal communication by Alexander Grashow with Mark Grashow.

第 21 章

1. Michael Powell, "In 9/11 Chaos, Giuliani Forged a Lasting Image," *New York Times*, September 21, 2007.

第 22 章

1. Micheline Maynard, "US Airways to Cut 10% of Management Jobs," *New York Times*, October 5, 2004.

词汇表

在莱莉·辛德（Riley Sinder）、迪恩·威廉斯（Dean Williams）以及本书作者们为首的努力之下，本词汇表中的定义已历经超过 25 年的发展与精练。它们并不是最终的确定版本。我们之所以把这些定义放进本书，是希望它们能够帮助读者、使读者获得大致的概念，让读者能够针对调适性领导的内容与实践，进行更深广的思考。

衡量各方势力的审慎行动（act politically）：把其他相关方的效忠情结与价值观，融入你的动员策略的设计中。在这里假设这些相关方不以个人的形式独自运作，而是以一群具有代表性的支持者（正式或非正式的形式）来表现他们的效忠情结、期望与压力。

调适（adaptation）：成功的调适使组织能够在崭新且具有挑战的环境中蓬勃发展。调适的过程同时是保守的，也是进步的，因为它能够让系统把它在传统、身份认同与历史当中的精华带向未来。请同时参照**蓬勃发展**（thrive）。

调适能力（adaptive capacity）：在面对调适性压力以及随之产生的失衡时，系统能够让人参与问题的定义与解决工作难题的能力，以及人们在过程中展现的韧性。

调适性挑战（adaptive challenge）：人们所拥护的价值观（这些价值构成了蓬勃发展的重要部分）以及他们所面对的现实（目前缺乏能力在环境中实现那些价值观）之间的落差。请同时参照**技术性问题**（technical problem）。

调适性文化（adaptive culture）：具备调适性文化的组织至少会采用五种做

法，包括（1）指认出房间里的大象。（2）共同承担组织未来的责任。
（3）行使独立判断。（4）发展领导能力。（5）建立反思与持续学习的
机制。

调适性领导力（adaptive leadership）：发起调适性工作的活动。

调适性工作（adaptive work）：让人们持续处在长期的失衡状态，并且让人
们辨识哪些文化"DNA"需要保留或抛弃，并且让他们为了再次蓬勃发
展而创造或发现新的文化"DNA"；也就是说，这是系统中的人们达到
成功调适的学习过程。请同时参照**"技术性工作"**（technical work）。

盟友（ally）：与自己在某个议题上有一致立场的社群成员。

先祖辈（ancestor）：形塑一个人身份认同的上一代家庭或社群。

暗杀（assassination）：社会系统中的某个群体因为不顾一切地想要把某个人
所抱持的观点禁言，所以将那个人杀害或是进行人格谋杀。

专注力（attention）：一种领导的关键资源。为了调适性挑战取得进展，领
导者必须能够运用困难的问句，使众人在长期失衡的过程中仍然持续
参与。

权势/权威（authority）：系统中的某一方为了获取某个服务，而交付给另一
方的正式或非正式权力。由权势者所提供的基本服务或社会功能包
括：（1）方向。（2）保护。（3）秩序。请同时参见**"正式权力"**（formal
authority）与**"非正式权力"**（informal authority）。

带宽（bandwidth）：一个人感到自在且熟练的能力范围。请同时参照**"技能
组合"**（repertoire）。

颈部以下（below the neck）：人类非理智性的感应元素：情绪的、灵性的、
本能的、身体的。

责任陷阱（carrying water）：替他人承担了他们应当承担的责任或是工作。

伤亡/损失（casualty）：因为调适性变革而导致某些人员、能力与角色的损
失，此为调适性变革的副作用。

经典的归因错误：将一个调适性挑战（an adaptive challenge）归因为一个技
术性问题（a technical problem）来处理。

知己(confidant)：支持他人的成功与幸福(而不是支持其观点与谋划)的人。

勇于面对冲突的对谈(courageous conversation)：一场设计去化解优先级与信念的相互冲突，同时又能保住彼此关系的对话。

舞池(dance floor)：行动的场域，也就是各种摩擦、噪声、张力以及系统性活动发生的地方。基本上也就是调适性领导力要着力的地方。

在你权限的边界起舞(dancing on the edge of your scope of authority)：在你被期待与不被期待可以行使权力的边界进行领导工作。

固有模式(default)：一套固定且习惯化的方式，用于响应一再出现的刺激。请同时参照**"调性"**(tuning)。

对自身的调整与装备(deploying yourself)：审慎地认清与管理你的角色、技能与身份认同。

失衡(disequilibrium)：失去稳定的状态。在组织中常见的失衡迹象包括由调适性挑战所引发的急迫、冲突、不和谐与张力。

"房间里的大象"(elephant in the room)：组织或社群成员普遍知道某个困难议题的存在，但是该议题却没有被公开讨论。请同时参见**"指认出房间里的大象"**(naming the elephant in the room)。

全面地摄住了人群(engaging above and below the neck)：与你所要领导的人群进行各个维度上的感通。同时也是将你自己全身心地押在调适性领导的任务上。在颈部以上的是讲逻辑、事实的理性部分；颈部以下的是讲情感的部分：价值观、信念、行为习惯，以及惯有的反应模式。请参照**"颈部以下"**。

实验性思维(experimental mind－set)：不把某个处理调适性议题的方法视为解决方案，而是视为迭代过程起点的态度。这个迭代过程会包含检验假说、观察发生了什么事、学习、作出中途修正，然后在有需要的情况下，尝试其他方法。

派系(faction)：成员抱持共同观点的群体，此观点是由传统、权力关系、效忠情结及利益形塑而成。除此之外，这类群体有自己的一套方法来分析情境，并且也有自己的一套内在自洽的逻辑体系来定义利害关

系、问题与解决方法，并且其定义方式可以被群体自身的成员所
理解。

派系图(faction map)：一种用来描绘调适性挑战相关群体的图，而且这种
图也会呈现影响派系立场的忠诚需求、价值观以及损失的风险。

寻找自己的声音(finding your voice)：探索如何把自己以最佳的方式当作乐
器来使用的过程，使我们能够更有效地针对议题进行表述、有意识地
形塑并且向别人说故事，并且鼓舞他人。

被正式赋予的权力(formal authority)：为了完成人们明确期望的一系列服
务，而被明确赋予的权力，例如在职务说明或是法令所载明的期望。

走上看台(getting on the balcony)：采取抽离的观点，就像是从当前有各种
活动翻涌的舞池离开，借此能够对自己与系统进行观察并获得新的视
角。让人能够看见在舞池中无法看见的模式。请同时参见**"观察"**
(observation)。

将任务交还给群众(giving the work back)：有权势者可能会有压力想要卸
下他人的责任，使他人无须负责解决问题。在交还工作的过程中，有
权势者会采取行动抵抗这股压力，并且动员主要的利害关系人负起责
任，做好他们应该分担的调适性工作。

承载彼此的空间(holding environment)：一段关系或是一个社会系统所具
有的内聚特质，这种特质让人们即使在面对调适性工作所引发的分裂
性力量，也依然能够持续与彼此联结。承接彼此的空间的成分可能包
括由从属关系与爱所构成的联结；经过同意的规则、程序与规范；共
同的使命与共有的价值观；传统、语言与仪式；对于调适性工作的熟
悉程度；对于权威的信任。此空间不仅赋予群体身份，也能够在群体
挣扎于复杂的问题情境时，容纳问题情境所引发的冲突、混乱与困
惑。请同时参见**"压力锅"**(pressure cooker)及**"韧性"**(resilience)。

稳稳地托住(holding steady)：克制自己的观点，主要不是为了自我保护，
而是为了伺机出手或再次出手。此外，保持坚定以忍受场域中的热
度，以及忍受人们因为拒绝处理议题而发起的抵抗。

人的渴求(hunger)：每个人都会想要试图满足的正常人类需求，例如(1)权力与控制。(2)肯定与被重视。(3)亲密与愉悦。

系统破败的错觉(illusion of the broken system)：在任何群体中，人们彼此间的组合方式造就了群体目前所得到的结果。系统的现状是人们(至少是占有主导地位的利益相关方)内隐及外显决策的产物。就这点而言，世上没有所谓破败的系统，虽然许多变革过程的进行往往是由"组织很破败"的想法所驱动，但是这种想法忽视了人们对于维护系统当前运作方式的贡献。

非正式权力(informal authority)：为了完成人们明确期望的一系列服务，而被暗中赋予的权力，这些期望例如作为文化规范的代表(像是举止有礼)，或是被授予标举某个运动使命的道德权威。

诠释(interpretation)：辨识行为模式以帮助理解现状。诠释是一个解释原始资料的过程，并且在过程中使用让人容易了解的认识与叙述方式。

介入/干预(intervention)：用来在调适性挑战中取得进展的行动，可能是任何一系列的行动或是某个特定的行动，也包括刻意的不作为。

符合权限的领导力(leadership with authority)：从符合权限的位置动员人们处理调适性挑战。在其位的领导者会为领导工作提供可用的资源，也会碰到权限上的约束。

没有权限位置的领导力(leadership without authority)：在既定权限的正式期望(与非正式期望)之外的位置采取行动，借此动员人们面对调适性挑战，例如在组织中层向上提出意料之外的问题，挑战你所代表的人们对你的期望，或是跨出边界、从组织外部促进众人的参与。缺乏权力也会有它的资源与局限。

鲁莽行事(leap to action)：在时机尚未成熟的情况下，就以过去习惯的方式对于失衡作出反应。

"炮灰"(lightning rod)：承受群体愤怒与挫折的人。群体通常会对此人进行人身攻击，并且往往会刻意把注意力从那些让他们感到不安的议题移开，或是把他们对于该议题的责任转移给其他人。

活在失衡中（living into the disequilibrium）：让人们进入不安状态的渐进过程。这个不安是来自于不确定性、失序、冲突或混乱。你会需要调节这个渐进过程的步调与改变的幅度，使人们不至于无法承受，却又能够把他们带离舒适圈，并且动员他们投入调适性挑战。

指认出"房间里的大象"（naming the elephant in the room）：有些议题对于在调适性挑战中取得进展占有核心地位，但是人们却为了维持平衡而忽视这些议题。指认出"房间里的大象"就是处理这些议题，也就是讨论不可讨论的议题。请同时参见**"房间里的大象"**（elephant in the room）。

观察（observation）：站在抽离的观点，并且从各种来源搜集相关资料。请同时参见**"走上看台"**（getting on the balcony）。

敌对阵营/反对派（opposition）：那些会因为你的观点被采纳，而感到威胁或面临损失风险的相关方或派系。

调配冲突（orchestrating the conflict）：针对具有差异的相关方设计流程，并且带领他们有效地处理那些差异，而不是由你自己来为他们化解差异。

调节变革的节奏（pacing the work）：判断社会系统可以承受多少扰动，然后把一个复杂的挑战拆解成若干小部分，并且根据人们能够吸收的速度把这些小部分进行排序。

伙伴（partners）：与你协作的个人或派系，包括盟友与知己。请同时参见**"盟友"**（ally）与**"知己"**（confidant），以及两者之间的差异。

个人的领导工作（personal leadership work）：认识并且管理自己，使你更有效地调动调适性工作。

压力锅（pressure cooker）：一个足够强力的承接空间，以容纳调适过程所带来的失衡。请同时参见**"承载彼此的心理空间"**（holding environment）与**"韧性"**（resilience）。

具正面价值的失衡区域（productive zone of disequilibrium）：使系统中的迫切感能够驱动人们参与调适工作的理想压力范围。如果低于这个范围，人们会倾向满足并维持现有的工作方式，但是如果高于这个范围，人们可能会无法承受并且可能会开始恐慌，或是表现出严重地逃避调适性挑战模式，像是寻找替罪羔羊。请同时参见**"逃避挑战"**（work avoidance）。

进展（progress）：社会系统发展出新的能力，使其能够在崭新且具有挑战的环境中蓬勃发展。通过社会与政治上的学习，以改善群体、社群、组织、国家或世界的条件的过程。请同时参见**"蓬勃发展"**（thrive）。

使命（purpose）：一种整体的方向与贡献感，能够对组织及政治场域的一系列活动发挥有意义的指引作用。

现实检验（reality testing）：把对于一个情境的多种诠释与数据相互比较的过程，判断哪一种诠释，或是哪一种由多种诠释所整合成的新诠释，能够涵盖最多的信息并且针对该情境提供最好的解释。

调节热度（regulating the heat）：提升或降低系统中的压力，使人们待在具有生产力的失衡区域之内。

技能的组合（repertoire）：一个人熟悉与精通各种技能的整套组合之统称。请参照"带宽"。

韧性（resilience）：个人或承载环境长期容纳失衡状态的能力。请同时参见**"承载彼此的心理空间"**（holding environment）与**"压力锅"**（pressure cooker）。

问题的熟透程度（ripeness of an issue）：由于不同利害关系人群体对于某个议题普遍抱有急迫感，而使占有主导地位的利害关系人群体准备好去处理该议题。

仪式（ritual）：一种具有象征性意义的做法，能够帮助人们形成共同的社群感。

角色（role）：社会系统中一系列的期待，这些期待界定了个体或群体应该要提供的服务。

静思空间（sanctuary）：让个人进行修复更生的场所或一套做法。

权限（scope of authority）：一个人受到他人的委托，并且被授予有限的权力，因而需要提供的服务。

社会系统(social system)：有着共同挑战的人类群体所构成的集合（小团体、组织、组织网络、国家或是世界），并且有着相互依存及影响的动态与特色。

话语以外的弦外之声(song beneath the words)：一个人的言论的深层含义或是潜台词，通常可以由当事人的肢体语言、声调、音量以及语言的使用来加以辨识。

测量温度(taking the temperature)：评估系统当前的失衡程度。

技术性问题(technical problem)：可以被直接诊断及解决的问题。一般而言，此类问题是通过运用既有的知识、方法与流程，在短时间内完成诊断与解决。技术性问题可以借由权威性专业及固有流程的管理来解决。

技术性工作(technical work)：能够有效动员、协调众人定义及解决问题的活动，过程中会运用既有且足以处理问题的专业、流程与文化规范。

蓬勃发展(thrive)：实践人们最高的价值观。这会需要人们以调适来响应当前处境，包括区分哪些是不可或缺、哪些是可有可无，并且进行创新，使社会系统能够把过去最好的部分带向未来。

调性(tuning)：一个人的世界观与身份认同因为受到其忠诚需求、价值观与观点的形塑，所以会有意识或无意识地与某些外在刺激发生共振的特性。这个共振可能会让当事人变得更有效，也可能会让其变得更无效。请同时参见"**固有模式**"(default)。

逃避挑战(work avoidance)：在社会系统中用来转移人们的注意力或是转移责任的模式。这些模式可能是有意或无意的，并且是为了让社会系统恢复平衡，但是会让人们无法在调适性挑战的应对上取得进展。

关于作者

罗纳德・海菲兹（Ronald Heifetz）是哈佛大学肯尼迪学院侯赛因・本・塔拉尔（Hussein bin Talal）国王公共领导力的资深教授，以及公共领导力中心的创始主任。他在领导力的教学与实践上的开拓性成就广受认可，而他的研究聚焦在建构社会与组织的调适能力。他为全世界的企业、政府与非营利部门提供讲授及咨询服务。

海菲兹的研究是许多文章的主题，同时也是沙伦・达洛兹・帕克斯（Sharon Daloz Parks）的书《领导力是可以教的》（*Leadership Can Be Taught*）的主题。他那划时代的著作《并不容易的领导艺术》已经被再版 13 次，并且被翻译成多种语言，而他的领导力课程是哈佛大学最受欢迎的课程之一，并且已经蝉联 25 年。

海菲兹毕业于哥伦比亚大学、哈佛大学医学院以及哈佛大学肯尼迪学院。他同时是位医生与大提琴家；他有幸跟随俄罗斯裔大提琴演奏家格里高利・皮亚蒂戈尔斯基（Gregor Piatigorsky）学习。他的孩子，大卫与亚莉安娜，则就读于卡尔顿学院（Carleton College）。

亚历山大・格拉肖（Alexander Grashow）在来到剑桥领导力公司（Cambridge Leadership Associates）之前在协同研究所（The Synergos Institute）任职，他在该协会是联结领导力计划（Bridging Leadership Program）的共同创办人及主任，该计划的目的是促成非洲、亚洲、拉丁美洲以及美国的伙伴关系，进而推动跨部门协作，并且在过程中发展了培训课程与研究计划，同时也在国际企业、商学院以及国家非营利组织建立了实践社群。他曾经任教于哈佛大学肯尼迪学院以及纽约大学瓦格纳学院

（高阶主管教育课程）。

亚历山大毕业于卫斯理大学（Wesleyan University），他在该大学就读经济学与美术，并且曾经是克罗计划（Coro Fellows）的一员。此外，他也热衷于日本版画。亚历山大共同创办了美国非洲儿童计划（US/Africa Children's Fellowship），这是一个从美国把学校用品运送到非洲伙伴学校的国际非营利组织，他们的事迹被记载在美国前总统克林顿的《付出》（Giving）一书中。亚历山大目前与他的妻子以及他们的孩子居住在纽约布鲁克林，并且有一大部分时间居住在日本。

马蒂·林斯基（Marty Linsky）曾经在哈佛大学肯尼迪学院担任教员长达 25 年，除了当中有三年是担任时任马萨诸塞州州长比尔·韦尔德（Bill Weld）的首席秘书。他曾经在美国国内及国外主持多个哈佛领导力及管理的高阶主管课程。在来到哈佛大学之前，马蒂曾经作为一名政治人物（马萨诸塞州州议员的秘书）、律师（非常短期）以及新闻从业人员（记者、编辑以及社论主笔）进行实践与学习。

马蒂毕业于威廉姆斯学院（Williams College）以及哈佛大学法学院。他目前已婚并且是三个孩子的父亲。为了舒压，他会跑步（9 次马拉松，但是仅止于此）、健身、享受好喝的啤酒以及所有墨西哥菜（这是运动后的奖励），并且搜集棒球卡片（有 25000 张）。他与他的妻子，琳·斯特利（Lynn Staley）目前居住在纽约市，并且希望在年老的时候可以有更多时间待在意大利，他们在罗马附近盖了房子。

海菲兹、格拉肖与林斯基是剑桥领导力公司（Cambridge Leadership Associates，CLA）的同事与合伙人，这是一家在全世界提供领导力发展服务的公司。海菲兹与林斯基共同创办了 CLA，并且也合写了一本畅销著作《火线领导》。格拉肖是 CLA 的总经理。

图书在版编目（CIP）数据

调适性领导力：与复杂世界共变的实践与技艺/（美）罗纳德·海菲兹等著；陈颖坚，黄意钧译 .—北京：北京师范大学出版社，2023.8（2025.3重印）

（组织学习与进化丛书）

ISBN 978-7-303-28434-4

Ⅰ.①调… Ⅱ.①罗… ②陈… ③黄… Ⅲ.①领导学 Ⅳ.①C933

中国版本图书馆 CIP 数据核字（2022）第 249364 号

TIAO SHIXING LINGDAOLI　YU FUZA SHIJIE GONGBIAN DE SHIJIAN YU JIYI

出版发行：北京师范大学出版社 https://www.bnupg.com

北京市西城区新街口外大街 12-3 号

邮政编码：100088

印　　刷：北京盛通印刷股份有限公司

经　　销：全国新华书店

开　　本：710 mm×1000 mm　　1/16

印　　张：19.75

字　　数：276 千字

版　　次：2023 年 8 月第 1 版

印　　次：2025 年 3 月第 2 次印刷

定　　价：98.00 元

策划编辑：周益群　　　　　　　　　责任编辑：林山水

美术编辑：陈　涛　李向昕　　　　　装帧设计：陈　涛　李向昕

责任校对：陈　民　　　　　　　　　责任印制：马　洁

读者服务电话：010-58806806

如发现印装质量问题，影响阅读，请联系印制管理部：010-58806364